博雅

21世纪信息传播实验系列教材

丛书主编 黄慕雄 徐福荫

网络新闻实务（第二版）

Online Journalism Practices

2nd edition

罗 昕 编著

图书在版编目(CIP)数据

网络新闻实务/罗昕编著. —2版.—北京：北京大学出版社，2020.5
21世纪信息传播实验系列教材
ISBN 978-7-301-30901-8

Ⅰ.①网… Ⅱ.①罗… Ⅲ.①互联网络－新闻编辑－高等学校－教材 Ⅳ.①G210.7

中国版本图书馆CIP数据核字（2019）第236065号

书　　名	网络新闻实务（第二版）
	WANGLUO XINWEN SHIWU（DI-ER BAN）
著作责任者	罗　昕　编著
丛 书 主 持	唐知涵
责 任 编 辑	唐知涵
标 准 书 号	ISBN 978-7-301-30901-8
出 版 发 行	北京大学出版社
地　　址	北京市海淀区成府路205号　100871
网　　址	http://www.pup.cn　　新浪微博：@ 北京大学出版社
微信公众号	通识书苑（微信号：sartspku）　科学元典（微信号：kexueyuandian）
编辑部邮箱	jyzx@pup.cn
总编室邮箱	zpup@pup.cn
电　　话	邮购部 010-62752015　发行部 010-62750672　编辑部 010-62753056
印 刷 者	河北滦县鑫华书刊印刷厂
经 销 者	新华书店
	787毫米×1092毫米　16开本　16印张　400千字
	2014年9月第1版
	2020年5月第2版　2023年8月第4次印刷
定　　价	49.00元

未经许可，不得以任何方式复制或抄袭本书之部分或全部内容。
版权所有，侵权必究
举报电话：010-62752024　电子信箱：fd@pup.pku.edu.cn
图书如有印装质量问题，请与出版部联系，电话：010-62756370

总 序

黄慕雄 徐福荫

1978年,中国揭开了改革开放的序幕。1982年,美国著名传播学教授施拉姆(Wilbur Schramm)和我国香港著名传播学教授余也鲁首次来中国内地讲学,第一站在华南师范大学举办了为期一周的全国性学术研讨会,学术报告全面介绍现代传播和媒体教育。随后,其学术报告出版成书,把教育传播理论引入了中国。为了培养我国的教育传播与技术人才,1983年,华南师范大学创办了中华人民共和国第一个教育技术学本科专业,2002年创办中国首批传播学本科专业,2003年创建广东省第一个摄影本科专业,2007年建立国家级信息传播实验教学示范中心,2011年获批广东省信息传播与文化创意产业重点研究基地。

提高21世纪高等教育人才培养质量的重点是加强大学生实践创新能力的培养。为此,华南师范大学国家级信息传播实验教学示范中心从2002年起对实验教学等进行了系列改革和创新探索。在"以生为本、行知并举"的实验教学理念指导下,创建了课程实验教学体系、校内实践创新体系、校外平台扩展体系的"三位一体"实验教学体系,实现课堂内实验、校内基地实训、校外基地实习有机融合。改革实验教学模式,创建了"三类型、五层次"实验教学模式,建构基本型、综合设计型、研究创新型三种类型实验,从课堂内的基本型实验扩展到校内基地的综合设计型实验,再扩展到校内外双基地的研究创新型实验。由原来单一的基础型实验,扩展为基础—综合—研究小循环的基本型实验;由原来单一课堂内的课程综合型实验,扩展为课堂外的专业综合设计型实验和跨专业综合实践;由原来单一的校外基地进行创新实践,扩展为校内外双基地进行创新实践。改革实验教学方法,以生为本,注重实验过程与方法,建构开放式、探究式、任务驱动型的实验教学方法,鼓励学生开展自主、协作、探究学习。强调知识、能力、素质协调发展的原则,注重学生实践创新活动,完善课程实验教学体系,开设信息传播实验系列课程,编写"21世纪信息传播实验系列教材",促进信息传播实践创新人才培养。

"21世纪信息传播实验系列教材"的第一版包括:《播音主持》《传播学研究方法与实践》《电视照明·电视音乐音响》《广播电视摄、录、编》《摄影》《数字动画基础与制作》《报刊新闻电子编辑》《广告策划与创意》《多媒体软件设计与开发》

等。根据第一版实验系列教材的应用实践以及信息传播相关专业技术的发展，本实验系列教材在体系和内容上都做了相应调整。

"21世纪信息传播实验系列教材"的第二版包括：《播音与主持艺术》（第二版）、《传播学研究方法与实践》（第二版）、《电视照明》《电视音频制作》《电视摄像》《电视节目制作》《摄影基础》（第二版）、《数字动画基础与制作》（第二版）、《报刊电子编辑》《网络新闻实务》（第二版）、《广告策划与创意》（第二版）、《多媒体软件设计与开发》（第二版）等。本实验系列教材在编写体例方面，每个实验项目内容原则上包括实验目的、实验预习要点、实验设备及相关软件、实验基本理论、实验内容与步骤、实验注意事项、实验报告等部分。本实验系列教材的特色是：以实验和实践项目为线索，把有关的知识点融合到实验和实践的每个步骤中，强调理论与实验操作的紧密结合，既注重信息传播技术能力的培养，更注重信息传播思维能力的训练，真正做到理论指导实践，以培养高素质的信息传播实践创新人才。

"21世纪信息传播实验系列教材"可作为信息传播相关专业——教育技术学、新闻学、传播学、广告学、广播电视新闻学和摄影等专业的实验教材，亦可作为教育技术工作者和传媒从业人员的参考用书。

黄慕雄 教授，博士生导师，华南师范大学教育信息技术学院院长，国家级信息传播实验教学示范中心副主任，兼任中国教育技术协会影视传媒专业委员会副会长，中国教育电视协会高校电视专业委员会常务副主任，广东省高等学校教育技术学教学指导委员会副主任，广东省信息传播与文化创意产业重点研究基地副主任，广州市新媒体与文化创意产业重点研究基地副主任，广州市科技传播协会副会长。2009年获得国家级教学成果二等奖。

徐福荫 教授，博士生导师，华南师范大学教育信息技术学院信息传播研究所所长，国家级信息传播实验教学示范中心主任，第五届、第六届国务院学位委员会教育学科评议组成员，2006—2010年教育部高校教育技术学专业教学指导委员会主任，全国模范教师，广东省高校教学名师。获得三届国家级教学成果二等奖，全国教育科学研究优秀成果二等奖。主持国务院学位办全国高校教育硕士专业学位现代教育技术研究生培养方案与专业必修课程标准的制定，主持教育部高等学校教育技术学专业指导性专业规范的研制。享受国务院政府特殊津贴。

目　录

第一章　网络新闻概论 …………………………………………………………… (1)
　第一节　网络新闻的概念与特点 ………………………………………………… (1)
　第二节　网络新闻管理与评价 …………………………………………………… (4)
　第三节　网络新闻从业人员 ……………………………………………………… (11)
第二章　网络新闻采访 …………………………………………………………… (16)
　第一节　网络新闻采访的特点 …………………………………………………… (16)
　第二节　网络新闻的采访方式 …………………………………………………… (19)
　第三节　在线报料与公民新闻 …………………………………………………… (29)
第三章　网络新闻报道与写作 …………………………………………………… (37)
　第一节　层级化写作 ……………………………………………………………… (37)
　第二节　实时写作与文字直播 …………………………………………………… (45)
　第三节　多媒体新闻与融合新闻报道 …………………………………………… (48)
　第四节　网络直播报道 …………………………………………………………… (54)
　第五节　非虚构写作 ……………………………………………………………… (58)
　第六节　爆款作品写作 …………………………………………………………… (61)
　第七节　机器人新闻写作 ………………………………………………………… (66)
第四章　网络新闻评论 …………………………………………………………… (72)
　第一节　网络新闻评论的分类与特点 …………………………………………… (72)
　第二节　网络新闻评论的功能 …………………………………………………… (75)
　第三节　网络新闻评论的发展趋势 ……………………………………………… (78)
　第四节　网络新闻评论的写作要求 ……………………………………………… (79)
　第五节　网络新闻论坛管理 ……………………………………………………… (85)
第五章　网络新闻编辑 …………………………………………………………… (89)
　第一节　网络新闻稿件的选择和审核 …………………………………………… (89)
　第二节　网络新闻稿件的修改 …………………………………………………… (98)
　第三节　网络新闻标题制作 ……………………………………………………… (100)
　第四节　多媒体新闻的编辑 ……………………………………………………… (109)
　第五节　网站内容管理系统 ……………………………………………………… (140)
　第六节　社交媒体编辑与运营管理 ……………………………………………… (159)
第六章　网络新闻专题策划 ……………………………………………………… (166)
　第一节　网络新闻专题的概念与功能 …………………………………………… (166)
　第二节　网络新闻专题的类型 …………………………………………………… (170)
　第三节　网络新闻专题的组织方式 ……………………………………………… (172)
　第四节　网络新闻专题的策划方案 ……………………………………………… (176)

第五节　网络新闻专题的策划要点……………………………………(179)
第七章　新闻网站流量管理……………………………………………(188)
　　第一节　流量概念与管理原则……………………………………(188)
　　第二节　新闻网站流量统计工具…………………………………(189)
　　第三节　新闻网站流量的统计指标………………………………(197)
　　第四节　提高新闻网站流量的方法………………………………(200)
第八章　网络新闻网页设计……………………………………………(205)
　　第一节　网络新闻网页的构成……………………………………(205)
　　第二节　网络新闻网页的主要版式………………………………(214)
　　第三节　网络新闻网页设计原则…………………………………(217)
　　第四节　网络新闻网页设计步骤…………………………………(219)
第九章　新闻资讯类 App 制作…………………………………………(227)
　　第一节　新闻资讯类 App 的发展现状……………………………(227)
　　第二节　新闻资讯类 App 的主要版式……………………………(230)
　　第三节　新闻资讯类 App 页面的构成元素………………………(235)
　　第四节　新闻资讯类 App 的网页制作……………………………(238)
参考书目…………………………………………………………………(247)
第二版后记………………………………………………………………(248)

第一章　网络新闻概论

新媒体技术的日新月异,不断冲击着传统媒体的生存根基,国内外传统媒体遭遇"寒流"已是不争的事实,只不过表现为程度的深浅而已。近年来,在网络媒体的挤压下,报刊等平面媒体在发行量、广告额上大幅下降,美国一些百年大报也纷纷停办纸质版转而精办网络版;广播电视尽管在收视率和广告额上有所增长,但与同期相比,增长量明显大幅缩减。越来越多的年轻人通过网络媒体特别是移动终端获取新闻信息。网络新闻成为当今新闻传播的重要力量。

第一节　网络新闻的概念与特点

在互联网时代,新传播技术带来传播理论的革命。随着传播理念、生产方式、传播方式等方面的变化,我们也需要重新审视传统新闻概念,并在此基础上理解网络新闻的相关特点。

一、网络新闻的概念

纵观我国历史上一些有影响的新闻定义,新闻是事实这一点不可否认,但对于是什么样的事实则存在着一定的差别。简言之,新闻定义大体上可分为三类:一是新闻是受众注意的事实,如"新闻者,乃为多数阅者所注意之最近事实也";"新闻就是广大群众欲知、应知而未知的重要的事实"。二是新闻是经过媒体报道的事实,如"新闻是新近变动的事实的传布(播)";"新闻是新近或正在发生的,对公众有知悉意义的事实的陈述"。三是新闻是变动的信息,如"新闻是新近发生的事实变动的信息";"新闻是一种信息,是传达事物变动最新状态的信息"。

有学者根据近年来的中国现实及媒体的发展情况,对新闻重新进行了界定:"新闻是对新近发生或发现的有价值事实及意义的信息传播。"他认为,我国学者对新闻的定义考虑更多的是新闻事实方面的特征,而对新闻的传播过程和事实所反映的某种意义考虑较少。新闻在传播的过程中有两种信息,一是传播事实信息,一是传播观点信息,两者合一才是新闻的真正完整的含义。人们接受信息,不仅需要及时了解该事实的发生过程,同时也想知道该事实发生的性质和意义。将"运用对事实过程的描述"和"对该事实性质判断、价值意义的评论"包含在新闻的定义之内,不仅有利于新闻操作,更有利于受众对新闻的理解。[①]

由此,新闻定义出现两种论说,即"事实信息论"和"事实+评论(或意见)论"。在有关网络新闻的种种定义中也存在着这两种论说。

"事实信息论"中的代表性观点有以下几种。

"网络新闻是指通过互联网发布、传播的新闻,其途径可以是万维网网站、新闻组、邮件

---

① 赵振宇.新闻及其时空观辨析[J].新闻与传播研究,2009(2):32—33.

列表、网络寻呼等手段的单一使用或复合使用,其发布者(指首发)、转发者可以是任何机构也可以是个人。"①

"网络新闻是指传授基于互联网的新闻信息——具体说来,它是任何传送者通过互联网发布或再发布,而任何接收者通过互联网视听、下载、交互或传播的新闻信息。"②

"网络新闻或网络多媒体新闻,亦称在线新闻等,是指依托多媒体计算机网络所传播的新近变动或正在变动的事实的信息。它以数字化方式在网页中超链接地、交互地呈现出来,一般表现为文字、声音、影像等多种媒体形式的聚合体。"③

"事实+评论(或意见)论"中的代表性观点有以下几种。

"网络新闻指通过互联网传播的新近变动和正在变动的事实的报道和评论。网络新闻有广义和狭义之分,广义的网络新闻是在互联网上传播的一切新闻性信息及其评说。狭义的网络新闻指网络媒体所传播的新闻报道及其评论。"④

"网络新闻指传播者和接收者利用互联网媒介,及时交互地传播新近发生的或正在发生的事实和意见。"⑤

随着新媒体的出现,以报纸、杂志等传统媒体为主体的新闻定义需要重新审视。应该看到,新媒体不仅带来传播手段的变化,还带来新闻生产方式和传播理念的变化。新闻生产应"定义为一个共同的而不是排他的努力"⑥。这种"共同的努力"主要表现在多维新闻学或者开放新闻学等概念的兴起。著名新闻学者甘斯(Gans)认为,"多维新闻包括了反映所有可能观点的事实和意见。在实践上,它意味着在新闻中为没有表达的观点、没有报道的事实和极少报道的人群留下了一个空间"⑦。另一新闻学者伯拉斯(Bruns)提出,开放新闻与开源运动的发展和协作式媒体的涌现紧密相关。与传统封闭的收集模式相比,开放协作的收集模式能产生更透明的新闻。⑧ 这些概念接近海基拉和库勒里尔斯(Heikkilä & Kunelius)所说的"商议新闻学",强调从不同的方面建构议题。他们认为,"在本质上,主流新闻学提供作为产品的新闻:收集基于调查研究的易于消费的报道;而公民新闻提供作为过程的新闻:持续而未必完成地报道需要用户参与的话题和事件,旨在实现所谓的'商议新闻学'"⑨。

基于以上的理解,将网络新闻界定为,网络新闻指传播者和接收者通过互联网媒介,及时、互动地传播新近(或正在)发生或发现的事实和意见。该定义强调传播媒介是互联网(包

---

① 闵大洪.网络新闻之我见——兼与郭乐天先生商榷[EB/OL].[2014-02-10]. http://www.zijin.net/blog/user1/119/archives/2005/105.shtml

② 杜骏飞.网络新闻学[M].北京:中国广播电视出版社,2001:44.

③ 柳泽花.网络新闻传播实务[M].武汉:华中科技大学出版社,2002:3.

④ 董天策.网络新闻传播学[M].第三版.福州:福建人民出版社,2009:26.

⑤ 蒋晓丽.网络新闻编辑学[M].第二版.北京:高等教育出版社,2012:10.

⑥ Jane B. Singer. Stepping Back from the Gate: Online Newspaper Editors and the Co-Production of Content in Campaign 2004[J]. Journalism and Mass Communication Quarterly, 2006,83(2):265—280.

⑦ Herbert J. Gans. Deciding What's News: A Study of CBS Evening News, NBC Nightly News, Newsweek, and Time[M]//Herbert J. Gans. Democracy and the News. New York: Oxford UP, 2003:103.

⑧ Axel Bruns. Gatewatching, not gatekeeping: collaborative online news[J]. Media International Australia incorporating Culture and Policy, 2003(107):41—42.

⑨ Heikkilä H. and R. Kunelius. Access, Dialogue, Deliberation: Experimenting with Three Concepts of Journalism Criticism[R/OL]. The International Media and Democracy Project: Theoretical Foundations. [2014-02-10]. http://www.imdp.org/artman/publish/article_27.shtml

括固定互联网和移动互联网上所有的媒介运用),传播主体是共同参与新闻生产的传播者和接收者(或发布者和转发者),传播关系是互动的而非单向的,传播内容既包括事实性信息也包括意见性信息。

二、网络新闻的特点

与传统媒体新闻相比,在互联网数字技术推动下的网络新闻,改变甚至颠覆了人们对传统新闻的理解,在各个层面上显示了诸多的传播特点。

1. 传播时间的即时性

新闻发生的时间与传播出去的时间之间的差几乎接近于"零","零时差"的传播状态带来了新闻传播时间的"全天候"特征。"全天候"指新闻传播流没有间断性,处于一天 24 小时永不停息的传播状态。

2. 传播空间的全球性

互联网使得麦克卢汉(Mcluhan)所想象的"地球村",古人所描绘的"天涯若比邻""阡陌交通、鸡犬相闻"等境界已经成为现实。在物理空间上,数字技术使得人类新闻传播进入了全球零距离状态。但同时我们也要警惕心理空间上"比邻若天涯"的疏离状态。

3. 传播内容的海量性

网络媒体没有什么版面、时间限制,由于互联网网页的超链接,哪怕再错综复杂的信息它都有能力承载。在某种程度上,从报道的标准、完整性、多样化、所提供的信息含量这几个方面来讲,网络媒体应该更有优势。[①] 在云计算、物联网等推动下,当今世界已经进入"大数据"时代。

4. 传播形式的多媒体性

新闻信息可以通过文字、音频、视频、图表、动画等多种形式传播。这种多媒体的传播形式,既可以立体化报道新闻信息的全貌,又可以根据报道对象在各个细节、角度上的不同情况选择恰当的传播形式,使读者对新闻信息有比较全面的了解和认识。传播形式的多媒体带来了媒介融合和融合新闻的重要变革趋势。

5. 传播主体的多元性

互联网时代,人人都是"新闻记者",他们可以把所见、所闻、所感、所思通过论坛、微博、微信等社交媒体传播出去。传播者和接收者之间的界限日益模糊。在某种意义上,职业记者现在与网民共同协作生产新闻,因为网民正在参与观察、选择、过滤、发布和解释新闻事件。当然,普通网民由于缺乏专业训练和媒介素养,在传播新闻的质量上会出现诸多的问题,如不真实、不全面、不平衡、不理性等。

6. 传播对象的个性化

互联网时代是"我的"小时代。"以受众为中心"向"以用户为中心"转变的传播理念,使得一系列以新媒体技术为基础的"个性化"运动正在展开。[②] 如在新闻搜索领域,百度公司对其个性化新闻功能进行了升级。用户几乎可以设置和修改任何新闻属性,甚至可以仅仅修

[①] 理查德·克雷格.网络新闻学:新媒体的报道、写作与编辑[M].刘勇,主译.北京:中国时代经济出版社,2010:22.
[②] 罗昕.新媒体时代"以用户为中心"的信息传播理念[J].今传媒,2008(12):58.

改已经定制的关键词,就能实现新的个性化设置。

7. 传播关系的复杂性

从主体的角度看,传播关系呈现了个人对个人、个人对多人、多人对多人等多极、网状和弥散性的传播关系,传播层级不再是由量化定义的,而成为泛化和未定义的。从权力的角度看,传播关系呈现了霸权支配、契约合作、参与互动、协作/对抗等多种关系。① 随着传播者、传播对象在媒介权力上的消长,传播者与传播对象的关系也存在这种复杂而动态的关系。

8. 传播状态的泛在性

"泛在"(Ambient)这个词用来描述新闻在当今社会的无处不在性。当前媒介图景的一个鲜明特征是,通过大量媒介平台获取新闻的便利性。过去难以或高价获得的新闻,现在像我们呼吸的空气一样围绕在我们周围。新闻无处不在并且大部分是免费的:在计算机、火车、飞机和手机上到处都是新闻。在数字时代,无数人在无数的终端前、大量的平台上以多种格式接近新闻。

9. 传播媒介的多屏互动性

多屏互动指基于iOS、Android、Symbian等不同操作系统,在不同智能终端设备如手机、Pad、TV等之间,可进行多媒体(音频、视频、图片)内容的传输、解析、展示、控制等一系列操作,可以在不同平台设备上同时共享展示内容,丰富用户的多媒体生活。简单地说,就是几种设备的屏幕,通过专门的连接设备就可以互相连接转换,比如手机上的视频新闻可以在电视上播放,平板电脑上的新闻图片可以在电视上分享,电脑的内容可以投影到电视上。

10. 传播效果的外显性

很多新闻网站均在每则新闻之后设置"发表评论"的链接,给公众提供一个交换批评和评论的场所,使网民能够直接参与新闻报道。这不仅做到了媒体与受众(网民)之间的沟通,还实现了受众与受众之间的交流。交互性使网络新闻成为大众共同发言的新闻类型。不仅如此,网络媒体还可以对读者状况进行精确的定量分析与掌握。② 统计软件可以向网络新闻传播者提供一天24小时中各个时段的访问流量、访问者所在的国家和地区、访问类型、转发评论数、情感态度倾向等统计数据分析,这对及时有效地调整传播策略具有极其重要的意义。

第二节 网络新闻管理与评价

网络新闻尽管在新闻传播中的地位不断上升,影响力不断突显,但无论是传媒公司还是政府部门,在管理这种成长期还不到20年的新生事物上,都存在实践经验上的不足,在突飞猛进的新技术革命面前还处在不断摸索的阶段。

一、业界实践管理现状

国家社科基金重大项目"互联网管理与中国特色网络文化建设"课题组,在2009年对全

---

① 罗昕.结构性缺失:网络时代把关理论的重新考察[J].新闻与传播研究,2011(3):71—72.
② 潘胜华.网络新闻编辑与报纸新闻编辑比较[J].新闻界,2007(3):123.

国37家主流媒体网站高层管理者进行问卷调查和半结构性访谈,[①]从新闻栏目设置、新闻栏目特色、内容板块、内容功能、管理手段、引导形式、重大事件报道措施、互动措施等方面,了解目前我国业界网络新闻的管理现状。

1. 新闻栏目设置

"受众需求"和"地域特色"是网站设置新闻栏目时考虑的首要因素,表明了"受众中心意识"和"本土化战略"仍然是有效的竞争法宝。"扩大知名度"和"增加流量"是前两个首要因素的内在驱动因素。地方级新闻网站对"地域特色""行业特色""增加流量"的强调更为强烈,中央级新闻网站和商业网站的表现相对平淡。正如一些地方网站高管谈到,"对于首页新闻的选择,优先考虑本地一些重要和可读性强的新闻","本地的一些商家会在我们特定的板块做广告"。

2. 新闻栏目特色

"地域特色"和"富有权威性"是网站新闻栏目最想突出的两大特色。但真正体现网络特性或网站竞争力的"时效性"和"原创性"并没有得到应有的重视,而"原创性"的缺乏直接导致了当前我国媒体网站在信息内容上的严重趋同。

关于新闻来源,所有高层管理者均强调三个来源:国新办和省新闻办提供的可以供转载新闻的媒体名单、政府部门网站、所在地区的重点新闻网站。可见政策限定对媒体网站新闻来源的重要影响,也由此导致了强调"地域性""权威性"的特色取向,而原创性和时效性的意识在政策规制下相对谨慎。

访谈了解到,新闻网站由于有母媒体作为后盾,基本上也没有自己的原创性新闻。一是新闻网站被看作是附属于传统媒体的机构。二是原创新闻具有政治风险。三是追求原创内容成本相对较高。但也有新闻网站表达了升格成为采访中心来增加原创内容的愿望。商业网站由于只有刊载新闻的资质,一般通过购买、授权、互换、合作等方式获取新闻信息,在原创性和时效性上基本是在政策框架内实施边缘突破策略,生活、娱乐方面的内容相对来说原创性更多,如大型商业活动、娱乐明星等的采访策划等,而对时事政治类事务一般比较谨慎。

3. 内容板块

"新闻信息"是最受重视的内容板块,表明新闻信息在作为媒体的网站中的核心地位。而娱乐、服务、商务、互动等板块则明显处于因新闻信息而带来的从属地位。

各大媒体网站普遍重视新闻信息的基础作用及其带来的黏附效应,强调新闻频道是重点开发的频道,认为新闻是打造权威性和公信力的途径,如网易提出"网易新闻,有态度的新闻门户"的理念,腾讯也提出"腾讯新闻,事实派"的理念。不少网站采取了一些重要措施,如"特地增加新闻协调部,这是很重要的机制","打造大新闻——财经、体育、娱乐"。商业网站比较侧重娱乐、服务、商务、技术等。如搜狐"一直坚持核心技术战略,主营业务第一是游戏,第二是搜索引擎";腾讯推出"一站式互联网服务","希望是集新闻信息、互动社区、娱乐产品和基础用户为一体的一个门户型网站"。

4. 内容功能

"信息汇总"是最受重视的内容功能,这与前述的"新闻信息是最受重视的内容板块"是一致的,进一步突出了主流媒体网站在新闻信息传播方面的重要功能。但这种总体单一性

---

① 钟瑛,罗昕.我国主流媒体网站管理现状与建议[J].新闻与传播研究,2012(1):64—68.

也反映了信息推荐、信息检索、信息定制、电子商务、电子政务、网络广告、网络游戏等其他内容功能还处于非常薄弱的阶段。

内容功能结构上的单一性,折射了当前大多数媒体网站还处于信息经营的初级阶段,导致信息栏目设置的严重同质化。内容同质化是目前网站发展中突出的现实,其原因是利益的驱使和网络空间的廉价以及优质内容的缺乏。某高管的回答也许能让我们找到某种答案:"很多重点新闻网站什么频道都有,比如房产频道只是在上面放了些图片,做得好不好是另一回事。放了这些图片,频道也没什么损失。没准哪一天我整个网站的品牌起来了以后,还可以卖出个价。"

当然不少媒体网站也在努力规避同质化,在信息的深度加工、开发利用方面不断尝试创新。一是立足于"媒介融合"的趋势,实施跨媒体发展策略;二是手机、iPad等新媒体终端成为媒体网站今后重要的发展方向,尽管在开发利用过程中也存在不少制约因素。

5. 管理手段

"疏导"被认为是最合适的新闻内容管理手段。而"顺其自然""听从上级指示"和"封堵"这些简单、僵化、极端化的手段则完全不被看好。

对于违反国家明令禁止的13条规定的内容,各网站所采取的措施主要包括"删除""审核""过滤""查封"等方式。当前各大网站都实行了24小时的先审后发制度,建立了多重监管机制。对违反国家明文禁止的信息内容坚决删除。对于一些不属于国家明文禁止的信息内容但又比较敏感、不好把握的信息,有些网站出于风险成本的考虑也会采取"封堵"措施。

对网上各种不同的声音,有些网站在不违法的底线下会进行一定程度的疏导:一是恪守中立原则,二是及时提供事实真相,三是引导网民理性思考。

对于当前网络内容的管理方式,一些网站高管也进行了具有启示意义的反思。一是认为管理应该符合网络传播规律。如在突发事件或群体性事件中,"以封、堵为主的传统宣传模式,会引发网民的反感";"我们网站一天平均接到两到三条禁令,大量都是代表某些局部利益的";因此,"在管理方式方法上,如何偏柔性一些,是一个重要课题"。二是认识到过度介入管理影响网络媒体的发展。有高管认为,"如果完全封杀不同的言论的话,对于媒体的公信力来说是一种伤害。我们把握的这个度还是比较松的,但是红线是绝对不允许碰的";"有些帖子是否要删值得讨论。上级部门叫我们删帖,我们删了网友就不来了。网友都不来了,我怎么营利呢";"报纸上发表的就抠不下来了,而我们网站随时可以删啊,但是网上的东西随便删的话,网站还有什么公信力可言";"你管得太严又没人说话,太松又不好。我们希望论坛整体的气氛是往比较温馨的方向去发展,而不是一上来就讨论社会、政治问题"。

6. 引导形式

"网站时评""论坛主贴""即时新闻"被认为是最重要的网络舆论引导形式。大部分网站在实际工作中创造性地运用各种引导方式,如"注意避免一边倒的言论立场","把博客、论坛中一些重要的帖子推荐到主页","重点推荐一些理性网友的分析","派记者核实和采访"等。强调即时新闻的重要性,认为缺乏时效性将带来舆论引导上的被动,并在突破时效性限制和加强评论员队伍方面作了一些探索。

也有网站提出了不重视网络时评的原因,一是难度大,二是害怕触碰禁区,三是担心曲高和寡。在实际引导过程中,一些网站高管表示政策尺度难以准确把握,时常处于左右为难的境地。有高管表示,在发生热点事件后,"我们比较苦恼的一件事情是,到底是做还是不做,到底怎么做,这个尺度怎么把握,我们也把握不准"。

7. 重大事件报道措施

发生重大或突发事件时,网站经常会强化新闻报道、引导互动板块、组织网评员文章。这些措施有助于在重大突发事件中,积极引导网络舆论,把握舆论主动权。

各大网站都重视新闻报道在发生重大或突发事件时的作用,如某高管所说,"你的网站6个小时不发消息,网民自己会发消息。如果12个小时没有正面声音的话,基本是谣言占据主流。'快'很重要,而且'快'的同时要给那个消息翅膀插上正确的舆论风向标。我们形成了非常深刻的共识——自己发比别人发好,主动发比被动发好,先发比晚发好"。新闻网站一般会及时转发母媒体采写的报道。商业网站一般会在核实后转载。主要核实方式有"按照新闻办下发的白名单来核对","通过广播、电视等多渠道寻求真实性","通过百度和谷歌来了解这个事件的最新信息"。如果事实出入较大,一般以新华网、人民网等权威渠道为准,或等传统权威网站发布相关新闻后再发布。

绝大多数新闻网站会选择"组织网评员写评论文章",而商业网站对此做法不太重视。某商业网站高管认为:"舆论引导不是我们的主要功能,那种写评论来引导舆论的编辑比较少。我们的网友本来就是很喜欢娱乐的。"

8. 互动措施

设置互动板块是增进与网民互动的最有效措施,和网民举办活动也受到网站的重视。互动板块并不停留在网民发帖和上传视频等传播行为上,很多网站已经将线上线下结合起来,在活动策划中实现网民之间、网站与网民之间的互动。2017年7月29日,为纪念人民解放军建军90周年,《人民日报》客户端借助人脸识别、融合成像等技术,制作互动H5《快看呐!这是我的军装照》,帮助网友生成自己的虚拟"军装照"。网友只需上传个人照片,即可借助模板合成个人"军装照",流程方便简单,互动性、趣味性强。"军装照"H5一经发布即呈现"裂变式"传播,也有不少网站提出互动板块管理存在一些障碍:一是人手不够;二是各种"绿色通道"干扰;三是微博、论坛、即时通信等社交媒体难以控制。

二、政府政策管理现状

1. 网络新闻越轨现象严重

长期以来,有偿新闻、虚假报道、低俗之风和不良广告并称为新闻界的"四大公害"。在互联网时代,这"四大公害"有了更为广泛传播的空间,传播的空间不仅包括新闻网页,还包括媒体的官方微博、新闻客户端、微信公众号以及网民手中海量的自媒体。特别是网络上的虚假新闻、低俗新闻、侵权新闻甚至违法新闻更是屡禁不止。这种情况的产生主要有三方面的原因:传播主体的隐蔽性和多元化、网络新闻传播法规的不完善和网络媒体把关的缺失。完善网络新闻传播法规,确立网络新闻传播的基本底线,是治理网络新闻传播乱象的重要路径。

2. 政府政策管理的主要内容

2000年11月,国务院新闻办公室和信息产业部联合发布了《互联网站从事登载新闻业务管理暂行规定》(以下简称《暂行规定》),以此为标志,中国开始了对网络新闻的依法治理。2005年9月25日,《互联网新闻信息服务管理规定》(以下简称《规定》)颁布实行,《暂行规定》同时废止。2017年5月2日,国家互联网信息办公室发布了新版《互联网新闻信息服务管理规定》，将近年来新兴起的应用程序、微博客、公众账号、网络直播等形式纳入监管范围。与此同时，近年来国家相关部门还相继颁布了《互联网信息搜索服务管理规定》《移动互联网应用程序信息服务管理规定》《互联网直播服务管理规定》《互联网论坛社区服务管理规定》《互联网用户公众账号信息服务管理规定》《微博客信息服务管理规定》《区块链信息服务管理规定》等部门规章或规范性文件，政府对网络信息的政策管理愈发精细、及时。

(1) 互联网新闻信息服务单位的权利和条件。《规定》指出，新闻单位设立的互联网新闻信息服务单位可登载本单位或超出本单位已刊登播发的新闻信息、提供时政类电子公告服务、向公众发送时政类通信信息；非新闻单位设立的互联网新闻信息服务单位转载新闻信息、提供时政类电子公告服务、向公众发送时政类通信信息。可见，新闻单位和非新闻单位在网络新闻信息服务方面的重要区别是，前者具有登载权，后者只具有转载权。

新闻单位设立的互联网新闻信息服务单位应当具备下列条件：第一，有健全的互联网新闻信息服务管理规章制度；第二，有5名以上在新闻单位从事新闻工作3年以上的专职新闻编辑人员；第三，有必要的场所、设备和资金，资金来源应当合法。非新闻单位设立的互联网新闻信息服务单位除应当具备第一、第三条件外，还应当有10名以上专职新闻编辑人员。其中，在新闻单位从事新闻工作3年以上的新闻编辑人员不少于5名。

(2) 互联网新闻信息服务提供的内容。《规定》指出，在新闻来源上，互联网新闻信息服务单位，转载新闻信息或者向公众发送时政类通信信息，应当转载、发送中央新闻单位或者省、自治区、直辖市直属新闻单位发布的新闻信息，并应当注明新闻信息来源，不得歪曲原新闻信息的内容。非新闻单位设立的互联网新闻信息服务单位，不得登载自行采编的新闻信息。互联网新闻信息服务单位转载新闻信息，应当与中央新闻单位或者省、自治区、直辖市直属新闻单位签订书面协议。

互联网新闻信息服务单位登载、发送的新闻信息或者提供的时政类电子公告服务，不得含有下列内容：第一，违反宪法确定的基本原则；第二，危害国家安全，泄露国家秘密，颠覆国家政权，破坏国家统一；第三，损害国家荣誉和利益；第四，煽动民族仇恨、民族歧视，破坏民族团结；第五，破坏国家宗教政策，宣扬邪教和封建迷信；第六，散布谣言，扰乱社会秩序，破坏社会稳定；第七，散布淫秽、色情、赌博、暴力、恐怖或者教唆犯罪；第八，侮辱或者诽谤他人，侵害他人合法权益；第九，煽动非法集会、结社、游行、示威、聚众扰乱社会秩序；第十，以非法民间组织名义活动；第十一，含有法律、行政法规禁止的其他内容。

(3) 网络新闻信息的通知删除原则。《规定》指出，互联网新闻信息服务单位应当建立新闻信息内容管理责任制度。不得登载、发送含有违反相关规定内容的新闻信息；发现提供的时政类电子公告服务中含有违反相关规定内容的，应当立即删除，保存有关记录，并在有关部门依法查询时予以提供。

国务院新闻办公室和各省、自治区、直辖市人民政府新闻办公室，应当对互联网新闻信息服务进行监督；发现互联网新闻信息服务单位登载、发送的新闻信息或者提供的时政类电子公告服务中含有违反相关规定内容的，应当通知其删除。互联网新闻信息服务单位应当立即删除，保存有关记录，并在有关部门依法查询时予以提供。

3. 网络新闻管理政策的不足

目前专门针对网络新闻管理的法律法规为数甚少，只有《互联网新闻信息服务管理规定》《互联网等信息网络传播视听节目管理办法》《互联网著作权行政保护办法》《信息网络传播权保护条例》等少数几部。纵观这些有关网络新闻管理的法律法规,存在如下几点不足。[①]

(1) 管理规定操作性不强。目前出台的与网络新闻管理相关的法律法规条文大多只是做了一些原则性的、抽象性的、暂时性的规定,声明性的内容比较多,操作性的内容比较少,一些界定较为模糊,缺乏具体的执行与判断标准,有些条目随着互联网的快速发展已经过时。

(2) 管理主体多头或缺位。就宏观管理主体而言,目前可以直接或者间接管理网站的上级部门有二十余家,主要的有工业和信息化部、国务院新闻办公室、公安部网络管理处、中共中央宣传部、文化和旅游部等。随着信息技术的发展,多种媒介的互通性增强,网络的互联互通和共享的趋势会更加明显,而分工化的管理体制和多元化的管理机构很难适应多种媒介"一体化"的取向,媒体融合的趋势迫切要求建立统一协调的管理机构。

2014年2月,中共中央网络安全和信息化领导小组成立,办事机构为中共中央网络安全和信息化领导小组办公室(中华人民共和国国家互联网信息办公室)。

2014年8月,国务院授权重新组建的国家互联网信息办公室负责全国互联网信息内容管理工作,并负责监督管理执法。2018年3月,中共中央网络安全和信息化领导小组改为中共中央网络安全和信息化委员会,办事机构为中共中央网络安全和信息化委员会办公室(中华人民共和国国家互联网信息办公室)。党中央对网信事业的集中统一领导、决策和协调不断得到加强。

(3) 管理内容不全面。目前的相关法律法规中,对网络新闻界定主要指"时政类新闻信息,包括有关政治、经济、军事、外交等社会公共事务的报道、评论,以及有关社会突发事件的报道、评论"。有些地方管理规定特别注明网络新闻不包括娱乐新闻。很多网站则热衷于登载娱乐新闻,有些娱乐新闻已违背了新闻底线,对整个网络新闻大环境和网络新闻公信力、认可度产生了巨大危害。

三、网络新闻评价标准

1. 国内网络新闻评价标准

从2006年起,网络媒体的优秀新闻作品开始纳入由中国记协主办的中国新闻奖的评奖范围。对于网络媒体而言,这不仅是一种奖励,将载入中国网络媒体发展的史册,还是对经历十多年发展的新闻网站"身份"的确认。中国记协将网络新闻划分为5大类,即网络新闻评论、网络新闻专题、网络新闻网页设计、网络新闻专栏、网络新闻访谈。这既体现了举办方对网络新闻的理解,同时也反映了目前我国网络新闻发展的实际。这一划分显然是以网络新闻的表达形式为主要依据,并沿袭了中国新闻奖对传统新闻类别的划分。从2009年第19届中国新闻奖传统奖项的设立来看,报纸、通讯社类设有消息、评论、通讯、系列报道、报纸版面、报纸副刊6项;广播、电视类设有消息、评论、新闻专题、系列报道、新闻访谈节目、新闻现场直播、新闻节目编排等7项。它们多是依照报道形式进行的划分。作为传统新闻的扩展,网络新闻沿袭这种划分方法非常便于评价标准的操作。[②]

(1) 网络新闻评论:观点鲜明,立论正确、有新意,论据准确,分析深刻,论述精辟,论证

[①] 钟瑛,罗昕,等.网络传播导论[M].北京:中国人民大学出版社,2016:128—129.
[②] 参考钟瑛.网络新闻评析[M].武汉:武汉大学出版社,2010:3—4.

有力,有鲜明的网络特色。

（2）网络新闻专题：主题得当,特色鲜明；容量大、采集广、更新快；交互性强、表现形式多样；页面结构清晰、逻辑分明、布局合理；页面设计新颖美观,富有特色,达到内容与形式的完美统一。

（3）网络新闻网页设计：主题鲜明,风格独特；能够完美、准确地展示新闻内容并体现网站（新闻频道）首页的功能性；布局合理,富于创新；细节精致,色彩协调；符合读者阅读习惯,体现新闻性、艺术性和网络特点的完美统一。

（4）网络新闻专栏：选题重要,信息量大,交互性强,图文音像并茂,编排制作精良,社会影响较大,有比较固定的位置。

（5）网络新闻访谈：主题恰当,时效性强；嘉宾选择有代表性、权威性；谈话主题集中,脉络清晰,结构完整；语言简洁、生动、流畅、准确；主持人提问、转承自然得当,对现场节奏把握适度；背景资料运用得当。

为顺应传统媒体和新兴媒体融合发展趋势,中国新闻奖自 2018 年起增设媒体融合奖项,设立 6 个评选项目,分别为短视频新闻、移动直播、新媒体创意互动、新媒体品牌栏目、新媒体报道界面和融合创新。①

（1）短视频新闻：指在移动端发布的短视频类新闻作品（含纪录片）。要求时效性强,新闻价值大,立意深刻；现场感强,音质画面效果好,信息含量丰富；剪辑精心,短小精悍。

（2）移动直播：指与新闻性事件的发生和发展同步采集现场信号并发布,集现场报道、背景介绍与事态分析等于一体的新闻作品。要求策划周密,能够全面、迅速、准确地采集与传播新闻现场的重要信息,音质画面清晰（对重大突发事件的报道可适当放宽）,充分体现新媒体直播特征,体现用户的参与性、同场感。

（3）新媒体创意互动：指以用户交互为主要特征,发布方与用户方形成完整新闻传播链条的新媒体作品。要求主题鲜明,特点突出；交互性强,社会反响好；技术先进,有传播力、感染力；体现新闻性、互动性、技术性的高度统一。

（4）新媒体品牌栏目：指新闻媒体在自有平台或在第三方平台官方账号持续发布且有固定名称的新闻板块（单元）。要求内容选择与栏目定位、发布平台相适应；发布量大、交互性强；编排制作精良,社会影响较大。

（5）新媒体报道界面：指在移动端发布的新闻作品界面。要求体现新闻性与艺术性的统一,运用图片、漫画、音视频等手段表达新闻主题、展现新闻内容,版面语言丰富,界面设计主题鲜明、风格独特、布局合理、互动性强、色彩协调,便于阅读。

（6）融合创新：指在媒体融合报道方面有重大创新的新闻作品。要求作品在报道内容、报道形式、传播渠道等方面有所突破或创新,传播效果好,社会影响大,对推动媒体融合发展有积极引领和示范效应。

从目前网络新闻的评优标准来看,由于设置的评选奖项较为宽泛（除新闻评论外）,评价标准难以逐项落实,难以建构细致的量化指标；强调观点主题的正确性、鲜明性和导向性,对新闻传播技术的创新运用、网民互动效果等方面的评价较为缺乏。

---

① 中国新闻奖首设媒体融合奖项[N/OL]. [2018-12-10]. http://zgbx.people.com.cn/n1/2018/0509/c415415-29974505.html

2. 欧美网络新闻评价标准[①]

自1996年以来,欧美各种与新媒体技术应用有关的评选活动如雨后春笋般出现,其中较具有代表性的是编辑与出版人奖、数字刀锋奖、威比奖、网络新闻奖等几大年度奖项。随着近年来移动媒体的兴起,各种涉及移动媒体新闻的评选活动也相继出现,如移动卓越奖(Mobile Excellent Awards)、Mobi移动奖(MOBI Awards)、全球移动奖(Global Mobile Awards)、跨媒介奖(Cross Media Awards)。除此以外,传统的新闻媒体评选活动也逐渐将视野拓宽到数字新媒体上,如一直恪守传统新闻价值的普利策奖的评选从2009年开始也对网络媒体开放。一些在美国杂志业历史悠久的评选活动如国家杂志奖、全国城市和区域杂志奖、埃迪和奥兹奖、Azbee奖也纷纷增设与数字类相关的奖项。

以2011年网络新闻奖的评选为例,该评选共设有14个奖项,包括公共服务骑士奖、优秀新闻网站、优秀新闻网站(非英语类)、突发新闻奖、专业网站新闻奖、创造性深度调查新闻奖、多媒体特色展示奖、专题报道奖/博客奖、网络评论奖/博客奖、数字技术杰出应用奖、新型平台杰出应用奖、网络视频新闻奖、社区合作奖、技术创新奖。现在网络新闻奖的评选范围已拓展到不同规模的网站,在很多奖项中又区分了小型网站、中型网站、大型网站组别。小型网站的全职员工数量必须少于25个,中型网站的全职员工数量必须大于25个而小于100个,而大型网站的全职员工数量必须大于100个。[②]

所有奖项的评选都会依据五项基本指标:新闻质量、社会工具的使用、媒介技术的创造性运用、界面设计、互动性。在此基础上,根据各个奖项的特点还会增加其他指标。如:公共服务骑士奖,包括网站在社区新闻报道中的表现和公共影响;突发新闻奖,包括突发事件发生后72小时网站数字化报道的表现;创造性深度调查新闻奖,包括独家调查、原创分析和公共影响等指标;多媒体特色展示奖,包括交互图形、Flash动画、图片、音频和视频等指标,重点是实现单一界面的多媒体融合;专题报道奖/博客奖,包括网络社区讨论的情况、博客的应用;网络评论奖/博客奖:包括社区新闻的比例、受众的响应度;新型平台杰出应用奖,包括新闻数量和质量、专业应用程序、应用程序界面等指标;数字技术杰出应用奖,包括数据可视化、聚合器、组件、互动数据库、应用程序、社会媒体等指标;技术创新奖,包括新技术的使用范围(新闻采集、新闻发布、新闻呈现)和媒体对新技术的接纳程度等指标;社区合作奖,包括公民新闻、公民提供消息源等指标。

欧美新闻网站的各种比赛的评优尽管有自己的侧重点,但奖项设置既繁杂又有针对性,评价标准具体细致。总体上看重网页设计、多媒体技术、内容编辑、交互功能和广告吸引力,这些普遍的评优标准构成了一个较为全面的欧美网络新闻评价体系。

第三节 网络新闻从业人员

网络媒体的崛起带来网络新闻的繁盛,也催生了大规模的网络新闻从业人员。这些从

[①] 参见罗昕.新闻网站新媒体创新应用能力评价[M].昆明:云南人民出版社,2013:38—57.
[②] Online-journalism-awards Rules & Eligibility[EB/OL].[2013-03-05]. http://journalists.org/awards/online-journalism-awards-rules-eligibility/

业人员作为一个新的职业群体,仍然处在身份的自我认同、社会认同的重新定位期。他们既不是传统媒体从业人员的翻版,也不是完全受网络技术控制的技术工,而需要具备比传统媒体更多的综合素质。网络新闻从业人员是信息网络中的重要把关人,他们的素质状况决定着网络新闻的品质和生命力,也决定着网络媒体的品牌和影响力。

一、网络新闻从业人员现状

随着网络媒体的迅速发展,投身网络新闻工作的从业人员日益增多。2005年3月31日,我国劳动和社会保障部向社会公布了第三批10种新的职业,其中"网络编辑员"名列其中,这就意味着网络编辑在我国已经正式被确定为一种职业。目前我国拥有网络编辑从业人员多达300余万人,在未来的10年内,网络编辑职务将呈需求上升趋势,总增长量将超过26%,比其他各类职位的平均增长量还要高。国家社科基金重大项目《互联网管理与中国特色网络文化建设研究》课题组访谈了全国37家主流媒体网站的高管,在对有关网络新闻从业人员状况的调研时发现以下特点。[1]

1. 年龄构成

80%左右的网站员工处于20～30岁阶段,显示了鲜明的年轻化趋势。这与网络行业从业人员年龄低(平均年龄为28岁)(《美世咨询报告》,2006年)的整体状况大体一致。对于网站员工的基本构成,有网站高管概括得很精炼:"员工是80年代的,中层一般是70年代的,领导是60年代的。"年轻化的主体结构使得代沟成为员工管理的难点。如何建立合理有效的激励机制和培育企业文化认同感,适应"80后"甚至"90后"群体的现实状况,是各大媒体网站在人力资源管理上的重要议题。

2. 员工流动

员工队伍总体不太稳定,每年"比较频繁"流动的比例高达16%,"一般"流动达到24%,员工稳定性总体并不算好。这种状况与互联网行业员工自愿离职率高达15.9%相比大致相当。员工流动主要有如下原因:① 不同类别的人事管理,影响一些员工的工作积极性。如某网站"将员工分成ABC类:A类是无固定期限的合同,就是终身制;B类是签一定时长的合同,第一次签了下次再签;C类就是跟人才市场签合同。因为互联网发展很快,C类员工中有的学到一些东西之后就跑了,我们这就像一个培训机构"。② 机构改革和组织调整也导致了员工的流动性增加。③ "80后""90后"的员工自我意识较强,对跟自己价值观不吻合的事物认可度偏低,不满意就走人的情况较常见。但也有网站高管从"流水不腐,户枢不蠹"的角度认为,适度的流动比例是有利的,甚至对所在网站3%的人员流动非常不满意,认为正常的企业人员流动应该在10%～15%。

3. 激励方式

"培养网站认同感"成为激励员工的最重要方式,因而必须重视和加强富有凝聚力的网站文化建设。"提高奖金水平"和"提高晋升机会"也是重要的激励方式。在激励机制方面,各网站在经营方面有比较明确的量化指标,但采编方面的业绩难以明确量化。与商业网站相比,新闻网站特别是地方性新闻网站的绩效考核相对薄弱。一是编辑部缺乏具体考核制度。二是考核量化指标过于简单。"采编考核的核心指标是流量,其他的一些细化指标比如

---

[1] 钟瑛,罗昕. 我国主流媒体网站管理现状与建议[J]. 新闻与传播研究,2012(1):64.

更新的时间、数量,策划专题的数量,差错率等"也有具体的考核。三是团队缺乏职业经理人的引入。在培养网站认同感方面,有网站高管认为,企业文化的创造需要和年轻人的价值实现结合起来。

在奖励和惩罚制度上,商业网站有比较严格的评价机制。一般的网站都有试用期,试用期内对新员工进行帮助和辅导,但如果通过不了就得离开。正式加入以后,也要经历比较严格的考核程序,如果连续几个月打分都低的话,会有奖金倒扣甚至是辞退的处罚。

4. 人才培育与成长空间

"进行专业培训"是提高员工素质的最重要方法。"提高奖励水准"和"委以重要岗位"位居其次,进一步说明人才培育机制和激励机制的建立和完善是提高网站编辑素质的重要举措。主流网络媒体培训员工的主要方式有:一是网站内部针对新员工的上岗培训和对员工的常规培训。二是国新办和省新办每年定期举办的业务和政策培训。培训内容一般分成两部分,一是公共知识培训,如怎样做一个合格的媒体工作者,包括一些基本业务素质培训;二是专业培训,如网络编辑怎么做好专题、排图片,广告人员如何做营销等。

二、网络新闻从业人员的素质要求

2013 年 8 月,中国互联网大会发出倡议,全国互联网从业人员、网络名人和广大网民,都应坚守"七条底线",营造健康向上的网络环境,自觉抵制违背"七条底线"的行为,积极传播正能量,为实现中华民族伟大复兴的中国梦做出贡献。[①]"七条底线"是:法律法规底线、社会主义制度底线、国家利益底线、公民合法权益底线、社会公共秩序底线、道德风尚底线和信息真实性底线。

网络新闻从业人员的素质要求不仅包括"七条底线"涵盖的内容,也涉及互联网技术带来的专业能力素质。网络媒体对从业人员的要求,从某种角度来说,应该比传统媒体的要求更高。从专业的角度来看,网络媒体从业人员不仅需要像传统媒体从业人员一样的专业,同时还有特殊的要求。新浪网前总编辑陈彤在其著作《新浪之道》中提到了新浪招聘时事编辑的要求:第一,熟悉网络新闻传播的特点;第二,新闻敏感性强,并具备良好的英文编译功底;第三,具备较强的专题报道策划能力及一定的中文写作能力;第四,计算机操作熟练,熟悉 HTML 语言,并熟练使用 Word、Excel、Photoshop、Powerpoint 等软件;第五,能适应高强度的工作压力并能适应夜班工作,工作细致耐心,责任心强,具有强烈的团队合作精神;第六,具备相关工作经验。

国家社科基金重大项目"互联网管理与中国特色网络文化建设研究"课题组访谈了全国37 家主流媒体网站的高管,在有关招聘采编人才标准的调研时发现:"政治敏感、新闻敏感"和"专业技能"是招聘网络编辑时非常重要的标准,显示了传统媒体的专业素质在网络媒体业务中的延续性。"工作经验"和"网络技术"被认为是适应网络媒体环境的两个特殊的要求。[②] 另外,"推广营销""营利意识"也是网络新闻从业人员综合素质的重要组成部分。[③]

---

① 中国互联网大会倡议共守"七条底线"[EB/OL].[2014-03-21]. http://news.xinhuanet.com/politics/2013-08/15/c_116961278.htm
② 钟瑛,罗昕. 我国主流媒体网站管理现状与建议[J]. 新闻与传播研究,2012(1):64.
③ 罗昕,林祎韵. 媒体网站采编人员的素质要求及其人才培养[J]. 新闻战线,2012(8):23—24.

1. 政治敏感、新闻敏感

两者作为传统媒体人员的重要素质,在主流媒体网站中得到了高度重视。很多网站高管认为,由于互联网的开放性、无国界、个性化、隐秘性、即时性等,网络新闻从业人员等同于"官方代言人",具有重要的把关角色,在引导网络舆论、建设网络文化中担负着重要的社会责任。一旦在传播流程中出现谣言,报纸发行出去可以回收,广播、电视节目可以中断,但在互联网上却难以把信息追回。只有具有高度的政治敏感,才能保证网络编辑在海量的信息中判断出哪些信息是违法违规的,哪些信息是虚假炒作的,才能在言论自由和信息安全之间找到一个平衡点。同时,依靠新闻敏感快速选取网民真正感兴趣的新闻和热点,也是对网络采编人员的一个重要业务素质要求。在茫茫网海中,网络采编人员需要敏锐的嗅觉,及时感知网络上正在发生或即将发生的重要现象、事件或问题,因此,在某种程度上,网络采编人员是网络世界的信息"风向标"和"传感器"。

2. 工作经验

"工作经验"也是许多网站在招聘人才时较为看重的素质因素。实际调查中,我们了解到这些工作经验的获得主要来自三方面。一是部分网站认为高校专业教育应加强学生的实践动手能力,加强复合型人才的培养。"如果一些高校经费允许,可以办些小型网站,让学生参与其中,我们也很愿意招一些有过社会工作经历的同学,因为发现他们融入团队的成功率很高。我们需要的是复合型人才,既要懂媒体,又要懂经济、互联网。"二是部门网站通过直接招聘在校实习生来储备自己的人才库,认为这些学生在自己网站里经过一段长时间的实习后,一旦招聘进来能对自己的工作岗位驾轻就熟。三是直接招聘在媒体网站有两年以上采编经验的员工,这样的员工既节省了人力资源成本,也逐渐形成了人力资源高地。

3. 专业技能

在"专业技能"方面,网站高管认为网络编辑比传统媒体有更高的要求,网络编辑既要有丰富的从业经验又要有娴熟的网络技术。一个好的网络编辑常常需要独自一人承担从构思策划、采访、网络发布等多个环节的制作及页面展现。因此,网络新闻编辑需要具备相关专业、新闻传播以及互联网技术等方面的综合素质,应是一个全能型的"背包记者"。人力资源和社会保障部出台的网络编辑职业标准对不同级别的网络编辑技能做了比较全面的列举。① 素材采集能力,包括采集现有素材和收集网络素材。② 栏目策划,包括内容策划和形式策划。③ 内容编辑,包括素材分类、素材加工、信息筛选、内容加工、内容原创、稿件撰写。④ 专题制作,包括专题策划、专题实施。⑤ 内容管理,包括内容审核、内容监控、内容与形式总审、内容协调、内容统计分析。⑥ 互动组织,包括受众调查、论坛管理。⑦ 网页实现,包括内容发布、网页制作。⑧ 内容传输,包括发布系统的使用、其他传输方式的使用。⑨ 运营管理,包括人员协调、人员培训。当然,这些专业技能还需要随着新媒体技术和新闻信息消费的发展不断得到调整和修正。

4. 推广营销

在传播渠道多样化特别是社交媒介兴起的语境下,如何让生产的新闻信息为更多的网民接触到,需要采编人员较强的推广营销能力。当前,社交媒介成为数字转型结构中的一部分,许多新闻领导者把它看作是在获取新闻的数字读者和建立忠诚、高黏性的读者方面一个越来越重要的工具。如何结合网民的心理特征、交往方式等方面进行新闻信息发布的创新,是一个重要的课题。哥伦比亚大学新闻学研究生院的学生事务主任和数字媒介教授斯里尼瓦森(Sree Sreenivasan)说,他手头有份名单,即100个主要的新闻组织有了社交媒介编辑。"去年(2011年)发生的世界大事使越来越多的出版商和怀疑主义者相信某种事情正在发生,他们看见了在Twitter和Facebook上发生的事情,必须对此做出反应。"《赫芬顿邮报》(*The Huffington Post*)被认为是非常成功地利用社交媒介的早期采纳者之一。

5. 营利意识

媒体网站都面临着激烈的市场竞争环境,大部分媒体网站的营利模式现在还处于一个探索过程。因而,网站采编人才也要具备强烈的市场意识,要在自身、受众、广告商三者中寻求平衡点,以期找到经济价值和文化价值的最佳结合点,争取在市场中占据更多的份额。新闻网站在转企改制上市的背景下,营利模式的问题越来越凸显其重要性和严峻性。不少新闻网站为了改变互联网时代新闻信息免费或低价的尴尬地位,开始尝试推行"付费墙"。与新闻网站不同的是,商业网站除了强调政治敏感外,还十分重视员工的营利和风险意识。某商业网站高管说:"我们对于员工有一个比较根本的要求就是,我们请他来这里,我们公司就是以生存和营利为目的的。所以他们所做的不能危害到公司的生存和营利。因为毕竟我们是一个公司,我们的目的是为用户提供更好的服务,以此实现公司的营利。"

思考与讨论

1. 网络新闻与传统新闻相比有哪些特点?
2. 国内外网络新闻评价标准有何区别,为什么会出现这些方面的区别?
3. 一个合格的网络新闻从业人员应具备哪些主要素质?

第二章 网络新闻采访

有学者在2000年想象了这样一个十分生动的情境：当你托人买好票,把录音笔、电池、磁带、照相机以及牙刷、牙膏、毛巾和刮胡刀匆匆装进包里,搭车去机场,飞往贵阳去采访这天在美国《科学》杂志刊登封面文章的化石研究专家时,另一家新闻单位的记者已经完成了这篇报道,他是在办公室完成的。他先在互联网上阅读了这本杂志,并根据《科学》杂志在网上提供的采访线索、电话和E-mail地址,除了电话详细采访了贵阳科学家外,还通过电子邮件网上采访了(因为国际电话太贵和打国际电话有时差)五个国际上的权威专家,调阅了数十篇与这类话题相关的文章和照片。当你第二天精疲力竭地坐在飞回北京的航班上,思考着选个什么样的导语时,你突然看到邻座的乘客翻阅的报纸上,赫然醒目地刊登了你正在构思的长篇报道,报道旁配发了一张大照片。你这时可能才猛醒:"哇,人类进入了互联时代。"[1]上述情境在十多年后网络普及的今天已经不足为奇了。网络时代的新闻工作者想要抢先报道新闻,更需要把握网络新闻采访的方法和技巧。

●●●● 第一节 网络新闻采访的特点 ●●●●

互联网技术改变了新闻传播的时空,也革新了新闻采访方式,对网络新闻从业人员的采访能力也提出了更多、更高的要求。掌握网络新闻采访的基本特点,是网络新闻从业人员的基本要求之一。

一、采访时间的即时性

报纸杂志出版周期长,采访回来的稿件还需要文字编辑和版面编辑的加工;广播电视媒体需要进行音视频的后期编辑,即便是现场直播也有节目时段的约束。相比之下,网络新闻的采访完全具有时间上的优越性。这一点在面临突发事件时尤为突出,仅仅具备能联上网络的手机这一简单的设备,便可以在短短几分钟之内将信息发布出去。如波士顿爆炸事件发生于2013年4月15日下午2:50(北京时间16日凌晨2:50),仅仅8分钟之后,在波士顿网(www.boston.com)上就有直播报道。而此报道也当之无愧地荣获2013年度网络新闻奖(Online Journalism Awards)的最佳爆炸性新闻(Breaking News,Large)。[2]

快捷的网络传播技术是把"双刃剑",采访时间的即时性需要处理好"抢"和"压"的关系。网络传播技术虽然能够抢在别家网络媒体之前发布"独家新闻",为自身赢得影响力和关注度,但如果报道出现知识性、专业性甚至政治性错误,则是对网络媒体名誉的一大伤害。因此,网络采访不能在传播技术的诱惑下一味求快,反倒是要三思而后行,因为新

---

[1] 李希光.网络记者[M].北京:中国三峡出版社,2000:3.
[2] Live blog. Bombings at the Boston Marathon[EB/OL].[2014-04-10]. http://live.boston.com/Event/Live_blog_Explosion_in_Copley_Square? Page=0

闻信息一旦传播出去,则很快弥散在网络空间和现实社会中,这种杀伤力往往比传统媒体大得多。

二、采访内容的多媒体性

报纸新闻采访的内容只能利用图文结合的形式来呈现,广播只能利用播音员的声音来报道,电视虽然能够结合文字、图片以及时评等,但相对来说其文字符号是处于边缘型的。相比之下,网络新闻采访具有内容的多媒体性特点。这种多媒体性意味着对一条新闻需要综合多种符号形式,如文字、图片、音视频、图表、动画等。这样一来就能够使新闻有声有色、图文并茂,不仅在最大限度上满足了网民的视觉感受和听觉感受,还能够提高新闻报道的真实性和说服力。2012年8月到9月,新华网等媒体联合推出的向全国推介和寻找"最美警察"活动引起了公众的广泛关注。新华网策划推出"最美警察"系列访谈,通过文字、图片、视频和微博等多媒体手段实时直播,在新华网首页、法治频道、访谈频道、新华社区等重要版面同步展示,使得"最美警察"立体形象地呈现在网民面前。[1]

网络新闻采访内容的多媒体性明显对记者的要求提高了,传统定义上的摄影记者、文字记者将逐渐融合,成为集拍摄、录制、撰写新闻稿件等各个功能于一身的全能型记者。如美国《芝加哥论坛报》网络版,2001年就拥有7位记者。这些网络记者都是复合型的多媒体记者,他们写新闻、摄影、操作数字录音机和摄像机以及制作网页等。

三、采访工具的数字化

网络采访工具主要包括硬件和软件,硬件包括全数字化的计算机网络,以及可以与这一网络相通的一系列全数字化的新闻采访和传输工具,如智能手机。软件包括文字、图像、音视频、表格的接收和处理软件,比如电子邮件、BBS、聊天工具以及搜索引擎等。运用这一整套功能强大的数字化网络新闻采访工具,网络新闻工作者可以彻底实现新闻采访的无纸化办公。

采访工具的高度数字化,要求网络新闻工作者必须熟悉网络环境,拥有基本的硬件设施,以及熟练掌握网络采访所必需的软件应用。随着科技的发展,网络记者所使用的数字采访设备在不断升级,笔记本电脑、智能手机等网络移动终端的出现,在不断地提升网络新闻工作者随时随地进行新闻采访的能力。如2013年3月全国两会,一名女记者头戴Hero摄像机,颈上挎着单反照相机,手中拿着智能手机,"全副武装"地出现在两会现场意外走红(如图2-1)。有网友戏言,没估计错的话,身后的双肩包里还有电脑、无线网卡、录音笔等物件。Hero相机是一款小型可携带固定式防水防震相机,在动态影像拾取上十分出色,可通过电脑和智能手机实现控制和传输。2014年3月全国两会人民网记者配备谷歌眼镜在会上进行采访拍摄。谷歌眼镜能通过Wi-Fi上网,通过说话、眨眼等就能拍照、录制视频(如图2-2)。[2] 2017年,光明网"钢铁侠"多信道直播云台在全国两会报道中亮相,现场只需一名记者即可快速实现视频、全景、VR等内容的同步直播与录制,通过设备后台的云控制台、云存储及流

---

[1] "最美警察"系列访谈之九:火车轮下英勇救人的老民警刘文森[EB/OL].[2013-07-08]. http://news.xinhuanet.com/zgjx/2013-06/24/c_132481675.htm

[2] 一分钟说两会[EB/OL].[2014-04-10]. http://news.qq.com/zt2014/oneminute/gaokeji.htm

媒体服务系统,记者还可以一键同步实现 PC 端、新闻客户端及 H5 页面等跨平台视频内容的分发与适配,让多种媒体产品在同一平台快速生产聚合(如图 2-3)。此外,2017 年 3 月全国两会,至少有 10 家新闻媒体推出了 13 个智能新闻机器人产品或应用,进行线上线下融合创新报道,人工智能使得两会报道的"神器"再升级,不仅有高颜值还有高智商。这些智能新闻机器人有新华社机器人"i 思""小新"、人民日报"小融""小端"、光明日报"小明"、深圳特区报"读特"(如图 2-4)、浙江卫视"小聪"、南方都市报"小南"等。

图 2-1　2013 年,头戴 Hero 摄像机、颈挎单反照相机、手拿智能手机采访的两会记者。图片来源:腾讯

图 2-2　2014 年,配备谷歌眼镜进行采访拍摄的两会记者。图片来源:腾讯

图 2-3　2017 年,光明网"钢铁侠"多信道直播云台在全国两会报道中亮相

图 2-4　2017 年,深圳特区报智能新闻机器人"读特"亮相全国两会

四、采访过程的互动性

互联网技术的突出特点是开放互动性。互动思维是网络新闻采访的重要思维之一。通过发布话题讨论、开展网络调查投票和建立记者编辑微博或微信等多种互动交流渠道,受众可以在第一时间对报道的事件或人物发表自己的看法,也可以针对他人的看法发表自己的意见。在此基础上,采编人员可以充分了解受众的需求,吸纳受众的建议,根据实际情况寻找新闻线索,明确报道主体甚至策划专题报道。采访过程的互动性既提高了新闻传播的参与性、平等性,也提升了新闻报道的质量。

获得 2013 年第 23 届中国新闻奖三等奖的大河网网络访谈《郑州西瓜哥卖瓜救妻引倾城之爱》在采访过程中充分体现了互动性。2012 年 6 月,网友"@芊芊若安"在新浪微博上发出"西瓜哥"卖瓜救妻一事,大河网记者迅速关注,多次发稿并组织网友进行爱心救助活动。

2012年7月11日,"西瓜哥"常赞和一路帮助他的12位网友做客大河网直播间,进行在线访谈,和网友交流互动。在网络访谈期间,大河论坛焦点网谈栏目发布话题讨论帖:"'西瓜哥'做客大河网,爱心网友云集谈感受,你怎么看?"帖子阅读量143582,回复量178,这些数据既了解了网民的情感倾向,也了解了访谈所取得的社会效果。

五、采访范围的广阔性

对于一些因距离太远而无法进行现场采访或调研的新闻事件,网络新闻记者可以通过互联网络在办公室或家中进行全国性或全球性的实时采访,如通过电子邮件、博客、微博、微信、BBS等社交媒体进行异步的文字采访;通过智能手机、网络电话等进行口头采访;通过网络视频进行可视化的面对面采访;通过QQ等即时通信手段进行同步采访等。随后撰写新闻稿件并通过网络发送给远处的网络编辑。

有时候因为距离遥远而阻隔等原因,传统上需要数天或数月才能完成甚至无法完成的采访工作,利用网络数秒或几分钟之内就可以完成。如新华社特稿社记者熊蕾曾利用电子邮件在一周之内采访了美国、英国、日本、瑞士、加拿大等国的10位科学家。在采访过程中,有的采访对象当天就回了信。由此次采访而写成的报道后来被刊登在美国的《科学》杂志上。[①] 由此可见,网络采访的范围之广是传统媒体所无法比拟的。

六、采访资源的丰富性

网络及其数据库和光盘是供新闻工作者发掘利用的巨大信息资源库。网上有大量文献可供查询,掌握了上网检索的记者和编辑,实际上拥有了一座世界最大的流动图书馆。运用某些功能强大的搜索工具(如搜索引擎等),记者可在这一数字化图书馆中方便地检索到某一题材的背景资料,快速获得所要的新闻资源,可对数据进行更深入的发掘。美国哥伦比亚新闻研究生院和纽约米德博格协会,对全美主要传统媒体的新闻从业人员进行的有关网络媒体的一项年度调查表明,在所调查的3400名新闻从业人员中,将上网作为获取新闻线索进行新闻采访手段的比例,仅次于报纸记者的面对面采访和杂志记者的电话采访。[②]

随着网络资源的进一步丰富,网络采访将会在全世界的网络新闻界逐步盛行开来。一位年轻记者从《北京晚报》上看到一条消息,说德国人巴蒂斯(Bates)所收集的有关南京大屠杀的一些资料存放在耶鲁大学神学院,于是他通过雅虎找到了这些资料,并发现了一个专门传送巴蒂斯手记原文的站点。这位记者通过邮件与该网站联系,第二天便获得了所需信息。难怪有人认为,在信息时代,计算机和网络等资源对于新闻报道的作用至关重要,它使记者看得更远,听得更清,想得更深,写得更快。

第二节 网络新闻的采访方式

随着网络传播技术的不断革新,网络新闻的采访方式也在不断扩展,从最初的电子邮

---

① 闵大洪.网络时代需要高素质的新闻工作者[J].中国新闻科技,2001(1).
② 李希光.网络记者[M].北京:中国三峡出版社,2000:101.

件、搜索引擎、在线访谈到现在如日中天的社交媒体,都不断被作为采访方式而得到广泛应用。

一、电子邮件

电子邮件已经成为新闻工作者最为常规的采访方式之一。电子邮件作为网上收发邮件的工具,已经被许多网民在进行信息交换时使用,新闻工作者可以充分利用它对采访对象进行采访。电子邮件采访具有以下优点:可以让采访对象更从容地了解自己的采访目的和准备回答要采访的问题(如广东南方台记者对本书作者的电子邮件采访,如图2-5);可以同时与几位采访对象联系,省时省力;可以传送照片、图表甚至音视频等相关资料;消除面对面采访时的戒备心理;可以自由灵活地确定采访的时间和方式(如澳亚卫视记者对本书作者的电子邮件采访,如图2-6)等。

电子邮件采访也有其缺点,如与电话、在线视音频等相比,反馈相对滞后;对记者以及受访者之间的互动有所影响;不能满足在线访谈时记者对受访者的精神面貌、动作神态的捕捉;记者也很难确定采访的时长等。

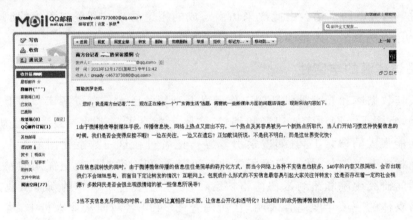

图 2-5　南方台记者的电子邮件采访

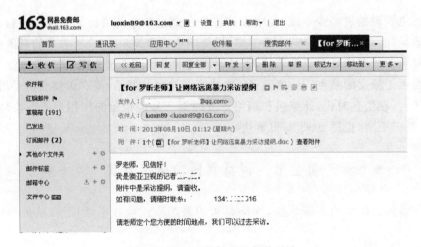

图 2-6　澳亚卫视的电子邮件采访

二、搜索引擎

搜索引擎是指根据一定的策略、运用特定的计算机程序从互联网上搜集信息,在对信息进行组织和处理后,为用户提供检索服务,将用户检索到的相关信息展示给用户的系统技术。搜索引擎主要有快速化、多样化和个性化等特征。快速化不仅指搜索结果的返回速度快,还指搜索引擎获取新信息的时间极短;多样化指的是搜索内容的多样化,除了使用较多的网页、图片、视音频之外,还有地点、新闻、翻译、图书等;个性化是指当用户在搜索引擎注册登录之后,其搜索习惯会被引擎加以记录和分析,当用户进行搜索的时候,引擎会因人而异地将相关信息位列首页。

使用搜索引擎是记者工作中获取新闻选题线索、多方核实新闻真伪、查找相关背景资料的重要渠道。哥伦比亚广播公司下属公司 WCCO 电视新闻记者杰森·德鲁萨(Jason DeRusha)描绘了他利用搜索引擎进行采访实践的情况:我用搜索引擎开始每一天。不管我做什么新闻,都是以搜索开始。我在一个叫"好问题"的部门工作,所以我经常把我的问题直接敲到谷歌,然后看能搜到什么答案。如果要搜索当地专家,我一般会把问题加上单词"明尼阿波利斯",然后再加上单词"专家"。例如,上周我做一篇新闻,是关于手写草书是否因为电子邮件而逐渐消失的。我在谷歌里打出"明尼阿波利斯手写专家",找到了几个本地手写分析家。接下来,我搜到几家私立学校(因为一般很难允许采访公立学校),然后找到学校,得到了我们的新闻。在另一篇关于在明尼苏达州我们是否摄入了足够多的维生素 D 的新闻报道中,我搜索"维生素 D""明尼阿波利斯"和"专家"。如果当地一家公司的专长在搜索结果中排名很高,我会给这家公司打电话。[①]

新闻记者应掌握一些基本的搜索技巧。一般来说,在搜索引擎中输入关键词,然后点击"搜索"即可,引擎会在极短的时间内返回查询结果。这是最简单的查询方法,但是查询的效果却不一定会让人满意,因为在大量的结果中可能会包含着许多无用的信息。而新闻工作者在利用搜索引擎的时候,应该学会下列技巧用以获得更加准确的搜索结果,如给要查询的关键词加上双引号("")、加号(+)、减号(-)、区分大小写等。

三、社交媒体

我们正进入一个社交媒体无处不在的时代,社区论坛、即时聊天工具、博客、微博、微信、社交网站等社交媒体层出不穷。2010 年 12 月,美通社发布《中国记者社交媒体工作使用习惯调查报告》,调查显示,超过 60% 的记者曾从社交媒体上获取新闻线索或采访对象完成选题报道,47.7% 的记者经常使用微博,互联网媒体记者在对微博、博客、社交网站、即时聊天工具(如 QQ 和 MSN)、社区论坛以及百科类网站等多种社交媒体渠道的工作使用频率上,显著高于传统平面与广播电视媒体(如图 2-7)。超过 90% 的记者认为来自于社交媒体上的新闻线索有一定价值。表示曾经通过从社交媒体上获取的新闻线索或采访对象完成过一篇选题报道的记者比例超过六成。

[①] Lee Odden. How Journalists Use Search & Social Media[EB/OL].[2014-04-12]. http://www.toprankblog.com/2010/02/journalists-search-social-media/

渠道 属性	电话	电子邮件	搜索引擎	微博	社交网站	聊天工具	博客	视频网站	社区论坛	门户网站	手机浏览	RSS订阅	企业网站	百科网站	新闻报料同行交流
平面媒体	63%	69.1%	71.4%	27.9%	16.9%	61.9%	29.5%	14%	29.3%	71%	22.7%	19.5%	35%	34.4%	77.8%
互联网	41.2%	60.6%	79.5%	44.8%	32.1%	69.6%	45.3%	31.9%	45.5%	82.9%	31%	28.1%	33.7%	46.1%	75.1%
广电媒体	72%	48.7%	73.1%	24.3%	21.9%	52.4%	25%	32.6%	32.9%	60.9%	31.7%	24.3%	21.3%	34.7%	79.3%
排名	6	5	3	10	15	4	9	13	8	2	12	14	11	7	1

■ 第一位　■ 第二位　■ 第三位

图 2-7　不同媒体属性的记者对日常获取选题线索渠道的使用情况对比

《互联网周刊》高级记者刘佳说:"现在最常利用的、对我来说改变最大的非微博莫属,在做《互联网周刊》有一期的封面选题《模仿者》时,需要采访一些业界专家谈对于中国互联网缺少创新这一话题,但因为时间非常紧张,而且这些专家往往时间宝贵,电话常常打不通或没人接,后来我想到了借助微博,在上面找到了不少业界专家,并通过私信很快与他们取得了联系,非常顺利地完成采访。通过类似的方法和业界大佬直接对话,微博成为媒体获取选题资源、做热点选题寻找采访资源的最佳途径选择之一。"①

记者可以通过 QQ 或 QQ 群即时获得新闻线索或事件进展。《温州日报》通讯《我市各地积极抗击台风"韦帕"》就是通过 QQ 群顺利完成采访的。过去每次台风来袭,负责掌握全市动态的记者就要一整天忙着打电话,不仅要对 11 个县(市、区)一一询问,还要不断跟踪追访,以防漏掉新闻。现在,记者只要开通"台风群",各地的通讯员都及时在群上公布消息,记者就可以轻松掌握最新、最快的信息。② 记者也可以用 Skype、微信等具有音视频功能的软件进行采访并将其录制下来,随后再将它嵌入网站的新闻稿中,这样做可以为文字报道增加视听觉元素。记者也可以用社交媒体如新浪微博的实时搜索功能来搜集信息并跟踪突发新闻、热点话题等。

随着社交媒体在采编人员中的广泛使用,如何规范采编人员社交媒体的使用成为新闻机构甚至政府管理部门的关注议题。美联社、路透社、BBC 等西方媒体近年来都相应增加了对雇员使用社交媒体的指引。中国新闻主管部门 2011 年在《关于进一步规范新闻采编工作的意见》,2012 年 10 月《中国新闻工作者职业手册》,2013 年国家新闻出版广电总局《关于加强新闻采编人员网络活动管理的通知》均对新闻工作者使用社交媒体提出了相关规定。国内外媒体的社会化媒体管理规范有如下几点共同要求:① 不损害传媒机构的声誉和商业利益。② 上级主管知情。③ 公开透明地获取信息。④ 保持平衡中立的立场。⑤ 职业行为与个人行为严格分开。⑥ 不得透露传媒机构内部信息。

四、在线访谈

在线访谈(或网络访谈)将网络的互动优势发挥到了极致,可支持多人实时参与网络互动访谈。在访谈中,网民在观看网络直播的同时,不但可以和直播室的主持人、嘉宾进行互

---

① 中国记者社交媒体使用报告:78%首选新浪微博[EB/OL].[2014-01-12]. http://tech.sina.com.cn/i/2010-12-11/10314971318.shtml

② 叶小静.网络对新闻采访的推进作用[J].青年记者,2009(17):26.

动交流,还可以与在线观看的其他网友进行实时交流。

微访谈是建立在新浪微博基础上的访谈类产品。微访谈的所有问题都来自于普通网友,并且由访谈嘉宾直接进行回答,真正做到了嘉宾与网友之间的零距离交流。微访谈涉及的内容非常广泛,包括娱乐、体育、时尚、生活、教育、财经、科技和文化等。2010年10月14日下午,"微博女王"姚晨受邀成为微博微访谈的首期嘉宾,与网友进行零距离交流。姚晨微博页面中提到了这次微访谈(如图2-8)。

微访谈经常结合时下热点话题,邀请热门事件相关人员参与,如2013年大型综艺节目《爸爸去哪儿》热播后对其中一位"爸爸"张亮进行的微访谈(如图2-9)。

图 2-8　姚晨受邀参加微访谈第一期的微博

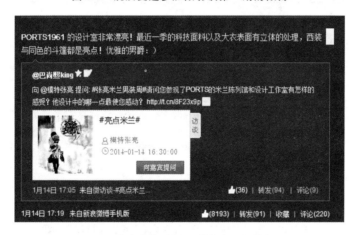

图 2-9　微访谈中对"爸爸"张亮进行的提问

一个成功的在线访谈需要注意以下六个方面。①

1. 看确定的访谈主题是否合适

确定一个好的访谈主题就是主题先行,是在坚持社会主义意识形态主导地位、坚持政治家办网的前提下,根据一个时期内的重大事件、重大决策、重要形势和网民所关注的焦点、热点、难点问题,确定一个能够引起社会关注的访谈主题。在线访谈一般可以分为访谈话题的选取、访谈主题的确定、访谈问题的设置三个步骤。以获得2013年第23届中国新闻奖一等奖的网络访谈《携手共建"美丽中国"让候鸟飞》为例,2012年11月11日,天津北大港湿地

---

① 朱继东.从六个方面努力做好网络访谈[J].新闻爱好者,2012(22):5—7.

发现被投毒的国家一级保护动物东方白鹳。北方网在主题上并未采取负面报道方式,而是将新闻聚焦在来自四面八方的志愿者身上,放大志愿者为抢救东方白鹳不分昼夜连续奋战所释放的正能量,唤起了人们保护候鸟、保护野生动物、保护湿地的意识,为党的十八大提出建设"美丽中国"发挥了积极的舆论引导作用,起到了科普宣传的作用。

2. 看邀请到的访谈嘉宾是否合适

在网络访谈中,访谈嘉宾身份的重要性、显著性很大程度上决定了网民对访谈的关切度。党和国家领导人的一言一行备受关注,各重要部委办局的主要负责人关于本部门、本单位工作的谈论、表态、答疑,各省、自治区、直辖市的党政主要负责人对其辖区经济社会文化发展的总结、剖析、展望等,明星名人对作品、经历的回顾、评价,权威专家对热点问题的分析、解读,事件当事人对事件现场的描述、思考等,都会引起网友的极大关注。如上面提到的网络访谈《携手共建"美丽中国"让候鸟飞》,北方网在访谈嘉宾的邀请上用了一番心思,选择了在天津北大港湿地第一位发现中毒东方白鹳并全程救援的志愿者赵亮,选择了长期深入天津、河北等地深入研究候鸟保护和自然保护地立法的中国鸟类学会秘书长张正旺教授及中科院动物研究所副研究员解焱博士。腾讯微博推出的访谈类互动栏目《客座总编辑》,邀请的访谈嘉宾都是业内著名的资深总编辑,就新近发生的重点、热点事件进行点评和分析梳理,同时回答网友的在线提问(如图2-10)。

图2-10 腾讯微博访谈类互动栏目"客座总编辑"截图

3. 看是否非常注重与网友互动

网络访谈的突出特色是注重与网友的互动。成功的网络访谈能有效地将传播者的主动性和受众的需求结合起来,让传播者和受众形成良好的互动。凤凰网在线访谈栏目"非常道"在访谈开始前一周,便在凤凰网"非常道"栏目页面提前做宣传预告,征集网友意见,网友可以在"非常道"栏目以及专题互动专区内留言,主持人和栏目组可在线与网友交流,建立起双向的传播模式。直播时,网友可以任意点击播放,边看边聊,与嘉宾及主持人在线互动。直播之后,网友还可以在凤凰网上重复观看,并且通过博客与"非常道"的主持人进行更广泛亲切的交流,拉近主持人、品牌节目与观众的距离(如图2-11)。①

---

① 孙佳祺,孙柏.试析网络访谈类节目的成功之道——以凤凰网"凤凰非常道"运作分析为例[J].现代视听,2010(1):69.

图 2-11 "非常道"的页面截图

4. 看与访谈嘉宾的交流是否到位

"凡事预则立,不预则废"。访谈前的准备工作,尤其是与访谈嘉宾交流是否到位在很大程度上决定了访谈能否成功。因此,我们应该提前组织专门人员搜集、分析、归纳访谈嘉宾工作、学习、生活等情况。做好这些准备之后,我们就可以在访谈之前,就访谈的问题和嘉宾交流,征求嘉宾对网友提出的问题乃至整个访谈的意见,如果不合理就及时做出调整。在访谈中,注意倾听嘉宾的回答,以把握访谈节奏和进程,并根据访谈实际灵活调整访谈问题。在访谈结束后,征求嘉宾对访谈的意见,将其合理意见在最后的访谈综合稿件中加以体现。这样可以从容引导整个访谈进程。我们作为访谈的主持人、编辑、记者,一定要非常真诚地多与嘉宾主动交流,争取做到用心与访谈嘉宾交流,用心去感受访谈嘉宾的思想、情感,最好能与嘉宾成为以心交心的好朋友,把访谈变成好朋友之间有主题的聊天。这样,你问的问题是嘉宾最想说的,嘉宾回答的内容也是你最想问的,访谈的内容也自然是网民非常关心的,这样的访谈自然是成功的。

5. 看访谈内容展示是否充分

对于时间少则半个多小时、多则三四个小时的网络访谈,网友如果一直看冗长的访谈实录,无论是文字还是视频,都会感觉很累,而且难以把握重点。为了方便网友阅读,也为了扩大访谈影响,应做好每一场的每一条访谈摘要,在访谈进行过程中就把精彩内容提炼出来,通过新闻稿件的形式传播出去。而综合稿件可以使网友对访谈的主要内容有一个集中、全面的了解,不仅将整个访谈的精华内容整体展现给网友,而且对进一步升华主题、扩大访谈影响有着非常重要的作用。除了在稿件方面要有精华摘取之外,在视频制作方面也需要花费功夫,使得访谈不至于只是主持人与嘉宾的对话这么无聊。

6. 看访谈的社会影响是否理想

访谈前的预告、访谈时的直播、访谈后的整理,都可通过网站的官方微博、官方博客、微信公众号等渠道进行推介,这样常常可以被众多媒体和各大网站转载,不少时候访谈嘉宾所在地方、部门的报纸、电台、电视台也纷纷转发,甚至还是头版头条。这种多渠道、多层次的二次甚至多次多层次、立体式传播,自然使得整个访谈的影响力倍增,社会影响自然非常理想,也为整个访谈成功画上一个完美的句号。获得2013年第23届中国新闻奖三等奖网络访谈《温情温州·向善向上——"温州红日亭现象":爱的足迹》,"温州红日亭现象"(指红日亭连续四十多年夏天向公众提供免费伏茶,冬天向困难群体施粥)系列访谈播出后,引起全国反响,网友微博留言上万条,《南方都市报》《新京报》发表评论盛赞温州人独特的慈善理念;温州网的相关稿件、访谈视频被《人民日报》《钱江晚报》、新华网、中国文明网、新浪等国内主流媒体及新加坡联合早报网、雅虎资讯、凤凰网等媒体广泛转载。

五、在线调查

1. 在线调查的开展

在线调查是针对网民比较关注的话题设置相关问题来了解网民态度或意见的重要手段。需要强调的是,由于问卷调查的放置时间长短和频道位置的不同会造成调查结果的不同,所以,在线调查只能表明参与投票的网民的意见状况,并不能代表全体网民,更不能代表更广泛的社会受众。在线调查(或网络调查)的开展环节主要包括问卷及程序设计、程序控制、问卷放置位置和时间等。①

(1) 问卷及程序设计:提出的问题要客观中立,切忌带有主观倾向性;涉及态度、情感调查时要考虑到多元观点的呈现;要显示问卷调查的起始与终止时间、参与人数等相关信息。

(2) 程序控制:在程序设置上要解决一址(IP)多票,即一人多次重复投票行为,以防止出现大量"灌水票",这在涉及排名、评选等网络调查活动中最容易发生。有时候,一些签名、有奖类的网络调查活动,还要强调真实姓名、真实身份,以确保调查活动的真实性和严肃性。

(3) 问卷放置位置和时间:在网站上,一项问卷调查防止在哪一个版面和位置,也直接影响网民的关注以及后续的参与行为。涉及社会热点新闻和事件的调查,若放置在首页和新闻频道及相关专题的突出位置,自然会引起网民的高填答率。而专题类的调查,也可放置在相关频道中,主要是吸引这一领域的网民参与。放置的时间越长,自然填答的数量也越多,但随新闻事件或话题进行的调查需要注意时效性,应控制在一定的合理时间段内,一方面确保网民参与的积极性,另一方面确保调查数据的新鲜性。

2. 在线调查的优点与缺点②

(1) 在线调查的优点有以下几项。

第一,成本低、开展便利。

第二,参与的主动性和积极性高。

第三,问卷应答质量高,有效度高。

第四,反馈及时,调查结果自动生成。

第五,有助于获取报道线索或思路。

(2) 在线调查的缺点有以下几项。

第一,被调查者的代表性具有一定局限。网民群体具有一定的同质性,难以全面代表现实社会的整体性。

第二,被调查者个人信息的保密存在疑虑。

第三,控制一人多票行为的技术控制存在疑虑。

第四,问题设计表面化、简单化。当前只针对具体的新闻报道设计一个问题,往往以"是否"来做简单选择,难以考察某种复杂的心理动机或态度倾向。但使用较为复杂的问卷,又可能引发网民的反感或厌烦而拒绝填答。

---

① 闵大洪.对网上问卷调查的认识与操作[EB/OL].[2014-04-06]. http://tech.sina.com.cn/i/2005-03-29/1105564288.shtml
② 秦州,王月苏.网络新闻编辑学[M].上海:复旦大学出版社,2007:12—13.

一般来说，好的在线调查，应该在主题设置、问卷设计、表现方式上精心论证、精心策划，以保证其能够具有一定代表性、准确性。具体来说：一是主题合乎网民人群特性；二是问卷繁简得当，富有弹性；三是以好的设计或促销吸引网民尽可能地填写问卷；四是必要时与其他的深度调查方法相配合。①

2013年11月28日，新华网吉林频道发表一篇题为"调查显示：大学食堂'光盘'学生仅有25%"的新闻，报道中就用到了在线调查的采访方式。据报道，在问卷星对全国网友发布的《关于大学生餐厅浪费调查问卷》的调查结果显示，接受调查的在校大学生网友中，有45.83%的被调查人通常在食堂进餐，其中超过半数的学生平均每次消费在5～8元。而这中间，全能吃完的仅占25%，有54.17%的被调查人能够吃掉大半，另外有16.67%的学生仅能吃完少半，甚至还有4.16%的学生仅能吃掉几口（如图2-12）。②

图2-12　在线调查问卷《关于大学生餐厅浪费调查问卷》截图

此外，网络数据库（Web-database）也是一种重要的网络采访方式。越来越多的组织机构努力将自己的数据库放在网上，供公众查询。在大数据时代，网络数据库已成为采编人员广泛使用的重要网上资源，在获取新闻选题线索、多方核实新闻真伪、查找相关背景资料等方面发挥了重要作用。新闻工作者较常用的数据库有文献摘要数据库、书籍与名录数据库、法规与政府文件数据库、人物查询与公众记录数据库、照片图表数据库等。

应该看到，以上这些采访方式并非单一使用，往往是"联合作战"、交叉使用。如某记者就谈道："我在写一篇关于谷歌与雅虎计划合作的专栏文章，我首先使用谷歌和LinkedIn找到些可能作为素材的资料，并且偶然找到美国反垄断协会一名资深研究员准备发表的一篇白皮书。由于很难找到电子邮箱地址，所以我去Facebook找到了他，然后给他发了一条消息。他回了消息，我随后对他进行了一次电话采访。"③

---

① 杜骏飞.网络新闻学[M].北京：中国广播电视出版社，2001：235.
② 调查显示：大学食堂"光盘"学生仅有25%[EB/OL]．[2014-02-20]．http：//www.jl.xinhuanet.com/2012jlpd/2013-11/28/c_118331514.htm
③ Lee Odden. How Journalists Use Search & Social Media[EB/OL]．[2014-03-22]．http：//www.toprankblog.com/2010/02/journalists-search-social-media/

六、机器人采访[①]

随着人工智能算法能力的不断提升,新闻机器人也越来越多地参与采访报道。如新华社"i思"机器人以新华社见习记者的身份报道两会(如图2-13),既可以在演播室与主持人、嘉宾互动,也可以出镜报道采访两会代表委员。"i思跑两会"系列节目,以短视频、电视专题以及新媒体等方式播出,受众可以通过新华网、新华社客户端、"新华视点""新华纵横"电视栏目看到"i思"。黑龙江卫视每晚六点播出的"新华视点"栏目中,"i思"机器人还以特约记者身份与主持人连线报道两会。

图2-13 新华社"i思"机器人以新华社见习记者的身份报道两会

机器人采访,通常用在重要活动、节日等场合,较少用于突发事件或特殊事件的采访,这是因为机器人要实现有效的采访还需要具体如下基本条件。

一是需要"喂饱"大量的资料或数据。机器人在大量材料中获取大规模数据,进而进行大数据挖掘分析,从中发现关系、预测趋势。光明日报机器人"小明"为了实现智能识图功能,学习了数万张代表委员照片;为了解代表委员的履职情况,学习了40多万篇两会新闻报道。通过智能分析和数据挖掘,整理了29万个词汇,并从中挖掘出近5000个与两会相关的关键词,并据此整理出每一位代表委员的履职报告。通过文字输入、语音输入代表委员名字,或者上传一张代表委员照片,就可以获得代表委员的人物信息、人物关系、关注领域、相关新闻、两会热点等五个方面的内容。

二是需要通过反复学习来训练算法能力。在2017年两会,香港大公文汇传媒集团机器人"小宝"为了与香港代表委员沟通交流,来京前它"苦练"粤语,目前不仅粤语流利,普通话、东北话、四川话也样样精通,在不同地区代表面前都能"谈笑风生"。

三是需要灵活适应场景与语言环境。在浙江卫视"E眼看两会"节目中,智能机器人"小聪"作为"机器人嘉宾主持",与主持人亲密互动。在两会节目开始前,技术人员将网络上最新的全国两会信息录入程序,并将播报内容整理录入,根据场景与语言环境需要,编制机器人新的"肢体"动作程序。特别是通过步态算法的提升,"小聪"能在主持人做出触碰、靠近等行为时及时做出相应反应。

[①] 王培志.厉害了,我的"神器":2017两会报道中的智能新闻机器人[EB/OL].[2019-01-16]. http://media.people.com.cn/n1/2017/0315/c14677-29146493.html

第三节 在线报料与公民新闻

一、在线报料的概念与特点

所谓"报料",是指非专职新闻人员有意识地追寻或偶然发现新闻线索并主动提供给媒体,媒体给予一定报酬的行为。[①] 提供线索的人被称为"报料人"或"线人"。报料人通常有四类:职业报料人、兼职报料人、突发事件报料人和维权报料人。当报料涉及舆论监督时,报料人往往会遭受到打击,因此如何保护报料人的合法权益是值得关注的重要议题。

传统报料一般通过电话、信件等渠道进行,在线报料的渠道则要丰富得多,包括电子邮件、论坛、贴吧、QQ、博客、微博、网络问政平台、微信等。与传统相比,公开的在线报料速度快、传播范围广、舆论监督效果强。

"报料"经常与"爆料"混用,两者都有"提供某种消息"(作动词时)或"某种消息"(作名词时)之意,"报料"没有明显的方言色彩(不排除它最初源自方言的可能性);而"爆料"一词的广东味十分浓厚,该词最早是在粤方言区使用的。粤语中"爆"字有"兜、揭"的意思,还有"爆人隐私"的说法,而"爆料"就是对别人隐私的一种揭露。[②]

"在线报料"则是在互联网络上将新闻线索向社会公开或提供给媒体的行为。在线报料包括有意向某媒体提供能获取报酬的新闻线索,也包括在网上实名或匿名免费公开提供新闻线索,如2011年4月11日,天涯社区出现的题为"中石化广东石油总经理鲁广余挥霍巨额公款触目惊心"的匿名报料帖;2012年12月6日,《财经》杂志副主编罗昌平通过微博向中纪委实名举报原国家发改委副主任、国家能源局局长刘铁男。随着媒体竞争的加剧,各大媒体基本都设立了立体化的在线报料平台。

在线报料具有主体的全民性、内容的亲民性和"事实"的不确定性等特点。

1. 主体的全民性

随着Web2.0时代的到来,播客、博客、微博、微信等社交媒体或自媒体成为人们日常生活中必可不少的重要组成部分。这意味着相比传统媒体的报料,在线报料能够提供更加方便快捷的报料模式。以往传统媒体的报料,需要知道媒体的报料热线,但在线报料仅需要进入所报料新闻网站的报料页面即可。2011年腾讯微博联合数家媒体官方微博开通了微博报料平台,在线报料的方式更加简便,这就意味着任何公民只要有料可报,小到萝卜白菜的价格涨落,大到国家政策的具体落实,简直是齐动员,全民报料。

"新鲜事、有趣事、不平事、离奇事、为难事,请第一时间告诉我们。"《扬子晚报》腾讯官方微博以这样的台词拉开在线报料平台的帷幕。报料方式可以是直接登录腾讯微博"《扬子晚报》微博爆料台",然后在"填入报料内容"中,直接输入报料内容并发布;或者可以在自己的微博上发布报料内容,然后@《扬子晚报》或其旗下的相关记者;还可以通过私信的方式向《扬子晚报》报料。简单、方便、快捷、多样的在线报料方式,降低了报料难度,使得在线报料在广大网民中广泛使用。

[①] 胡春阳.报料的缘起和价值[J].新闻爱好者,2004(4):20.
[②] 邹雪,杨文全."报料"与"爆料"的用法差异[J].语言文字运用,2004(2):72.

2. 内容的亲民性

亲民性即报料内容的三贴近——贴近群众、贴近生活、贴近实际。正是由于报料人的全民化，导致了所报料的信息贴近民生，多为民生新闻。在线报料报的是"新鲜事、有趣事、不平事、离奇事、为难事"，而百姓最需要的是解决身边事，将生活中遇到的困难交付网络，期望借助网络的力量达到解决问题、克服困难的效果。如温都网（如图 2-14）和奥一网（如图 2-15）的网络报料，内容多为百姓生活中遇到的不平事和为难事。

最新报料	已处理报料	
新闻线索	沙头渠口冷水湾非法偷盗无采矿证挖石子砂	2014-01-07
新闻线索	渠口非法深挖石子砂已构成犯罪追究刑事责任	2014-01-03
交通	法拉利斑马线上撞到助力车	2014-01-01
图片视频区	温州业主连云港维权被打！	2013-12-29
新闻线索	温州业主连云港维权被黑社会打骂！	2013-12-29
社区	沙头镇以赌为生叶建新不能上任村委会主任	2013-12-26
教育	艺术特长美术/音乐类A级理论考前培训	2013-12-17
新闻线索	房市有风险，投资需谨慎	2013-12-15
新闻线索	瓯海区梧田街道南村村两委腐败，公开贿选	2013-12-10
新闻线索	永嘉县农村换届组织小组选委会审查不公正	2013-12-07
新闻线索	揭露永嘉县渠口村副书记叶勉非法拉票	2013-12-07
社区	中国好声音场外手机中奖联系客服是多少	2013-12-01
法律	18岁的青春何去何从，要用法律证明爱	2013-11-22
社区	我县首个爱心驿站正式启用	2013-11-19
社区	最近小偷猖獗，希望大家提个醒	2013-11-19

图 2-14　温都网报料平台截图

图 2-15　奥一网报料平台截图

3. "事实"的不确定性

网络上的报料只是"线索"，并非就是事实。如不细加甄别，时时保持高度警醒，很可能被"绑架"，被利用，掉入陷阱，产生失实报道，甚至是虚假新闻。网络报料，有图有视频未必就是真相。

2013年3月25日,中国新闻网刊发中国新闻社广东分社记者的报道《深圳"90后"女孩当街给残疾乞丐喂饭感动路人》。报道称,在深圳打工的"90后"某女孩单膝跪地给残疾乞丐喂饭,并配发了新闻图片。经查,该报道与事实严重不符。中国新闻社记者收到"深圳'90后'女孩喂乞丐"的社会报料后,未深入采访核实就将稿件和图片编发后上传至中国新闻网,并署名记者采访、摄影,加上编辑审核和把关不严,致使虚假报道在网站刊发,造成不良社会影响。① 而报料者即是某著名网络推手,号称"金泉少侠",曾策划引起广泛质疑的广州"跪行妈妈"事件。他每次从商家处收取数千元至数万元不等的策划费,再收买深圳的新闻职业报料人帮他向新闻媒体报料,利用媒体报道达到炒作目的。②

二、公民新闻记者对新闻采访的影响

在线报料与公民新闻紧密相关。公民新闻(Citizen Journalism),也称公民参与新闻(Citizen Participatory Journalism),这个概念产生于20世纪90年代的美国,伴随着今天Web2.0时代的到来而兴盛,指来自公民的第一手非专业新闻报道。他们或者是现场的目击证人,通过摄像手机、DV、社交媒体等,把自己所见、所闻、所感直接传送给大众;或者自己创办小众媒介(如网站、论坛、贴吧等),旨在提供一个民主社会需要的独立、可信、准确、透明、广泛的相关信息。

公民新闻是新媒体不断私有化和个性化的产物,社交媒体或自媒体是公民新闻运动的技术条件。"自媒体""微内容""社交媒体"等概念将不断推动公民新闻的发展。公民新闻的出现改变了传统新闻传播业的图景,新闻信息的采集和发布不再局限于少数的专业新闻工作者,权威的新闻机构的把关能力不断削弱,在新闻生产的流程上越来越呈现出传统媒体和新媒体合作生产新闻的趋势,即所谓的"商议新闻学"(Deliberative Journalism)。公民新闻记者对新闻采访带来了诸多影响,主要有以下几点。

1. 公民新闻记者使得新闻采访的线索来源更加丰富

虽然网络资源的全球性使得网络新闻采访本身就具有新闻线索来源多样而丰富的特征,但网络编辑一人之力毕竟比不上公民记者的全民之力。再者,公民记者在日常生活中捕捉新闻线索,关注的范围涵盖了政治、经济、文化等各个方面。从这点来看,公民记者就像"千里眼""顺风耳",像神经末梢一样遍布社会各个角落,可谓无孔不入。他们报道新闻的动机不是为了报酬,而仅仅是一种新闻信息的分享,或为了解决切实生活问题,或者记录生活经历。如"记者帮"平台是深圳广电集团官方手机客户端"壹深圳"里的一个最主要的功能之一。它是连接用户、媒体、政府,帮助用户解决民生问题的服务平台。用户可以将自己生活中遇到的消费维权、公共服务、投诉等问题通过"记者帮"报料,编辑审核后会根据用户想投递的媒体或者政府部门进行传送。媒体采访或者政府部门回答后,"记者帮"平台再将处理结果及时通过他们的平台反馈给用户。"记者帮"平台的新闻地图、在线报料和准确定位功能都是创新亮点,形成了公民参与的舆论监督新模式(如图2-16)。

一些主要的公民新闻实践有韩国的OhmyNews网站、美国的《赫芬顿邮报》、美国的

---

① 国家新闻出版广电总局.关于中国新闻网等媒体虚假失实报道查处情况的通报[EB/OL].[2013-12-16]. http://www.gapp.gov.cn/news/1663/148671.shtml

② 深圳新闻网.90后女孩当街给残疾乞丐喂饭?炒作![EB/OL].[2014-03-10]. http://www.sznews.com/news/content/2013-03/28/content_7870195.htm

图 2-16 "壹深圳"App 的"记者帮"平台页面截图

ProPublica 网站、美国 CNN 新闻网的 iReport。美国 CNN 新闻网的 iReport 向全球民众征集针对发生在周围的突发事件提供照片或影像,尝试了主流媒体介入公民新闻的模式,并大获成功。据统计,截至 2011 年 3 月,CNN iReport 有 75 万活跃用户,这些用户共上传报道近 80 万条,平均每月就有 14000 余个视频上传。[①]

2. 公民新闻记者能够填补新闻采访的盲点

尽管公民不是专业的记者,发布的信息不具备新闻的专业性,大部分都是简短的消息,但是即使非常专业的记者也有信息上的盲点,不可能做到对信息面面俱到或深入挖掘,要受到人力、物力、财力、智力等方面的种种限制。而公民存在于每个角落,具备数量上的规模优势,只要他愿意就可以有成千上万的相关消息出现,使得报道对象更为全面真实地呈现在读者面前。英国威廉王子大婚报道中,更是有来自欧洲各国和加拿大、美国、新西兰、巴基斯坦、印度、中国等国的 iReporter 积极向 CNN iReport 上传自己所在地关于这场皇室婚礼的庆祝活动。[②]

公民新闻记者除了补充新闻采访中的信息盲点,还能够提供新闻采访中的专业信息。一位武器专家指出,在 2013 年诺贝尔和平奖事项中,艾略特的贡献比联合国要大。艾略特是何许人?他全名艾略特·希金斯(Eliot Higgins),是生活在美国莱斯特市的一位 34 岁业余分析师。他不懂阿拉伯语,也从未去过叙利亚,没有受过任何专业训练,仅仅在业余的时候关注一下 Twitter、谷歌以及 YouTube 上有关叙利亚的内容,然后利用自己无与伦比的分析能力写写博客,但他的博客却成为各国情报机构、国际组织以及无数智能库获取叙利亚战

[①] 曾苑.新媒体环境下传统国际传播媒体对公民新闻的介入与修正——以 CNN iReport 栏目为例[J].东南传播,2011(8):20.

[②] 同上,第 21 页。

争武器消息的最重要来源,连美国国防部、美国国务院、联合国都在关注。

3. 公民新闻记者能够对新闻及时反馈,监督媒体报道

公民新闻记者的产生使得媒体不再是新闻的唯一报道者,平民百姓成为公民记者之后,能够使自己的声音传播开来。不但如此,公民记者还能在一定程度上起到监督媒体的作用。当一则由媒体发出的报道在网络中发布出来时,来自民间的公民记者可以对报道中的细节进行推敲和追究,核查事实真伪,并迅速给出反馈。在这种情况下,网络新闻采访如果为了争取点击量、获得商业利益,而报道失实新闻或者故弄玄虚,在细节上含含糊糊,则更容易成为公民新闻攻击的"软肋"。公民新闻记者在推敲细节、追求事实真相之后,这类有问题的新闻报道便不攻自破。公民新闻记者的这种监督方式,虽不能从根本上改变媒体中不实和扭曲报道的事实,但可以在一定程度上遏制媒体某些恶性的行为,发现问题及时补救。这种监督力量确实也会引起媒体的自我修正行为,因而是一种平衡媒体的力量。[①]

2013年10月初,某香港媒体报道,香港城市大学内地学生与香港学生因授课语言问题爆发"骂战",引发微博网友关注,内地一些媒体也跟随报道。此报道在微博上迅速上升至头条位置,而网民除了对此进行热议之外,也对这则新闻的真实性发出了质疑。后来,涉事老师与学生的介绍表明了事实真相根本没有报道渲染的这么夸张,而"骂战"更是子虚乌有。香港城市大学甚至就此事向广大师生发出了澄清电邮。[②] 又如2004年美国CBS著名新闻主持人丹·拉瑟(Dan Rather)在"60分钟"中报道了总统乔治·布什(George Bush)的得克萨斯空军国民警卫队服务。在广播1小时后,博主们对报告中用到的一个备忘录的真实性提出怀疑,结果博主们是对的:备忘录是伪造的。最终,四个CBS职员被解雇,丹·拉瑟在2005年3月从CBS晚间新闻主持人的位置上走了下来。[③]

三、在线报料的正确利用

报料是把"双刃剑",采用报料有风险。要规避在线报料带来的可能风险,一是在意识上,要防患所提供的线索被人为地PS或摆拍,警惕商业炒作或恶意攻击等越轨行为;二是在角色上,不要将自己等同于报料人,需要从不同信源、不同渠道、不同部门进行核实再核实;三是在价值上,在确认真实性基础上尽量选择关注度高、有趣、有积极正能量、有重大意义的线索;四是在写作上,不要直接引用报料中的叙事,尽量用第三者的视角客观反映自己采访验证的情况;五是在管理上,各媒体应对报料人加强培训、培养和引导,以确保报料的高质量。

1. 判断报料的真实性

网民可以依据个人喜好以及价值判断,报料一些表面或片面的新闻线索,或者直接将其发布到网上。网络成为考验记者的关键场所,在线报料仅仅是采访和验证的线索或参考,而不应是简单的报道对象。如果事件本身不存在,记者就不应该掺和,否则记者很容易成为网络推手和虚假信息的传播者。特别是对批评类报道,要更加小心,在核实报料时一定要问细

[①] 巨芳芳. 新媒体时代下的公民新闻研究[D]. 西安:陕西师范大学,2012.
[②] 内地香港学生因授课语言爆骂战系假新闻[EB/OL]. [2014-03-02]. http://www.he.xinhuanet.com/jiuye/2013-10/15/c_117725020.htm
[③] Bryan Murley and Chris Roberts. Biting the Hand that Feeds: Blogs and second-level agenda setting[R]. Atlanta: Southern Political Science Association, Project for Excellence in Journalism, 2007:9—10.

问清,必要时和另一方取得联系,充分听取双方说法后再作甄别判断。①

2013年5月9日下午2:23,加V认证为"新浪上海新闻频道官方"的"@上海新闻播报"微博发布说,"据'@漫天飞雪小可爱'称,青浦一名二十出头小伙彩票中了4800万元,随后开着上百万的跑车到大众厂高调辞职。此事随后得到@松江台宋苏伟的证实,表示这是发生在青浦练塘的真人真事。"但上海市福利彩票中心证实,上海今年没有开出过4800万元的巨奖。消息中提到的公司也表示查无此人。②

2013年12月3日早晨,"老外街头扶摔倒大妈遭讹1800元"的照片在微博上热传,再加上近年假摔"碰瓷"事件时有发生,导致网络舆论呈现"谴责大妈"的一面倒状态。经《新京报》《中国青年报》记者的实地采访,多个目击人称报道不实,大妈确是受害者,老外还当场对其破口大骂。北京市公安局官方微博"@平安北京"当晚发布微博称:该外籍男子无驾驶证,所驾驶摩托车无牌照,在人行横道内将中年女子撞倒。警方依法暂扣了肇事摩托车,其交通违法行为将受到处罚。

2. 发掘报料的新闻价值

在判定在线报料的真假后,还要通过记者的初步采访判定其新闻价值。报料就是一堆原材料,首先要进行质检,取其精华,去其糟粕,要独具慧眼、沙里淘金。对拟采用的新闻线索,是否能够做大或做成独家新闻,只有在初步采访后才能确定。在现实工作中,许多记者抱怨缺少重大新闻报料,分析一下就会发现,这主要是因为他们获得报料后,往往浅尝辄止,忽视了报料背后的其他信息。

2010年4月29日,周口晚报社记者从网上得到一则报料:"市区沙颍河八一路桥南头东侧的河滩上,一具无名尸体暴晒于阳光下已有两天。"初步采访确有其事后,记者向采访中心主任请示是否写一小稿时,值班主任敏锐地感到这里面应该有新闻,并帮助其做了一个采访提纲。于是,记者重新赶往事发地,对新闻事件进行补充采访,分几块进行采访写作:市民——暴尸河滩不应该;公安部门——我们没有专门停尸的地方;民政部门——无权火化,无名尸存放太多。这样就形成了一篇有分量的深度报道。稿件刊发后引起有关领导的高度重视,不但"暴尸河滩两日"的小事解决了,相关部门还召开联席会议,专门讨论如何建立相应机制解决此类问题。③

3. 确认报料的多方信源

记者在采访网络报料时,一定要深入一线,多方核实,认真写稿。在线报料来源不一,往往零散杂乱、真伪莫辨,网络信息碎片化严重,一般只是接触到事物的局部细节或表象。只有经过认真的核实、鉴别、整理和提炼加工,才能成为真实、完整、典型、生动的新闻事实,成为揭示事物本质的具有高度可信性和雄辩说服力的材料,最后成为新闻报道。

2013年6月1日,cnBeta在其人物频道上刊发了一篇《网友海购奶粉意外收到小袋鼠》的消息,其来源注明是来自网易新闻,但实际上该站才是首发。不久其他科技类网站纷纷转载了该消息,一些官方媒体社会频道也对此进行了报道。消息称,刘女士有一个10个月大

---

① 付永奇.用好网络爆料 杜绝虚假新闻[J].新闻爱好者,2010(18):73.
② 李子迟.盘点2013年度中国25大假新闻[EB/OL].[2014-02-20]. http://shehui.daqi.com/article/3541664_2.html
③ 付永奇.用好网络爆料 杜绝虚假新闻[J].新闻爱好者,2010(18):74.

的宝宝,为了让宝宝喝上放心奶粉,她经常从网上一家店铺购买澳大利亚奶粉。可最近,就在她收到从澳大利亚寄来的奶粉包裹中发生了一件离奇事:她居然收到了一只幼年袋鼠。但"@青岛公安"辟谣该新闻是假新闻,是某网店人员有意的一次炒作。

2014年2月8日,腾讯新闻转载了《现代快报》的一篇新闻报道《春节忌暴饮暴食 女子大吃大喝致"胃爆炸"》,此报道的线索就是由微博、微信所得,期间记者通过联系当事人以及咨询专家等多种信源核对辨别真假,写出了一篇具有接近性、知识性、趣味性的新闻报道。

阅读材料 ▼

春节忌暴饮暴食　女子大吃大喝致"胃爆炸"[①]

昨天,微博以及微信朋友圈里都在转发一条消息,说的是一名58岁的患者由于大量进食导致"胃爆炸",最后不得不全胃切除。这条消息让众多刚刚经历春节胡吃海喝的"吃货们"心有余悸。《现代快报》记者了解到,其实这一点不夸张,这样的患者在南京每年至少能遇见一两例。

微博:58岁大姐吃得太多,胃爆炸了

著名微博达人"@营养师顾中一"是北京友谊医院的营养师,拥有上百万"粉丝",前天他转发了一条微博,说的是一个病例:"患者女性,58岁,进食大量食物及啤酒,餐后突发腹痛腹胀1小时来院急诊,患者腹胀如鼓,全腹压痛。腹部CT显示,胃扩张。"

尤其让人惊讶的是:"进腹时腹腔内高压可燃气体喷出,灭火后手术继续。腹腔内大量黑色浑浊液体混有食物残渣,胃壁破损严重,胃小弯贲门至幽门全程炸裂。"

又是"胃爆炸",又是"起火",这场手术真是让人紧张。最后的结果也是十分令人遗憾,由于患者病情太重,不得不全胃切除。

据悉,"@营养师顾中一"的病案资料来源是专业的医学网站丁香园论坛,最初是去年11月1日由苏州网友"@一号绿蛋"发出,该网友还一并贴出了详细的CT图以及手术图片。该网友的身份认证为"血管外科医生",并称患者是从贵州老家到苏州看望子女的。昨天,《现代快报》记者与这名网友取得联系,他确认患者在苏州。

很多微博网友留言说:"太吓人了,以后再也不敢暴饮暴食了。"还有网友举出了身边的胃爆炸例子。

医生:胃真的会爆炸,处理不及时,容易猝死。

昨天,《现代快报》记者请教了鼓楼医院普外科副主任医师汪灏。他说,确实存在"胃爆炸"的病人,说法虽然有点夸张但是比较形象,专业上就是胃扩张或者穿孔,鼓楼医院每年都能碰到一两例。

[①] 刘竣.58岁大姐到苏州看子女 吃得太多太猛,胃"爆炸"了[N].现代快报,2014-02-08(A7).

至于起火,也是有可能的,"胃里有大量酒精,手术又是用电刀切的,起火不是不可能,但这个很少见"。汪灏说。"@营养师顾中一"也认为,起火与酒精还有电刀有关系。

那么,人到底吃多少东西会引起胃爆炸呢?汪灏说,"这个存在个体差异,普通人吃到饱,就会停下来,但是人在喝酒的时候,比较兴奋,很容易进食过量而察觉不到"。"平常人连稠带稀,吃个1000毫升就饱了,如果达到极致,3000毫升,比一暖瓶的水还要大的容量,那就会有危险了。"汪灏说。

如果胃爆炸处理不及时,很容易引发猝死,如果及时手术的话,这样急速的膨胀、爆炸,会造成胃壁变薄,影响消化功能。

像上述患者,整个胃切除后,消化功能将由肠等器官代替,那么吃饭必须要细嚼慢咽,不能吃过多也不能太少,少吃多餐,即使这样,也很容易造成消化不良。

胡吃海喝,还可能导致食管爆炸

其实,除了胃容易爆炸,大量饮酒还容易导致食管爆炸。

江苏省人民医院就收到过这样的患者。这名患者本身酒量浅,两瓶啤酒下肚后就有强烈的呕吐感,当时碍于面子硬憋着不吐。喝下去的啤酒含有大量气体,这些气体和食物会因胃部强力收缩而大量返流到食管。患者又强行不让呕吐,导致声门咽部闭合,反流的压力无法疏导,全部集中在食管内部,当这个压力瞬间超过了食管壁的耐受程度时,食管就爆掉了。

思考与讨论

1. 用某种或多种网络采访方式完成某个网络报道任务。
2. 应如何规范新闻采编人员使用社交媒体或自媒体?
3. 如何正确利用好网络报料以避免风险?

第三章 网络新闻报道与写作

网络的特点决定了网络新闻报道与写作不同于报纸或广播电视的特征，主要表现在层级化写作、实时写作与文字直播以及多媒体新闻与融合新闻报道三个方面。

第一节 层级化写作

与印刷媒体一次性地将信息呈现在读者面前不同，"网络新闻作品常常是多级化的构成，这主要是由于网络信息发布结构的需要。而实现层次化作品的主要手段是超链接"[①]。一个网络新闻作品通常由五个层次构成：新闻标题、内容提要（导语）、新闻正文、关键词或背景链接、相关文章或延伸性阅读。在实际操作中，并非每个网络新闻都包括这些层次，如内容提要、关键词或背景链接就比较少出现。因为过多的层次，不但会造成信息过载，还会造成阅读的负担。

案例3-1

层次一（新闻标题）

最高院终审驳回奇虎360上诉 判奇虎360赔腾讯500万[②]

层次二（内容提要）

今日最高人民法院对腾讯诉奇虎360不正当竞争案做出终审判决：驳回奇虎360的上诉，维持广东高院的一审法院判决，奇虎360赔偿腾讯500万元经济损失。

层次三（新闻正文）

今日最高人民法院对腾讯诉奇虎360不正当竞争案做出终审判决：驳回奇虎360的上诉，维持广东高院的一审法院判决，奇虎360赔偿腾讯500万元经济损失。

最高人民法院在其官方微博中对此案做了详细阐述：

大法官针对2013年12月4日公开庭审确定的五个争议焦点阐述了最高人民法院的意见，并宣布驳回奇虎公司、奇智公司的全部上诉请求，维持一审法院判决。

在该案中，最高人民法院指出：市场经济是指市场在资源配置中起决定性作用，自由竞争能够确保市场资源优化配置，但市场经济同时要求竞争公平、正当和有序。经营者在市场交易中，应当遵循自愿、平等、公平、诚实信用的原则，遵守公认的商业道德。违反不正当竞争法的规定，损害其他经营者的合法权益，扰乱社会经济秩序的行为属于不正当竞争。

---

① 彭兰.网络新闻学原理与应用[M].北京：新华出版社，2003：255.
② 最高院终审驳回奇虎360上诉 判奇虎360赔腾讯500万[EB/OL].[2014-04-03]. http://www.sznews.com/news/content/2014-02/24/content_9140548.htm

本案中奇虎公司、奇智公司为达到其商业目的,诱导并提供工具积极帮助用户改变 QQ 软件的运行方式,其根本目的在于依附 QQ 软件用户群,并通过对 QQ 软件及其服务进行贬损的手段来推销、推广 360 安全卫士,从而增加自己的市场交易机会并获取市场竞争优势,此行为本质上属于不正当利用他人市场成果,为自己谋取商业机会从而获取竞争优势的行为,构成不正当竞争并应承担相应的法律责任。

层次四(链接)

正文中加入了画线的部分,分别链接到与关键词相关的几则新闻或背景资料。如点击文中画线关键词"上诉请求",方框内会出现如下几则新闻。

层次五(相关文章)

奇虎 360 以 3530 万入股日本手游厂商 占股 2.56%(2013-12-03)
奇虎 360 拟对《每日经济新闻》提起诽谤罪刑事诉讼(2013-07-04)
深圳 2013 年电商投诉增量爆发 腾讯游戏成投诉重点(2014-02-21)
消息称腾讯欲拿 6%京东股份 但暂未达成一致协议(2014-02-21)
腾讯投资大众点评占股 20%"今日美食"板块微信上线(2014-02-20)

一、新闻标题

网络新闻的第一层次——新闻标题,起着新闻的初级发布功能,具有题文分家、字数受限和实题为主的个性特点。题文分家是指网络新闻标题与正文通常不在同一页面上,往往是网民通过在新闻门户网站首页上看到某则新闻标题,点击标题而转到新闻正文的页面。为了节省页面空间以便放入更多的内容,网络新闻标题的字数会受到一定的限制。有研究者通过随机选取人民网和《人民日报》同一天的 50 条新闻的标题字数统计,报纸新闻标题字数主要集中在 15~20 字之间,而网络新闻标题的字数则大多控制在 10~15 字之间,明显比纸媒要少。① 实题为主指的是网络新闻标题为了在海量信息的竞争中,在极短的时间内达到吸引网民眼球的效果,就必须多用实题,即在标题中告诉读者主要的新闻要素,以避免淹没

---

① 向丽均.浅析网络新闻标题词语运用的特色[C]. 2012 年西南地区语言学研究生论坛论文集,2012.

在网络海量的新闻信息当中。由于网络新闻标题通常由编辑来完成,故把写作部分放在后面编辑部分一并加以介绍。

二、内容提要

1. 内容提要的作用

内容提要在不同网络新闻作品上有不同的说法,如"新闻摘要""秒读"等,一般来说,这部分通常用不同字体与正文相区分(如案例3-2)。内容提要是对当前新闻的概括,或最重要的新闻要素的提取,与导语类似。

案例3-2

乌克兰政局震荡 经济陷入困局①

【秒读】

乌克兰正面临灾难性的经济形势,国库、养老金以及银行系统都存在很大风险,乌克兰货币格里夫纳兑美元在今年已经下跌了8%。

持续近3个月的局势动荡使得乌克兰处于风口浪尖,而近日的政局突变又为经济前景带来转机,美欧和国际货币基金组织表示会伸出援手,协助乌克兰重建重创的经济。

乌克兰国内各派的政治分歧难以轻易弥合,大国围绕乌克兰的地缘政治博弈不会停歇,乌克兰的政治和经济前景还远没有清晰。若不能得到适当援助解决困局,势必对欧洲局势造成重大影响。

传播学家研究发现,人们在网上阅读新闻的时候一般采用快速阅读的方式,通常是在15秒时间内得到想要掌握的信息要点。此外,统计表明,那些只阅读新闻简要内容的人的数量是坚持阅读完全文的人的数量的3倍,即便是阅读"全文"的读者,实际上也只是阅读了全文内容的75%而已。② 网络新闻的标题以实题为主的原因就是为了能够高度提炼全文内容,以达到引诱网民阅读兴趣的作用,但由于字数篇幅有限,想要完整地概括正文内容是很难达到的,这就对网络新闻的导语提出了比传统媒体更高的要求。

2. 内容提要的写作要求

(1) 概括新闻中的总体情况,使网民一见即知。

案例3-3

沙特王储砸1.8亿游马尔代夫 包度假村赶走游客③

新闻摘要:沙特阿拉伯78岁的王储萨尔曼日前砸下1800万英镑,包下马尔代夫三个小岛的五星级度假村近一个月。这虽然是萨尔曼的个人行为,但这种土豪行为却让本已订房的普通游客被酒店单方面取消预约,大为不满。

---

① 乌克兰政局震荡 经济陷入困局[EB/OL].[2014-03-02].http://finance.qq.com/a/20140224/012415.htm.
② 王慧梅.网络新闻写作探索[J].传媒观察,2011(1):50.
③ 沙特王储砸1.8亿游马尔代夫 包度假村赶走游客[EB/OL].[2014-03-01].http://news.sznews.com/content/2014-02/24/content_9140416.htm

案例3-4

穗废旧电池回收启动　6粒废电池可换1斤有机菜①

新闻摘要：2月22日早晨，由FM102.7广州汽车音乐电台与公益组织联合主办的"温暖广州·美丽中国"废旧电池回收行动在万科四季花城盛大启动，现场以旧电池交换绿色蔬菜的摊点受居民追捧，2小时即回收废旧电池近千节。

(2) 突出新闻中的主要事实，使表达一箭中的。

案例3-5

广州市人大代表建议小学入学年龄放宽半年②

[摘要]建议把小学入学年龄规定从当年8月31日前满6周岁，调整到下一年的2月28日前满6周岁。这样一来，将使原来因出生时间在8月31日之后而导致入学时点相隔近一年时间缩短为半年。

(3) 放大新闻中的关键细节或语句，突显文章主题。

案例3-6

广州政协委员批公积金提取难　建议直接发钱(图)③

[摘要]住房公积金购房提贷手续烦琐，审批时间较长。"真正的改革是应该将住房公积金改为住房免税工资或者是补贴，直接每月发给个人，国家和企业发展是硬道理，对员工来说发钱才是硬道理！"

(4) 描述具体事实，加深网民印象。

案例3-7

合肥首张"单独二孩"证诞生　二宝出生在即(图)④

[摘要]再过20天左右，30岁的独生女李燕将迎来她的第二个孩子，从最初的担心"超生"到如今的意外之喜，李燕感慨"自己简直太幸运了"。据悉，这是合肥市计生部门发放的第一张"单独二孩"生育证。

---

① 穗废旧电池回收启动　6粒废电池可换1斤有机菜[EB/OL].[2014-02-25]. http://news.dayoo.com/guangzhou/201402/24/73437_35186966.htm

② 广州市人大代表建议小学入学年龄放宽半年[EB/OL].[2014-02-20]. http://news.qq.com/a/20140217/004920.htm

③ 广州政协委员批公积金提取难　建议直接发钱[EB/OL].[2014-02-20]. http://news.qq.com/a/20140219/006936.htm

④ 合肥首张"单独二孩"证诞生　二宝出生在即(图)[EB/OL].[2014-02-20]. http://news.qq.com/a/20140213/016952.htm

案例3-8

河北邢台一经适房变大户型 党政机关团购一空①

[摘要]该小区的施工方反映,开发商将原本设计图纸为80平方米以下的经济适用房型,更改为100平方米以上的大户型进行施工,小区被邢台市党政机关多个单位团购一空。经适房,最终成了机关单位的福利房。

(5) 补充相关资料,增加信息量。

案例3-9

台北地震震中临近大屯活火山 非火山爆发迹象②

[摘要]报道称,大屯山被科学家认定还是一座活火山,底下的岩浆活动特别旺盛,最近一次爆发并不是在20万年前,而是5000年前。

案例3-10

考过二本就能读港校 成绩要求不高但英语须好③

[新闻摘要]香港各高校招生计划陆续公布,新增5所学校向内地招生,分别为香港高等科技教育学院、明爱专上学院、明德学院、东华学院和恒生管理学院。

三、新闻正文

网络新闻正文的写作,与传统媒体的新闻写作基本上是一致的。但是网络新闻的正文应该特别注意文风的问题。具体来说,包括以下几点。

1. 文章宜短

一则新闻应以不超过两个屏幕的大小为宜。如果不能避免长文章,可用小标题的方式,将长新闻分成小块。小标题既可提示本段主要内容,又可起到快速扫描的作用。

2. 段落宜短

段落篇幅也不宜过长,尽量多分段,每一段一个中心意思。

3. 句子宜短

一般来说,句子的字数控制在15～20字之间为宜。在网络新闻中,句子的字数甚至可以更短些。

---

① 河北邢台一经适房变大户型 党政机关团购一空[EB/OL].[2014-02-25]. http://news.qq.com/a/20140224/007096.htm
② 台北地震震中临近大屯活火山 非火山爆发迹象[EB/OL].[2014-02-20]. http://news.qq.com/a/20140212/012715.htm
③ 考过二本就能读港校 成绩要求不高但英语须好[EB/OL].[2014-02-25]. http://news.dayoo.com/guangzhou/201402/24/73437_35185932.htm

4. 文字朴实

与报刊阅读相比，互联网上的阅读更易疲劳，注意力相对容易分散，因而文字一定要朴实易懂，不可艰涩难懂，如可多用一些通俗形象的群众语言和生动活泼的网络流行语等。

案例3-11

滴滴打车"被卸载"马化腾炮轰政府简政放权不够

2014年01月23日 20：57　　深圳新闻网

深圳新闻网1月23日讯（记者 刘梦婷 王丹丹 张钊）被称作"小马哥"的QQ之父马化腾参与"两会"，所提建议总是媒体关注的焦点。在今年的深圳两会上，马化腾表示，深圳的互联网金融政策态度很明确，走得很快，但是推进法治化并未作为重点写进政府工作报告，他希望未来能够推进互联网立法。除此，针对交委进入手机打车软件市场一事，马化腾也表示，政府部门在简政放权方面做得还是不够。

在23日下午市人大的分组讨论中，南山代表团马化腾代表表示，深圳的互联网金融政策态度很明确——就是要鼓励民资进来，走得很快。在最近也开放了一些原来不开放的行业，比如互联网金融，包括民营企业开银行，这些都是前所未有的。"不过，很遗憾的是，工作报告中关于法治化方面，没有很明确的措施，要怎么推进法治化？"马化腾表示，现在看到社会上许多弊端，其实就是因为法制不健全的缘故。"比如互联网视频行业，我们和优酷、乐视、搜狐等几家大的网站，既竞争，又抱团，一起打击盗版。我们每年投入巨资购买视频，却被盗版了，最后大家都活不下去了。比如某网站，他只提供平台，也就是只提供刀，别人去杀人。因为法律不健全，所以其不用负责，没有法律去解决。"

针对市交委进入手机打车软件市场的一事，马化腾表示，政府部门在简政放权方面做得还不够。"比如，滴滴打车等手机打车软件，一出来立即就受到各地交委打车平台的反对。交委就宣布说这是违法的，司机要卸载，甚至有地方钓鱼执法，理由还很冠冕堂皇，说是涉及国家机密。我想，这手机打车软件，好像没有涉及国家机密吧。"

马化腾表示，市场化的力量突显出来，许多运营商都参与进来，交委也就控制不了了，挡也挡不住。"市场化做出来的东西，绝对要比某政府部门自己做得要好。我觉得，目前最好的O2O（线上线下）模式，就是这种。"他表示，从这件事的背后，看到的是政府部门在简政放权方面做得还是不够，"遇到利益问题，下意识还是忍不住要插手"。

此外，网络新闻应该具有"可扫描性"，即可以让读者在一瞥之中捕捉到那些重要的信息。为此可以将新闻正文中的重要内容用某些手段加以突出，如加粗加黑、用特殊色彩等。如深圳新闻网转载的新闻《最高院终审驳回奇虎360上诉 判奇虎360赔腾讯500万》，在说明奇虎360被判"构成不正当竞争行为"时，用加粗体特别强调："本案中奇虎公司、奇智公司为达到其商业目的，诱导并提供工具积极帮助用户改变QQ软件的运行方式，其根本目的在于依附QQ软件用户群，并通过对QQ软件及其服务进行贬损的手段来推销、推广360安全卫士，从而增加自己的市场交易机会并获取市场竞争优势，此行为本质上属于不正当利用他人市场成果，为自己谋取商业机会从而获取竞争优势的行为，构成不正当竞争并应承担相应的法律责任。"

四、关键词或背景链接

关键词或背景链接,通常是在新闻正文中直接加入的链接。这些手段能在报道中提供更多的相关新闻或背景资料,增加新闻传播的深度和厚度。但过多的链接,容易带来阅读目标的转移,可能使网民在进入其他页面后一去不复返,消失在茫茫网海中。这对网络新闻传播者来说有种适得其反、南辕北辙的尴尬。因此,关键词或背景链接要讲究数量和质量,不可随意设置。

1. 超链接设置的方法①

(1) 与新闻要素直接相关的链接。

① "时间相关"的链接:与新闻同时或几乎同时发生的新闻事件的链接。

② "地点相关"的链接:主要链接的内容与地点相关的自然、历史、政治、经济、人文、风俗的介绍。

③ "人物相关"的链接:主要链接的内容有新闻人物的相关新闻事件、个人经历、背景资料。

④ "事件相关"的链接:主要链接内容有新闻事件的连续发展过程、同一事件的其他报道、消息来源不同的可参照新闻。

⑤ "怎么样相关"的链接:主要链接内容是对新闻事件的评论和展望。

(2) 其他相关链接。

① 小知识链接:主要是一些科学知识、历史背景或常识信息。

② 讨论区链接:如新闻正文后的"评论"链接。

③ 相关商务链接:将网络新闻和商务联系起来的链接。

④ 相关服务链接:网站为了方便网民阅读而提供的多种免费服务的链接。

如在腾讯娱乐频道第78期封面人物韩国明星李敏镐的访谈报道中,设置了在线观看受访人物主演的电视剧《继承者们》《城市猎人》等的链接,网友可以直接点击相关字样转入观看页面(如图3-1)。②

2. 超链接设置的注意事项③

(1) 超链接的内容应尽量与新闻内容相关。

(2) 链接层不应过多,一般以3~4层为宜。

(3) 链接的关键词或背景个数不应过多,一般以3~5个为宜。

(4) 要建立超链接的对象一般为重大新闻和热点新闻,普通的一事一报的动态新闻尽量少建立甚至不建立超链接。

(5) 为了使写出的新闻更有厚度,记者在采访时更要真正做到深入细致,以便了解更多的新闻背景和与新闻相关的素材,掌握更为丰富的信息源,从而使超链接的价值和功能得到真正发挥。

---

① 赵丹.网络编辑实务[M].杭州:浙江工商大学出版社,2010:119.
② 封面人物第78期韩国明星李敏镐[EB/OL].[2014-03-10].http://ent.qq.com/zt2014/bigstar78/index.htm
③ 柳泽花.网络新闻传播实务[M].武汉:华中科技大学出版社,2002:179.

图 3-1　对受访人物主演过的电视剧的链接

五、相关文章或延伸性阅读

相关是在新闻正文之后加入的且与当前新闻有关的新闻链接。相关或延伸性阅读使得阅读者在阅读一则新闻时，能立体化地了解与此相关的背景资料或新闻内容，这样既扩大了视野，又加深了对新闻的理解。相关新闻通常由网络新闻发布系统自动完成。基本步骤是，编辑记者输入本新闻中的关键词，系统自动在本网站数据库中搜索与所输入关键词相关的新闻。编辑记者根据相关性程度从搜索结果中选择一些重要的新闻呈现出来。因此，关键词的选择和确定，是相关新闻能否与当前新闻产生紧密关联的决定性因素。

要做好网络新闻的延伸性阅读，应该处理广度与深度、量和质的关系。延伸性阅读要在数量的广度和内容的深度上进行适度的调整，做到既有内容的增加又有深度的延展。[①]

相关新闻的提供最基本的方法是数量上的扩充，体现量上的增加，但数量上的扩充最容易导致的问题就是新闻信息的"沙漠化"。那种不加选择的超链接式内容扩充，很容易导致读者信息的迷路，使读者偏离阅读轨道。单纯数量上的扩充是一种最机械、最简单的延伸编辑，因为搜索引擎就可以自动完成任务。

相关新闻的提供更重要的是深度上的延伸，体现质上的提升。这样才能使读者对网络新闻有更为全面、深入、立体的认识和理解。对"相关新闻"进行整理时，要选择与本新闻关联度最强的关键词，通过搜索引擎生成相关新闻的条目。在提供的新闻条目中，把那些重复的、与本新闻的解读无关紧要的信息删除，对筛选出来的新闻进行一个时间顺序或逻辑顺序的调整，使读者阅读时能循序渐进、加深理解。

---

① 黄春霞.网络新闻延伸性阅读的编辑策略[J].编辑之友,2010(9):48—49.

第二节 实时写作与文字直播

一、实时写作

实时写作指的是随着新闻事件的进展,以最快的速度进行文字报道。实时写作体现了采访与文字传播基本同步进行的特点。

传统的文字报道一般是事后回顾式或验证式报道,注重的是对事件总过程的概括,事件发生的时间与新闻写作的时间具有一定的差距。网络实时写作则是事中进行时报道,注重的是对事件单个点的状态的再现,事件发生的时间与新闻写作的时间基本接近零距离。

新华网把一篇网络新闻的写作过程描述为:

事件发生或得知的第一时间:发快讯。

十多分钟后:详细报道,多篇报道,以超文本的方式展开。

接下来:附上背景资料和相关报道。

最后:对此事件的评论。

这种写作方式,为保证捕捉最新动态,以快讯为主,如果有需要再根据比较详细的报道跟进述评。其中快讯或滚动新闻很重要,是实时写作中的主角。

二、文字直播

如果快讯能够做到与新闻同步发出,而且发的频率高、密度大,那么就成为实时写作中的另一种形式,即文字现场直播了。文字直播是新闻写作发展至一定时段时所出现的一类特殊报道方式,它类似于电视的直播,即在事件发生之时可同时进行的现场报道。与电视直播不同的是,它所运用的是文字,而不是电视所采用的声音与视频。[①] 文字直播适合于体育比赛、重大活动、重要会议等场合。

文字直播的形式主要有完全记录式、重点记录式、边叙边评式。

完全记录式指网络直播员要把直播对象的所有情况和细节完整地记录下来,并以最快的速度输入到网页上,使观众能够迅速得知消息。这种文字直播有极强的时效性、信息全面且量大。重点记录式指网络直播员只需要把现场发生的重要动态及时播报给观众即可。这种文字直播对网络直播员的文字功底和传播技巧要求更高,并且要求直播员对于所直播的对象十分了解。边叙边评式指网络直播员把现场情况用文字播报出来的同时,还要发表某些意见、看法或者评论等。

文字直播的作用包括:传达信息、表现现场、提供资料、适当点评、促进互动等。不同场合的文字直播可以只是承担其中的某些任务。

文字直播尽管存在没有影像,直观性、形象性不够等缺点,但具有便利快捷、成本小、信息量比较大等优点。因此,即便在视频直播盛行的今天,文字直播在网络新闻传播中依然有很大的市场,并广泛应用于手机平台的网络直播当中。

1. 文字直播中的信息传达

文字直播的首要任务是传达信息。由于直播过程中既要观察又要思考还要记录,同时

---

① 邓涛.网络新闻的写作规律[J].青年记者,2006(2):55.

还要考虑到突发情况,在这种高度紧张的状态下,直播员不可能也不需要事无巨细地全盘记录下来,因此对信息的判断和选择尤其重要。为节省时间、提高直播质量,信息传达时可注意以下几点。

(1) 重点选择"5W"的关键要素,不必面面俱到。

(2) 对采访对象最重要、最关键的讲话要使用直接引语,不太重要的讲话通常采用间接引语,抓住关键词,能传达主要意思既可。

(3) 尽量捕捉并传达现场中的一些关键非语言信息,如人物的表情、姿态、动作、服装等。

(4) 语言表达尽量简洁、准确、客观,在此基础上追求生动形象。多用短句子、短段落。

(5) 事先建立好直播模板,如人物资料、赛事资料、知识材料、比分显示、技术统计等基本的背景栏目(如图 3-2)。

图 3-2　新浪 NBA 直播模板截图

2. 文字直播中的现场表现与调度

文字直播没有过多的谋篇布局、主题提炼的时间,完全取决于直播员的快速反应能力。因此,要做好文字直播,现场观察和表达能力是重要的素质。现场表现与调度需要注意以下几点。

(1) 在直播前尽早到现场,熟悉现场环境,并确定现场的氛围基调。

(2) 捕捉关键细节或情景,给网民留下深刻印象。

(3) 通过"同感"手法,获取视觉、听觉、味觉、触觉等方面的信息,充分调动网民的多种感官。

(4) 以某一现场为主现场、主机位、主线索,预备几个分现场、分机位,以弥补相关信息、增加信息量。

3. 文字直播中的评论

文字直播是一种动态性、不可预见性比较强的传播形式,适当的评论或抒情可以点明新闻的意义、升华新闻的价值、加深新闻的理解。但文字直播中的评论要有见地,态度要理性、客观公正,以免激怒观众。

凤凰体育频道 NBA 直播间,在雷霆与开拓者一赛的直播结束时,直播员使用边叙边评的方式点评这场比赛的胜负原因,写道:"针尖对锋芒的一场比赛。阿杜依旧进攻无解,但是他的失误实在是过多。但是,雷霆除了阿杜,其他人的表现实在是太糟糕,让阿杜一人扛着一支球队在前进。反观开拓者,他们多点开花,但是当家球星阿尔德里奇的表现实在是有些糟糕。他甚至被雷霆的内线赶出来了,只能在高位尝试着投篮。利拉德还是略显稚嫩,在最后几次抢攻未果后,他的开拓者陷入了被动。"①(如图 3-3)

图 3-3　凤凰体育频道直播雷霆 VS 开拓者的评论

4. 文字直播中的互动

互动的主体不仅包括网络直播员与访谈对象的互动,还包括直播员与网民、访谈对象与网民、网民与网民等之间的互动,直播者可以将有代表性的网民意见加入到直播的文字中,使直播更接地气、更有参与人气。如 2019 年 8 月 17 日,虎扑体育对美国男篮与西班牙男篮同网友在线交流的文字直播片段。

案例3-12

虎扑体育对美国男篮与西班牙男篮同网友在线交流的文字直播片段

[虎扑直播员]二牛:大家早上好啊!

[虎扑直播员]二牛:一会儿给大家带来本场比赛的文字直播。

[网友]@得问韦德:几点开始?

[虎扑直播员]二牛:还有八分钟左右。

[虎扑直播员]二牛:美国队名单:福克斯、哈里斯、米切尔、斯玛特、沃克、怀特、巴恩斯、杰伦、库兹马、米德尔顿、塔图姆、塔克、洛佩兹、梅森、特纳。

[虎扑直播员]二牛:西班牙名单:维克多·克拉维尔、克罗姆、伊利曼—迪奥普、鲁迪·费尔南德斯、杰里米·费尔南德斯、马克·加索尔、吉列尔莫·埃尔南戈麦斯、胡安·埃尔南戈麦斯、塞尔希奥·尤伊、哈维·拉巴赛达、卢比奥。

---

① 雷霆与开拓者之间的现场直播[EB/OL].[2014-02-12]. http://live.sports.ifeng.com/basketball/222.html

> [网友]@东施效颦25800:塔克都退出了。
> [虎扑直播员]二牛:对啊,脚踝扭伤了,不能打了!
> [网友]@XJBT真准:在哪可以看免费的?
> [虎扑直播员]二牛:那就是这里了!
> [网友]@我会ying:送出1个波波加油。本场共送出1个,排名第1。
> [虎扑直播员]二牛:卢比奥拿到球!带球推进前场!
> [虎扑直播员]二牛:左侧面对沃克!横移分到高位马多纳多!
> [虎扑直播员]二牛:横传右侧45度的鲁迪·费尔南德斯!米切尔伸出麒麟臂小手一摸!把球断下来!
> [虎扑直播员]二牛:西班牙前场球!马克·加索尔继续拿到球!

第三节 多媒体新闻与融合新闻报道

一、多媒体新闻与融合新闻的概念

1. "多媒体新闻"概念

多媒体新闻指在网络上用两种以上媒介形态有机统一传播的新闻。多媒体新闻的最大特征是"融合",即多种媒介形态的分工协作而又有机统一。《网络新闻导论》一书的作者罗兰·德·沃尔克(Roland de Wolk)指出,多媒体手段不应该是砖块,而应该是水泥。也就是说,多媒体新闻是多种传播媒介有机融合、浑然一体的全新报道方式,而不是简单凑合、相互游离的传统"拼盘"经常混同在一起。

多媒体新闻报道,可以充分调动文字、图片、音频、视频、动漫等多种媒介手段的优势,灵活运用现场报道、新闻背景、言论评述、人物介绍、新闻链接、追踪报道、受众反馈等多种报道形式的特点,形成对某个新闻事件(或新闻主题)的立体化、全景式、互动性、连续性的综合报道,更好地满足不同受众群体多方面的不同需求。

媒介融合趋势下,如何面对一个报道主题或选题,如何融合文字、音频、视频、图像、图表、动画等,成为真正的多媒体新闻,这些都成为业界和学界关注的议题。多媒体新闻报道者常常需要考虑的是:这些媒体如何进行融合?例如,什么是新闻故事中最好的影片?什么是故事中最好的静态照片?是有视频、音频效果最好,还是合并静态照片的效果最佳?作为故事的一部分,搭配何种图像更能彰显传播的效果?这个故事是否需要地图?如何确保信息在每个媒体上是互补的,而不是多余的?媒体融合的模式与策略都会深深地影响到多媒体新闻是否能成功地吸引受众眼球。①

2. "融合新闻"概念

"融合新闻"(Convergence Journalism),西方新闻传播界也称"多样化新闻"(Multiple Journalism),意指采用多媒体手段、多传播平台进行的新闻传播活动,是媒介融合基础上的产物。

---

① 周庆祥.如何融合:数字多媒体新闻叙事策略分析[J].新闻记者,2013(10):49.

美国南加州大学安利伯格传播学院教授拉里·普赖尔(Larry Pryor)指出:"融合新闻发生在新闻编辑部中,新闻从业人员一起工作,为多种媒体的平台生产多样化的新闻产品,并以互动性的内容服务大众,通常是以一周7日、每日24小时的周期运行。"美国加州大学伯克利分校和密苏里大学执教融合新闻报道的学者简·史蒂文斯(Jane Stevens)给出如下的定义:"融合新闻是文本、照片、视频段落、音响、图表和互动性的集合体,它以非线性结构呈现在网站上,各种媒介的内容相互补充而不重复。"[1]蔡雯则认为,"融合新闻"必将超越"媒体组织之间的战略的、操作的、文化的联盟"这一界定,不只是"媒介之间的合作模式",而且还演变成一种独立运行、流程完整、操作规范的新闻生产模式。[2]

3."多媒体新闻"和"融合新闻"的异同

从"融合新闻"和"多媒体新闻"的含义看,两者经常混同在一起,有必要辨析两者之间的异同。"多媒体新闻"是"融合新闻"的基础,"融合新闻"是"多媒体新闻"的提升。

"多媒体新闻"的前提和基础是互联网技术的产物,侧重为微观视角上的新闻生产;"融合新闻"的前提和基础是"融合媒介"(Convergence Media)的趋势,既包括微观视角上的新闻报道业务,也包括较为宏观视角上的媒介组织管理。

融合新闻是多媒体新闻的一种,但不是所有的多媒体新闻都能被称为融合新闻。"多媒体新闻"的概念主要强调报道新闻时运用了多种传播媒介,但并不强调这些媒介之间如何结合,比如一些网站的报道看似运用了视频、文字、照片等多种媒介,但是其视频内容只是文字报道的简单重复,视频、文字和照片都独立编辑,彼此之间并没有产生叙事上的联系,或者新闻的叙事结构依然运用传统线性结构,而没有进行重新的组合和配置,这类新闻就只是多媒体新闻,而非融合新闻。同时,多媒体新闻多转载,少原创设计,而融合新闻强调后期编辑制作,以原创的个性化内容和形式为其标志。如果说多媒体新闻是网络多媒体技术发展之初诞生的一种新闻形态,融合新闻就是在多媒体技术日渐成熟、互联网原创内容竞争更为激烈、传统媒体纷纷转战网站为其注入更多新闻采编力量的情形下诞生的"升级版"多媒体新闻(见表3-1)。[3]

表3-1 融合新闻、传统新闻、多媒体新闻差异对比表

	融合新闻	传统新闻	多媒体新闻
主要承载载体	网络	报刊、广播、电视	网络
传播媒介及其组合关系	多种,结合	1~2种为主	多种,组合关系不限
叙事结构	微内容组合式	线性结构	线性结构为主,也有微内容组合式
互动渠道及互动程度	渠道多,互动性最强	渠道少,互动性较弱	根据内容而定,不强调互动性
背景信息配置方式及其容量	超链接式,内容丰富	内嵌式或配发,相对少	超链接式,内容丰富
报道的原创性	网络原创设计	传统媒体原创设计	转载为主,少量原创设计

---

[1] 方洁.美国融合新闻的内容与形态特征研究[J].国际新闻界,2011(5):29.
[2] 蔡雯.媒介融合前景下的新闻传播变革——试论"融合新闻"及其挑战[J].国际新闻界,2006(5):32.
[3] 方洁.美国融合新闻的内容与形态特征研究[J].国际新闻界,2011(5):30.

二、多媒体新闻和融合新闻的报道策略

1. 报道技术上，强调超链接、超文本、互动性等特点

所谓超链接是指从一个网页指向一个目标的连接关系，这个目标可以是另一个网页，也可以是相同网页上的不同位置，还可以是一张图片、一个视频、一个社交媒体，甚至是一个应用程序等。根据不同信息、题材的性质设置链接（可参考表 3-2 媒介与题材适宜性对照表）。利用超链接进行多媒体新闻报道，可增加信息量，以创造网站浏览率。一般来说，新闻网站内部链接比外部链接更频繁地被使用。

超文本（Hypertext）是用超链接的方法，将各种不同空间的文字信息组织在一起的网状文本。超文本借由超链接，可以让叙事从线性转为多向。这种非线性超链接的信息包含了文字、照片、声音、录像、动画和图表等素材，形成多形态的新闻叙事方式。

尽管互动是多媒体新闻和融合新闻报道相当重要的特性，但大多数报道者没有引起高度重视。著名网络新闻学者马克·德尤斯（Mark Deuze）描述了三种互动类型：① 浏览互动，用户选择如何通过内容浏览进行互动（例如选择类别、关键词搜索、打印）。② 功能互动，即用户可以与其他用户或内容的生产者进行互动（例如联络作者、接触其他人、转发消息、发布消息、响应消息）。③ 定制化互动，网站可以依用户的喜好和习惯定制内容，用户可以上传自己的内容（例如上传网友照片或自己的心情故事）。① 报道者应具有网民互动参与意识。不同网民会根据自己的兴趣爱好或倾向，选择不同的媒介（如文字、图片、视频、动漫等）。因此，报道者在呈现信息的时候就要考虑网民的阅读习惯和喜好。在制作新闻产品时，选择大多数网民最欢迎的方式就很重要。

2. 报道思路上，按照一定的逻辑结构整合新闻资源

（1）报道层次。美国学者罗兰·德·沃尔克认为："一个多媒体报道，可以分成三个层次：第一层，仅仅比内容提要稍稍详细一些，它只是提供一个大概的故事梗概，以便让受众决定他是否还想了解更多；第二层，主要将梗概层的内容展开；第三层，允许受众深入到报道中，并可以获得他们希望得到的更多有深度的信息。"② 如在突发事件的报道中，首先用文字、图片提供滚动的动态信息，即时地告知事件在各个时间点上的进展情况。其次选取重点现场、焦点人物、关键细节、主要事件，通过文字、图片、音视频对基本情况展开报道。最后进一步展开深度报道和提供新闻评论，为受众提供互动的空间（如聊天室、微博、微信等）参与讨论。

（2）叙述主线。融合新闻报道的结构建构比较复杂，如何确立清晰的叙述主线，根据主线来组合内容，为受众阅读报道提供入口是制作融合新闻报道时所需考虑的重要问题。这种叙述主线可以是报道中的某一具体事物的地址和方位信息，可以是报道中记者采访报道的时间顺序，也可以是报道事物发生、发展的时间顺序，还可以是报道对象的内部逻辑关系。

（3）信息包。融合新闻采用非线性的微内容组合式结构，在编辑这种结构的新闻时要将整个报道素材拆分成不同的微内容信息包，然后将各种信息包与适宜的媒介形态有机组合在一起。一般的融合新闻包含这样几个信息包：① 一个类似导语或者编者按语的引出部分，说明故事的价值和意义；② 对新闻故事主角的人物速写；③ 新闻事件或者新闻场景；

---

① 周庆祥.如何融合：数字多媒体新闻叙事策略分析[J].新闻记者,2013(10)：52.
② 罗兰·德·沃尔克.网络新闻导论[M].彭兰,等译.北京：中国人民大学出版社,2003：14.

④展示新闻发展的过程或新闻涉及事物如何运转;⑤正反两面的评价;⑥历史性信息;⑦与此新闻相关的其他报道。这些信息包需要通过一定的媒介手段来加以展示和呈现。①

3. 报道方法上,多种媒介表现出的信息要互为补充

不同的媒介应该表现出新闻的不同侧面,或者说用不同的角度来报道整个主题,否则相似的新闻内容是无法满足受众对于信息的需求的。如凤凰网所做的"嫦娥3号登月"的专题里,就用多种多媒体的呈现方式展示不同的信息。视频多展现火箭发射的整个过程;图片主要是示意图,各种航天设备的图解,利于受众接受信息;文字信息主要是一些报道、评论和背景资料;动画模拟主要是模拟一些情境,而这些情境刚好是摄像机拍摄不到,但又有必要让受众了解的过程。所以说,不同媒介之间是相互补充的关系,从不同角度报道整个主题。

媒介信息的互补性,需要注意到媒介与题材的适宜性。美国加州大学伯克利分校新闻学研究生院主讲融合新闻报道的资深学者保罗·格莱博威茨(Paul Grabowicz)对媒介与题材的适宜性这一问题作了详尽的分析。他根据每种媒介的传播优势和劣势,将不同媒介适宜题材的差异性作了分类,指出如果新闻故事或其内容中某一部分涉及类似题材,可考虑采用相应的媒介进行报道(见表3-2)。②

表3-2 媒介与题材适宜性对照表

媒介	适宜题材	举例或简要说明
文本	背景信息	如回答经常性疑问的FAQ板块
	分析和解释性信息	文本便于表达逻辑复杂和富于深度的信息
	人物速写	对新闻故事中的核心人物的传记式描述
	总结	类似导语或编者按语,介绍新闻故事的梗概
	突发新闻	文字是最快的传递突发新闻信息的方式
图表	统计数据和资料	便于人们接受,可将传播数据资料的过程变得具有趣味性
	某个事物如何正常运作或如何做某事	图表有助于呈现较为复杂的过程
	人类无法企及的地方	如太空、微生物学的报道
	历史	时间线有助于表现历史事件
	地理定位的事件或故事	可绘制地图帮助人们理解事件发生地的位置
照片	反思和回忆	激发人们对于某个事件的反思,让人们回忆
	情感	照片适宜激发强烈的情感
	新闻主角	如果要强调故事中的人物是谁而不是强调其做了何事,则适宜照片
	新闻地点	适用于让人们记住事件的核心场景,全景照片尤其适合将人们带入故事
音响	情感	强调情感宣泄的题材,人声适宜表达情感
	铺垫气氛	音响给故事设置基调
	反思	让人们静心思考的题材
	新闻主角	通过听人声让人们和故事中的人物建立情感上的联系
	新闻地点	使用生活中常见的音响可带领人们想象自己进入故事中的某一特殊场景,此处音响常与照片、幻灯片配合使用

---

① 方洁.美国融合新闻的内容与形态特征研究[J].国际新闻界,2011(5):32.
② 同上,第32—33页。

续表

媒介	适宜题材	举例或简要说明
视频	动态信息	自然灾害、运动比赛、舞蹈表演
	新闻地点	让人身临其境,引领人们进入新闻现场
	新闻主角	让人看到其形象和行为,听见其话语,如果人物有趣或有生气则更能添彩
	戏剧	某个富于情感的瞬间,某个影响故事发展的具有戏剧冲突的细节
	幽默	幽默促进传播
	儿童	如是一组儿童之间的互动画面更好
	动物	人们喜爱看动物表演
	犯罪与犯罪场景	人们对犯罪故事和场景都有强烈的信息需求
	食物	如何准备制作和品尝食物,视频能传递感觉
	某个事物如何正常运作或如何做某事	视频有助于呈现比较简单的过程
	原始视频	人们喜欢看未经剪辑的原始视频,尤其在突发新闻报道中

多媒体新闻报道还需要考虑各种媒介之间的配合问题。如音响和文字的配合,当同期声清晰度不够时,可用字幕的形式加以补充;音响和照片的配合,报道开端用音响和照片幻灯片组合将用户带入新闻发生的特殊场景中;图表和文字的配合,当报道复杂问题时用图表简化新闻,用文字辅佐提供基本信息;视频、音响与文字的配合,如在报道高潮和关键时段,利用音响或文字烘托视频中的震撼性的内容,给人留下深刻的印象。①

多媒体新闻报道时,对于媒介元素的使用有几项原则:① 省钱、省时间的媒介优先处理,如文字、图片;② 幻灯故事是新闻重点和卖点;③ 影音新闻操作方式各有不同;④ 互动信息图像是发展趋势,如纽约时报互动(Interactive)新闻频道。

4. 报道主体上,有效利用"背包记者"和"超级团队"

应该看到,并非所有的新闻报道都适合多媒体新闻报道或融合新闻报道。应在不同情境下,针对不同的报道对象,有效利用两个特殊的融合型报道主体。

(1) 个体层面上,那些掌握了多种媒介技能的"超级记者"(Super Reporter),也叫"背包记者"(Backpack Reporter)。他们掌握了全面的多媒体技能,能够同时承担文字、图片、音频、视频等报道任务,为多种不同媒体提供新闻作品。单个的"背包记者"对于报道较小规模的新闻事件或处于较小市场的地方新闻媒体是比较合适的。如美国媒介综合集团(Media General Inc.),有位名叫杰姬·巴伦(Jackie Barron)的女电视记者,曾用四周时间在安东尼奥采访一个重要的联邦案件。她每天的工作日程是:早晨六点给网站写一篇专栏文章,介绍案件的情况,然后到法院去采访当天的最新进展情况,上午十点通过电话给电视台发去最新报道;下午两点半到三点编制一个晚间电视节目传回去,然后再回到法院采访下午的进展情况,通常到晚上七点才结束采访;最后,还要给第二天出版的报纸写一篇新闻稿。②

(2) 媒介组织层面上那些由多人组成的跨媒体的"超级团队"。由于"超级记者"要同时

---

① 方洁.美国融合新闻的内容与形态特征研究[J].国际新闻界,2011(5):33.
② 蔡雯."专家型"记者和"融合型"编辑——浅谈美国新闻人才培养模式的变化[J].今传媒,2005(10):10—11.

为各种媒体采写不同媒介的稿件,工作量太大导致有时无法保证截稿时间,而且往往避免不了报道内容、角度和形式的重复。因此,需要在编辑部的策划组织下,多个媒介的记者编辑组成一个共同的报道小组,策划新闻报道并完成采编制作,并且决定哪一部分内容最适合在哪个媒介上播发。跨媒体的"超级团队"适合报道重大突发新闻事件、重大活动、全景式专题或处于较大市场的全国性乃至全球性新闻媒体。以获得2008年Edgie最佳创新多媒体报道奖(Most Innovative Multimedia Storytelling)的Lawrence-Journal World为例,他们别出心裁地推出了"劳伦斯24小时"项目。"劳伦斯24小时"充分运用了动态技术与多媒体手段,这种庞大工作量的全景报道方式只可由超级团队在互动网络环境下来实现。该项目在24小时内通过多种模式及多元观念进行报道,将专业新闻报道者与读者提交的内容相结合,记录下劳伦斯地区一整天的生活景象——家庭、工作、公共生活以及私人生活。[①] 网站运用大量的故事、图片、统计、录像、延时摄影等手段进行交互式内容展示。这个专题划分出四个六小时部分,然后一个小时接一个小时地呈现内容,特色的建构方式让读者能够在全天的任何时候提交自己的故事、位置、声音以及在平凡一天中所发生的一切事情。

三、融合新闻报道质量评价

融合新闻是媒体融合的重要体现。如何推动融合新闻报道的质量,进而在整体上促进媒体融合发展战略,迫切需要一套比较科学合理的融合新闻质量评价标准,以提升融合新闻报道的传播力、影响力、公信力和引导力。结合当下国内外融合新闻相关研究的成果和优秀案例的分析,以及对国内媒体融合新闻报道现状的考察,可以尝试构建一套融合新闻报道质量评价体系[②]。

1. 平台/渠道丰富度

该指标考察新闻媒体在不同传播平台上的新闻资源分配或偏倚情况,以反映该媒体报道新闻事件的立体化程度。根据国内媒体现有的平台类型,将传播平台分为报纸、网站、微博、微信和App(自办)五个二级指标。由于要考察的是各个平台上的报道情况和新闻资源分配情况,各个平台又可以分为总发布量和表现适宜度两个三级指标。其中总发布量指的是该平台上对相关事件发布的报道总量,表现适宜度指的是新闻资源与各平台/渠道传播特征相适应的契合程度。

2. 叙事清晰度

该指标考察新闻媒体进行报道时具体的内容设置情况,以便通过清晰的叙事结构,向用户呈现丰富、多样、立体的信息内容,由此也对报道的广度和深度提出更高的要求。将传播内容分为报道层级和报道议题两个二级指标,其中"报道层级"又进一步细分为梗概层级、特写层级、全貌层级和外延层级四个三级指标,以反映事件报道的深入程度;报道议题则细分为议题数量和裂变议题效用,反映了新闻报道的广度和裂变议题的有效性。

3. 媒介与信息匹配度

该指标考察新闻媒体对不同媒介的使用情况。多媒体新闻是融合新闻的基础,是运用

---

① Behind the Winning Entries:The 2008 Media Innovation Award Digital Edge Categories[R]. News Association of America,2008.

② 罗昕,杨仰文,陈国琼.融合新闻报道质量评价体系构建[J].青年记者,2018(30):20.

多种媒体格式(文字、音视频、图形动画等互动和超文本元素)对新闻进行报道展示的新闻报道形式。因此,选取了文本、图表、图片、音视频和动画作为二级指标,分别考察各个媒体的报道篇幅量和表现适宜度,从质和量两个层面综合评定媒介与信息的匹配情况。报道篇幅量客观上反映了新闻报道对不同媒介的偏倚,表现适宜度则可考察新闻媒体是否根据不同媒介的传播特点进行合理的新闻资源分配。

4. 效果显示度

该指标考察新闻报道的互动反馈情况。从用户和媒体两方面切入,设置用户参与度和其他媒体反应度两个二级指标,用量化的方式客观评定。将用户参与度细分为阅读量、转发量、点赞量和评论量,量化考察新闻报道对用户的反应;将其他媒体反应度细分为传统媒体转发量和网络媒体转发量,考察新闻报道被其他媒体的认可情况。

第四节 网络直播报道

一、网络直播的概念与特点

直播不算是新鲜事物。从传统意义上说,广播电台和电视台直接从现场采播的放送方式就是直播,而在互联网生态下,直播衍生出了新的分支——网络直播。我国2016年发布的《互联网直播服务管理规定》指出,网络直播是一种基于互联网,以视频、音频、图文等形式向公众持续发布实时信息的活动[①]。而本节所说的网络直播,特指伴随新闻事件的发生进行实时制作和发布,具有互动性的新闻或信息传播方式。

作为新的直播形式,网络直播具备传统直播的优势长处,也克服了传统直播存在的硬件限制、单向性、反馈时间长等不足。总的来说,网络直播有以下特点。

1. 直接性和即时性

网络直播能够实时传递信息,并能通过直观的现场视觉、听觉呈现,给予受众强烈的"在场感"。伴随AR、VR的技术发展,用户可实现360°沉浸在现场,这种沉浸感不仅是身临其境,而且是用户从自己的观察角度出发,得出对新闻的认知。

2. 广泛性

直播对受众年龄、教育程度的要求比报纸杂志等纸质媒介更低,同时,随着互联网和移动终端的普及,随时随地观看直播成为可能,这也使得网络直播比传统直播的受众覆盖面更广。

3. 互动性

大部分网络直播具备实时点评和弹幕功能,使得受众不仅是新闻事件的旁观者,也成为间接参与者,不再是过去单纯的信息接收者,打破了传统不平等的受传关系,互动性、参与性和在场感更强烈。

4. 多元性

在主题选择上,网络直播内容虽然更容易受到空间、政策法规等的限制,但在典型化的新闻场景中,传播者可以通过事先的详尽准备和技术手段支持,设计可见发生,呈现多元化

---

① 互联网直播服务管理规定[EB/OL]. [2019-01-10]. http://www.cac.gov.cn/2016-11/04/c_1119847629.htm

的传播内容。

5. 传播成本低，细节呈现丰富

网络技术的不断迭代更新，不仅让直播的进入门槛不断降低，也使得网络直播能以更低的成本对新闻事件的影像进行实时传播，在内容呈现上自由空间更大，能呈现更多新闻细节。

6. 传播语态个性化

由于受众观看直播的终端发生了变化，从电视机转移到了私人性更强的电脑和手机上，这无形中拉近了受众与事件的距离，使得网络直播的人际传播特征更加明显，语言使用上更加轻松、接地气。在强调用户参与、突出个性的传播环境下，网络直播的实时互动、个性化语言等，给用户带来了全新的传播体验。

二、网络直播的发展现状

2016年被称为中国网络直播发展元年，媒体机构与直播平台开始利用网络直播完成向受众的即时性新闻推送。几年过去了，网络直播的热潮仍未见消退，相关法律法规不断获得完善。同时，随着传统媒体的进入，越来越多具有媒介素养的专业传播者进入直播内容生产领域，这也使得为传统媒体和新媒体开拓出新的业务空间的网络直播有望成为新闻报道的主要形态。

在平台建设上，以新闻资讯为主要内容的网络直播平台已经不少，这些平台中既有依托于传统媒体及专业新闻网站的移动新闻客户端，例如新华社、凤凰新闻、澎湃新闻等；也有各大门户网站的移动新闻客户端中先后设置的直播页卡，例如腾讯新闻、网易新闻、今日头条等；还有少部分手机直播App也涉猎少量的新闻资讯热点事件，例如水滴直播、一直播等。

在内容选择上，突发新闻往往是网络直播的首选，时政新闻则是直播的热点，民生新闻注重为积累用户，是直播的重点。突发新闻的第一现场往往能引发受众的强烈关注，如2016年9月17日晚，美国纽约曼哈顿发生爆炸，当时正在附近度假的澎湃新闻记者陆鸣用手机做了将近三个小时的直播报道，引发大量围观评论。而在时政新闻的采集直播上，媒体可以通过虚拟现实、全景拍摄等媒介技术的运用，使用户产生强烈的视听沉浸体验，如2017年各大媒体对两会的直播报道，通过各种融媒体技术的呈现带给用户强烈的沉浸式体验。依托社交媒体网络展开的民生新闻直播则以其话题的丰富性和趣味性，往往能获得大量传播，如腾讯新闻此前推出的谷歌人机大战直播、史航黑镜实验、大熊猫造熊等报道。

当然，网络直播也存在一些问题，如技术原因造成的卡顿、回放困难，过分追求关注造成的标题煽情、猎奇等失范，过分细节的现场呈现降低传播效率，记者个人表现能力不足影响用户体验等。但总体而言，网络直播的出现给新闻理念和实践带来的革新是值得肯定的。

三、网络直播的主要操作要点

传统的电视直播多需要通过卫星信号进行，对硬件设备要求和人力要求较高；而网络直播出现之后，带来的不仅是传播成本的下降，也使得直播进入门槛降低，只需要一台手机，人人都可以成为主播。一般来说，网络直播操作有以下几个要点。

1. 注册成为主播

根据相关法规要求,所有开播主播都需要经过实名认证(如图 3-4)。部分平台还要求上传相应身份证件,并需进行人脸识别,识别过程中需要完成相应的眨眼、点头、摇头等指令。

2. 选定直播主题,设置标题、封面

一般来说,直播主题应该涵盖新闻主题的各个方面,但由于受到空间、监管等限制,部分平台如今日头条在开播规则中明确要求财经、军事内容不能直播,较为敏感的健康话题也建议用户谨慎直播。此外,各平台也会依据用户的使用习惯和行业规范,对各种可能出现的违规行为做出列举、分类,并明文禁止,在开播之前都需要明确各类规定。对于部分重大新闻、会议新闻、晚会现场等的直播,往往还需向平台事先报备,通过审核后方可开播。

在主题选择上,入门用户可以先从民生新闻、娱乐新闻开播,在话题性、接近性和互动性上优势明显,能帮助其迅速积累用户。部分平台上也会列举主题标签,帮助直播内容更好地获得推荐和关注,以今日头条为例,可供选择的直播主题包括乡野、音乐、生活、科教文和其他。

在标题和封面选择上,需要能体现直播内容,并应该尽可能在标题中多突出关键词,方便平台推荐。如澎湃新闻直播的《燃爆!全国公安特警维稳处突实战汇报演练即将举行》(如图 3-5),在标题中体现出了"公安特警""实战""演练"等关键词,并选择了一张演练现场图片作为封面。

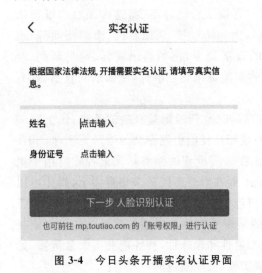

图 3-4　今日头条开播实名认证界面　　　图 3-5　澎湃新闻直播的"全国公安特警维稳处突实战汇报演练"

3. 直播预告

对于晚会、演讲等各类需要策划报道的新闻直播,在开始直播前可以通过海报、短视频、文字宣传等进行预告(如图 3-6)。相应的预告可以在微信、微博、抖音等多个平台同时分发,为直播聚合"粉丝",增强直播的影响力。

4. 多用对话语言,加强"粉丝"互动

由于网络直播拥有传统直播所不具备的人际传播特性,因此,在语言使用上,主播可以多采用对话式的口语,拉近与用户之间的距离。同时,还要能对突发事件现场多变的复杂环境给以更加直观的描述,为受众提供身临其境的现场即视感。

在直播平台上，观看者不仅可以通过点赞表达对直播内容的喜爱，还可以实时发送弹幕参与互动。主播可以通过互动留言、设置抽奖等形式与"粉丝"对话互动（如图3-7）。最常见的互动形式是主播现场抽取并回答用户提问，或替用户发问。如央视《奥运1＋1》栏目在电视直播后留出一定时间进行手机直播，主持人白岩松在手机屏幕前回应网友的提问。

图3-6　局座张召忠跨年演讲直播预告　　　　图3-7　今日头条上的直播抽奖设置

5. 运用多种技术手段，优化用户体验

在技术成熟的条件下，主播方可以提前通过AR、VR等技术的使用，设置丰富的新闻场景，在直播过程中加以运用，创造更好的用户体验。如2017年4月20日，央视新闻在对"天舟一号"发射直播中，首次将VR技术运用到航天领域，并运用多屏联动，既让受众获得体验极强的画面感，近距离直面火箭推进器喷射火焰和气体的冲击力，又能弥补受众不能亲临现场的遗憾（如图3-8）。

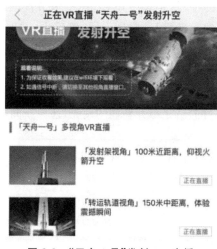

图3-8　"天舟1号"发射VR直播

更加接近新闻现场、接近事实真相是人们对新闻的基本追求。网络直播正好满足了人们这一需要,同时,随着直播技术的不断发展成熟,网络直播因便捷性、直观性、互动性等特点,越来越成为一种重要的新闻生产方式。对于新闻从业者而言,这是新的挑战,也是新的机会。

第五节　非虚构写作

新闻是新近发生事实的报道。这就决定了真实和新鲜是新闻与生俱来的两个特点,因而很多新闻也是速朽的。而非虚构写作近年来颇受关注,其中一个重要原因,就是它兼具了文学性和新闻的真实性,用一种极具弹性和包容想象力的文体,包裹住新闻的真实基因,成为新闻对抗速朽的利器,使新闻不至于太快地湮没在公共视野里、长眠于集体记忆中。

一、非虚构写作的概念与特点

作为新闻与文学杂交的产物,新闻语境中的非虚构写作通常指故事性的特稿和长篇纪实著作[①],它是一种以新闻事实为内核,用写实的手法加以展开,对新闻事件进行生动叙述和细致分析的一种新闻体裁,关注人在更广阔的社会背景中的浮沉。更概括地说,非虚构写作是"运用一定的文学手法写完全真实的故事,且具有原创的特质"[②]。在这一过程中,写作者将所见所闻有组织地如实凝练到纸面上,用平实生动的叙述还原事件,将观点隐藏在叙述中,并运用巧妙的文学手法适当地渲染气氛、烘托情感,增强作品的可读性。写作者不仅要充当事件的倾听者、观察者和叙述者,还可以是评论者和情感的抒发者,用文字帮助读者更好地融入新闻情境中,理解事件背后的社会意义。

一般认为,非虚构写作有以下几个特点。

1. **讲求真实,纪实性强**

非虚构写作的主体是已经发生的新闻事件,是真实存在或存在过的人和事。在真实的故事内核基础上,通过多方的信息收集和呈现,还原事件的"现场感"。

2. **以文学性见长**

非虚构作为一种讲故事的手段,强调叙事性,注重情节推演、人物塑造等文学效果。在行文中往往大量借鉴文学式的心理描写、对话、衬托等手法,增加作品的可读性。

3. **社会性和实用性强**

非虚构写作擅长把新闻和当事人放在更广大的社会和历史背景中来考察,平凡人身上的不平凡故事往往更受青睐。同时,在过分强调"硬事实"的传统新闻叙事中,勾勒出来的往往是"冷"真实。而非虚构写作所做的,就是敲开新闻的硬壳,还原新闻丰富的社会性和人性[③]。

4. **具有一定的调查性**

取材来自真实,并能传达写作者一定的观点和情感,离不开对新闻事件深入的采访和调查。

---

① 庄永志.非虚构写作教学:模块构建与实践路径[J].新闻与写作,2018(8):102.
② 范以锦,匡骏.新闻领域非虚构写作:新闻文体创新发展的探索[J].新闻大学,2017(3):60.
③ 张涛甫.非虚构写作:对抗速朽[J].新闻记者,2018(9):38.

非虚构写作以其真实、可读、深入等诸多特点,成为近年来备受青睐的新闻文体。

二、非虚构写作的溯源与发展

在文学领域,非虚构(non-fiction)作为一种写作特点,脱胎于写实主义。我国古代的许多史书传记,如《史记》《汉书》等,均可视为非虚构文学作品。而在新闻学意义上,学界和业界公认的非虚构写作可以追溯到20世纪60年代,是西方"新新闻主义"潮流的产物。1966年,受《纽约客》(*The New Yorker*)杂志之邀,美国作家杜鲁门·卡波特(Truman Capote)基于一起发生于1959年的真实凶杀案,创作了小说作品《冷血》(*In Cold Blood*)。这部作品将传统小说的想象力和新闻报道的真实性完美地结合在一起,详尽探究了凶手的成长背景与美国主流社会的关系[①],被认为是非虚构写作的发端。

强调客观真实的新闻是否允许合理想象,一直存在争议。有学者认为,"新闻领域的非虚构写作"是一个伪命题,因为其中融合了太多写作者主观的经验、看法、情绪等。这种过度介入不仅会影响新闻事实的呈现,"制造出来的事实"在调动读者情绪上还会大打折扣。除此之外,非虚构所采用的新闻化、人文化的描述方式,容易导致文本结构松散、分析力减弱;[②]过分浮躁或过分求量,容易使得写作前期的调查工作严重不足,文本添加的想象空间过大而严重偏离事实。写作者群体的多元化和非专业化也容易导致作品质量参差不齐。

在新闻实践中,非虚构写作获得业界正式承认是在1979年,医学报道《凯利太太的妖怪》获得第一届普利策新闻奖"特稿写作奖"。而在国内,许多学者认为,新闻的非虚构实践可以追溯到20世纪80年代的报告文学。非虚构写作这一说法的提出,得益于《人民文学》从2010年第二期开始设立的"非虚构"专栏和同年推出的非虚构写作计划,鼓励专业作家尝试非虚构写作项目。

在自媒体蓬勃发展的新媒体环境下,受众在传播中的地位明显上升,"倒金字塔""新华体"等新闻文体难以满足他们关于新闻阅读趣味和优秀新闻文本的需求,具备叙事特长的非虚构写作成为一种新的新闻消费增长点。除了《中国青年报·冰点》《南方人物周刊》《时尚先生 Esquire》《GQ 智族》《人物》等传统媒体的非虚构写作实践之外,主打非虚构写作的新媒体平台也不断涌现,比如《新京报》推出的"剥洋葱 people",澎湃新闻的"澎湃人物",还有腾讯的"谷雨故事"、网易的"人间 the Livings"、界面的"正午故事"以及"中国三明治""故事硬核""地平线 NONFICTION""真实故事计划"等。这些非虚构作品在阅读量、传播量上往往表现不俗。

这些非虚构写作平台一方面为非职业作者提供投稿、发表的机会,另一方面也发展出了一批又一批专业的非虚构写作记者,形成了一定的品牌。其中,有一些记者已经成为小有名气的非虚构作家,比如李海鹏(《灾后北川残酷一面》),魏玲(《大兴安岭杀人事件》),杜强(《太平洋大逃杀亲历者自述》)等。这些作品的关注焦点往往集中在"人"的身上,写作者用笔触尽可能真实地还原和描绘当事人在新闻事件发生前、中、后的特点,并将这种特点放大到人物所处的社会背景中,深刻反映社会面貌。

---

① 张慧瑜.移动互联网时代的非虚构写作[J].新闻与写作,2018(12):103.
② 刘卓."非虚构"写作的特征及局限[J].文艺理论与批评,2018(1):119.

三、非虚构写作的主要操作要点

作为一种新的新闻文体,非虚构写作在新闻实践中也要遵循新闻生产的一般规律。

1. 收集资料,确定选题

俗话说,题好一半文。这里的"题",既可以理解为文章标题,也可以解释为新闻选题。世界上每时每刻都有新闻发生,或远或近,或大或小。除了考虑时间和空间上的可操作性之外,新闻的话题性、社会性、事件背后的可挖掘性等,也是需要考量的因素。如《江歌案宣判·特稿|致命邂逅》,就聚焦在全网关注的江歌案。但非虚构写作所能聚焦的,不仅是当下获得高度关注的重大新闻,还可以是过去的重大事件,如《太平洋大逃杀亲历者自述》就是杜强在亲历者出狱以后采写的报道。

选题也可以聚焦社会中下层、某一行业、某一群具有相似经历的人甚至边缘群体,比如《方向盘上的一百种人生》,讲述的就是滴滴司机这一职业背后的故事。

2. 确定并接近采访对象,获取可靠信息

获取第一手信息,最好的办法是全程观察新闻发生过程,但这种情况发生的概率很低,比如《南方周末》记者2012年卧底替考组织后发表的自述。因此,在非虚构写作中,有一类文章的叙述采用的就是当事人口述的方式,比如杜强的《太平洋大逃杀亲历者自述》。除了当事人之外,事件的其他知情者也是很好的信源。在《江歌案宣判·特稿|致命邂逅》中,三位新闻当事人都没有在报道中直接发声,而是将对受害人母亲、凶手的同学和老师、凶手前女友的餐饮店老板娘在日友人等其他知情者的采访,以及记者在采访过程中观察到的其他信息串联起来,完成了这篇没有直接采访当事人的报道。

3. 合理利用信息,擅用文学手法

非虚构写作虽以叙事见长,却融合了文学的表达方式,在事实的罗列上不必严格按照时间逻辑进行,而是可以灵活运用插叙、倒叙等多种叙事手法和叙事视角,如当事人的第一视角,或是记者观察、采访的第三视角。第一视角的讲述往往更具有说服力,但主观性更强;第三视角的代入感稍弱,但能较为客观地反映事实。如《花总和他的"金箍棒":风波之后,不知归处》一文,以花总在风波之后首次入住酒店的情境切入,介绍花总的现况后再将镜头转回新闻现场。

在行文中,背景呈现和细节捕捉也同样重要。这里的背景既包括新闻事件背景,也包括文章所呈现的各类现场。在《大兴安岭杀人事件》一文中,作者在后续里写道:"贾二死了,但是埋不了,因为土是冻着的","灵堂的瓷砖地面上结着冰,人们小心翼翼地站在冰上","外厅和通往焚烧炉的内厅连着,空空荡荡,没有贾二的照片,一片慌乱中,葬礼结束了。最多十五分钟"。作者写下这些话无疑是通过突出贾二死后葬礼的凄凉,表达对这一底层人物的同情,并通过巧妙的叙述过程去感染读者,引发读者的共鸣与思考。[①]

新闻是一个与"人"息息相关的事业,非虚构写作也是如此。如澎湃新闻副总编辑黄杨所说,"人其实不是活一辈子,而是活在几个最优张力的片段里。这些片段,可能是自己的,也可能是别人的"[②]。非虚构所做的,就是选取、记录并保存这些片段。从这些片段里,能照见别人,也能看见自己。

[①] 范以锦,匡骏.新闻领域非虚构写作:新闻文体创新发展的探索[J].新闻大学,2017(3):60—61.
[②] 澎湃新闻组,黄杨,黄芳.澎湃人物志:被聚焦的和被淹没的[M].上海:上海大学出版社,2018,序二:1.

第六节 爆款作品写作

爆款作品,又称"爆文",通常指点击率达到10万+以上的文章,这些文章能够迅速获得社会关注度,甚至能转换成流量获得商业利益,常常成为很多内容创作者特别是自媒体追求的目标。有学者基于360篇微信"爆文"样本进行热度分析,得出"爆文"指数(BAI)的五大影响因素:有用性(usefulness)、有趣性(interesting)、接近性(nearness)、耸动性(sensational-mongering)、读图性(image reading)。并得出"爆文"指数的影响因素公式为:"爆文"指数(BAI)=$a·U$(有用性)+$b·I$(有趣性)+$c·N$(接近性)+$d·S$(耸动性)+$e·IR$(读图性)+f。[①] 因此爆款作品写作有一定的套路可循。

一、爆文标题的共同特征

好的标题能够"一见即知""一见中的""一见钟情"。在注意力经济时代,人的注意力是有限的,一个好的推文标题对于提高阅读量有着重要的作用。在网络环境中,爆文标题的制作更需要把握几个突出的特征。

1. 具有情感耸动性

"爆文"标题的最大特点在于情感传染性。比如,人民日报微信公众号文章《提起往事,老英雄哽咽了"我有什么资格宣扬自己……"》《两度潜入湖中,终于摸到一个人……这位法官太帅了》。这些10万+阅读量的文章,都无一例外地采用了情绪传播策略,以求最大限度地撩动读者的情绪、兴趣与好奇心。

大家通常以为警务公众号文章很难达到很高的阅读量,但是,抓准时机做好社会安全的宣传,警务公众号的文章也能很出彩。比如,微信公众号"基层警务"在2018年8月26日发表的原创文章《她用一招,吓退了企图不轨的滴滴司机!》,该文阅读量和点赞数均破10万。当时,由于8·24温州乐清滴滴顺风车司机强奸杀人案,社会一时间人心惶惶。该文篇幅不长,但多种报警方法依然让网友们觉得获益良多。在留言板中,网友评论说:"原来还有视频报警。"也有一些网友补充道:"在微信小程序可以找到110的视频报警。"

2. 主题具有接近性

"爆文"的写作主体主要分为以下四类。[②]

(1)亲子类。"孩子""小孩""妈妈""父母""单亲""爸爸"等均为重要热词。该现象一方面说明亲子主题"爆文"数量居多,另一方面也体现了不少文章通过亲情以唤起注意力。

(2)地域性。"南京""青岛""杭州"等城市名词热词体现出以地域为主题的文章占据了"爆文"的重要部分。

(3)食品安全性。"西瓜""猪肉"等热词体现出不少"爆文"都以大众关注的食品安全问题为主题。

(4)治安类。"血案""警方""施暴"等热词体现出治安与犯罪也是"爆文"的重要主题之一,且多为地方性治安事件。

---

① 罗茜,沈阳.微信"爆文"的传播特征研究[J].中国记者,2015(7):57—59.
② 同上。

四大类主题的共同特点在于接近性,多为身边事、日常情,具有相近的心理距离与地理距离。而后两类还具有耸动性,通过触目惊心的食品安全报道及血腥的犯罪事实揭露,唤起受众恐惧、紧张心理,刺激阅读和传播。

3. 多用中场标题,巧用指示代词

除了文章内容大多迎合年轻人笑点和泪点外,基于新媒体受众"碎片化阅读"的习惯,新媒体推送更注重标题的写作形式。此类网络推文往往不常用短标题,比如新浪的《标题规范》中就规定,标题字数应为14~20字之间。

新媒体运营者往往对标题十分重视,尤其体现在善于运用指示代词来引发受众好奇心。比如,2018年11月10日,公众号"黎贝卡的异想世界"的《章子怡的购物车里有什么?她买的居然是这些》(如图3-9)一文。标题巧妙运用指示代词"这些",产生了语义模糊的效果,引发读者想要一探究竟的欲望。同时,发文期间正值"双11"前夕,这篇文章又巧妙运用热点引发了话题讨论,这提示了我们爆文的诞生也离不开热点的助推。

图3-9 "黎贝卡的异想世界"推文

4. 利用受众固有认知冲突及其心理预期

"爆文"标题往往善于引发受众兴趣,利用认知冲突或心理预期。南方都市报微信公众号的文章善于引发受众的好奇心,从而点开推送的文章。2019年5月21日,南方都市报公众号发表《那个让百度竞价排名大赚的人,辞职了》一文。在人们的以往认知中,让公司获得巨大收益的人往往会升职加薪,人们心中或有疑问:"为什么这个'让百度竞价排名大赚'的人反而辞职了?""这个人是谁?"从而点开推送的文章。除了利用认知冲突之外,"爆文"往往还善于利用受众的好奇心和预期心理。比如,南方都市报公众号的《"80后"小伙放弃大城市工作,到农村将荒地变良田,年产值超百万》一文,通过"放弃工作去农村""年产值超百万"产生的强烈反差,引发人们的普遍好奇心理。

除此之外,"黎贝卡的异想世界"公众号于2019年4月23日发表的文章《每天只需3块不到,你就可以拥有LA MER新品》,利用了受众对"花一点点钱,收获超值新品"的预期心理,以及"少投入、多收获"的普遍心理,引发阅读兴趣,增加了文章阅读量。但值得注意的是,在内容拥有固定"粉丝"群前,不建议大量使用该类标题,否则会让受众觉得公众号一味夸大其词,难免成了大家常说的"男默女泪""震惊体"一类标题党。

二、内容上紧跟社会热点,引发情感共鸣

爆文往往能最大限度地撩动读者情绪和兴趣,一些公众号的文章贴近"粉丝"的日常生活,紧跟社会热点,并能在此基础上引发读者情感共鸣和深度思考。爆文之所以"爆",正在于文章主题能吸引读者自主转发,最终在朋友圈迅速传播,引发热烈讨论。

1. 紧跟社会热点,制造话题讨论

伴随着微博、微信等各大社交媒体平台的发展,人们置身于碎片化信息时代,在信息的洪流中,绝不能仅凭标题吸引受众。"内容为王"引申至新媒体领域,则为"选题为王"。好的选题才能真正吸引受众,并将因好奇点开标题的受众发展成长期"粉丝"。

从2018年微信公众号点赞10万+的文章来看,大部分都是和当下社会热点息息相关的。2018年4月1日,网友在微博上就2010年4月1日发生的中美南海撞机事件表达缅怀之情,以"人民网""三剑客"为例的公众号分别发表了《4月1日,你在何地?呼叫81192,请返航!》《81192,请返航,请回家!》两篇推送文章,两篇文章阅读量均破10万+。"昆山龙哥砍人案"之后,公众号"老端的观点"发表推送文章《如何让昆山龙哥死得有价值?》。某明星公布婚讯,一时间"官宣"体大火之时,《人民日报》发表推送文章《这才叫:官宣!》。

图 3-10 微信公众号"人民网"的推送文章

公众号"KnowYourself"的自我定位为泛心理科普与服务,于2019年5月22日发表文章《王源不可以抽烟吗?初入成年世界,他也许在经历一生中最困难的时期》。尽管该推送全文篇幅不长,但从"成年初显期"的独特角度对此热点事件进行了深度剖析:"王源一路在光环下成长,过早地拥有一些东西也过早地失去一些东西,他也依然在探索自己,无论好坏,都会是一种成长。"

随着微博、微信等自媒体的兴起,人们关注、发布实时信息成了一件轻松事,"王源抽烟""王源主动接受检查"等话题在当天的微博、微信等平台热度居高不下,甚至一度成为微博热搜榜前三名。一直在大家印象中是个"乖孩子"的王源,却抽起了烟。明星"人设"的破碎,让"粉丝"开始质疑明星的哪一面才是真的。"KnowYourself"发表该文章后,阅读量一时间迅速升至10万+。

在该文的留言板上,"吃瓜群众"及"粉丝"各执一词,这也突显出了好的主题具有话题争议

性的特点。如其中一条留言:"不管怎么样,站在有同理心的角度来说,还是觉得他很累的,要是我肯定扛不住。"这条留言获得了 936 次赞。还有的网友表示:"可以抽,但是第一不能在公共场合抽,第二不要立相反的人设。"诸如此类一针见血地发表观点的网友不在少数。网友们从自身经历、法规制度等角度出发,围绕同一个社会话题,主动参与到话题讨论中。

2. 情感强烈,引发受众情感共鸣

"爆文"往往善于运用突显情感的词语和标点符号来吸引读者。根据新媒体指数的数据显示,360 个爆文标题中感叹号出现 325 次,其中 72 个标题的感叹号使用次数为至少 2 次。[①] 引发情感共鸣的策略主要有以下几种。

(1) 恐惧策略法。通过一些关于恐怖、死亡、震惊等情绪色彩的事例,让人们感到危机感,吸引受众阅读。比如,网友们常常提及的 UC "震惊体"新闻,正是利用了这一策略。

(2) 乐队花车法。乐队花车(bandwagon)是一种逻辑谬误、一种社会心理的状态,也是一种宣传的技巧,常被称为"从众",代表人类害怕在社会中被孤立,因而向社会其他多数靠拢的一种过程,即"沉默的螺旋"效应。以微信公众号为例,我们常常看到的一些只追求阅读量的"标题党":《不转不是中国人》《再不知道你就输了》《99%的中国人都这么做了》等,正是运用了乐队花车法,让受众产生"大家都在这么做,我也要这么做","大家都点开了,我也要了解"的错觉。

(3) 正面宣传法。比如,《人民日报》在 2018 年 4 月 1 日推送的文章《4 月 1 日,你在何地?请返航!》,不少网友看后表示"泪奔"。该文的背景源于 2001 年 4 月 1 日,美国一架侦察机侵犯我南海领空,我军随后派出两架飞机跟踪拦截,美军飞机突然撞向我歼-8Ⅱ战机,编号 81192 飞行员王伟再也没有返航。文章发布当天也是 4 月 1 日,该文标题以"请返航!"为结尾,明知回不来却依然要"命令"其返航。同时,《人民日报》以"英雄从未远去,我们不会忘却。呼叫 81192,请返航,请回家!"为结尾,再一次唤起读者的情感共鸣。类似的例子还有新华社 2018 年 3 月 17 日的文章《铭记这一庄严时刻!国社推出一首超好听的歌!供你单曲循环!》(如图 3-11),该文推出正能量、主旋律歌曲《誓言》,激发了读者的爱国情怀,阅读量和点赞数均破 10 万+。

图 3-11 新华社文章

[①] 394 篇文章获 5 万+赞,关于 2018 年爆文的几点思考[EB/OL].[2019-01-16]. http://home.gsdata.cn/news-report/articles/2598.html

三、语言与表现形式上,符合年轻人的阅读习惯

"爆文"在语言表达上,往往能直截了当地戳中受众的痛点和笑点。说教式文章在新媒体时代并不适用,有趣的内容和形式才有助于文章的扩散。

1. 语言风格接地气

新媒体时代,年轻人占据"粉丝"主体。对追求个性的年轻人而言,有趣更能吸引他们的阅读兴趣。纵使枯燥沉闷的内容再有价值,也无法赢得网民关注。如 2018 年 9 月 11 日新华社的文章《熊猫,真的对自己的体重没一点数!哈哈哈哈看完心疼小树》,2019 年 1 月 7 日"我要 WhatYouNeed"的文章《95 后分手疗伤法(无效版)》等。这些文章从标题入手,让受众就像和身边的朋友交谈一样轻松,选题就好像下午茶和朋友随口的吐槽一般,贴近生活而又不失趣味。除此之外,"侠客岛"2019 年 1 月 6 日的文章《你碰到过哪些可恶的传销,还有坑爹保健品?》(图 3-12),语言轻松活泼,而又不失警示意义。同时,在推文与微博中均运用合适的表情包,增强文章可读性。

图 3-12 "侠客岛"推文中表情包的运用

值得提醒的是,一些自媒体在生产内容时,不可以一味追求阅读量,罔顾事实,为"蹭热点"而触碰道德红线。比如,"暴走漫画"曾在 2018 年 5 月 8 日发布包含戏谑烈士内容的视频。又如"二更食堂"的文章曾在 2018 年 5 月 11 日就"滴滴司机杀害空姐"一事发文,由于文章存在用词不当等问题,被部分媒体痛批吃"人血馒头"。

2. 图文结合为主的表现形式

"爆文"的内容形式以文字、图片、视频三者为主,有时还会辅以表格的形式。其中以图文结合最为普遍,在 322 篇"爆文"中,图文结合的有 225 篇,没有出现图片的只有 83 篇,图片数量为 1~10 张的有 145 篇,大于 10 张的有 94 篇。[①] 图文结合的形式最符合微信内容传播"浅阅读"的特点,碎片化的语言加上直截了当的图片,无须思考直击大脑,同时也便于广泛传播。

---

① 罗茜,沈阳.微信"爆文"的传播特征研究[J].中国记者,2015(7):57—59.

"央视新闻"公众号 2018 年 11 月 21 日推出文章《一双筷子,承载着中国人的情感和记忆》(如图 3-13)。该文中插入了关于筷子的视频《你真的懂中国的筷子吗?》,通过日常使用筷子的生活场景,让人们明白筷子的另一层含义——"传承"。该文形式新颖,内容生活化,赢得了读者的认可,阅读量及点赞数均破 10 万+。

图 3-13　央视新闻公众号推送《你真的懂筷子吗?》

第七节　机器人新闻写作

早在 2016 年,《传媒蓝皮书:中国传媒产业发展报告(2016)》就曾预测:"在未来几年,新闻写作机器人将被国内各大新闻媒体机构普遍应用。"如今,随着技术的发展与新闻行业的不断发展,机器人写作技术日趋成熟,无人机等技术的运用也越来越普遍,也越来越改变着未来媒体行业的业态、生态和形态。

一、机器人写作的概念与特征

机器人写作在新闻领域目前扮演的大多是初级采编的角色。目前机器人写作还离不开数据的支撑,且形式大多为数据新闻,报道领域局限在财经、体育等,技术的开发还有很大空间。但是,机器人写作是生产力的一次解放,未来也将成为人工的"助手"。

机器人写作指的是基于聚合的大数据,将其重新整理后,通过内置算法与自我学习能力,最终透过数据生产文章的一套计算机程序。以目前机器人写作运用最多的领域——机器人新闻(robot journalism)为例,其运用算法对输入或收集的数据进行加工处理,自动生成新闻稿件,最大的特征就是新闻生产的自动化。[①]

随着人工智能技术的快速发展,机器人写稿在新闻生产中得到了不断应用,彰显出快捷、精准、数量高的报道优势,并能自带数据分析和语音识别交互,受到媒体的青睐。2015

---

① 匡文波.记者会被机器人取代吗?[J].新闻与写作,2017(9):59—62.

年9月10日9点30分,腾讯财经的自动化写作机器人Dreamwriter面世。此后,新华社、第一财经、今日头条、澎湃新闻等各大媒体也纷纷开始运用机器人写作,出现了诸如新华社媒体大脑Magic、南都机器人记者小南、今日头条机器人张小明等在内的写作机器人。①

机器人在创作稿件时,一般流程包括相关数据信息的采集录入,数据的分析检索和关键信息的提取,根据相应稿件模板生成新闻稿件。当下的技术还不够成熟,机器人写作暂且只运用在财经和体育新闻写作等方面。

1. 时效快、产量高

时效快、产量高是机器人写作最突出的特点。2014年,在美国西部时间早上6:25,洛杉矶发生地震。地震仅过8分钟,《洛杉矶时报》就在全美媒体首发地震消息,而这条新闻的记者正是《洛杉矶时报》的记者兼程序员肯·施文克(Ken Schwencke)所研发的地震机器人(Quakebot)。消息发布后,有相当一部分读者并未意识到这条新闻由机器写作而成,通过后面的文章署名才获知文章作者是新闻写作机器人。相比起传统记者,写作机器人可以随时待命,根据算法完成任务,只需要在最后一步人工审核把关就可以完成工作了。随着互联网的发展,人们逐渐在网上留下个人数据,大数据日益增长,直至成为主流。写作机器人有助于从数据洪流中快速摘出有效信息,提高信息传播效率。②

传统写作需要大量时间用于资料的查找、收集与分类,同时还需要耗费大量人力。而写作机器人擅长处理海量信息。在2018年俄罗斯世界杯期间,新华社通过Magic平台生产的世界杯短视频就达到了37581条。这些视频占主要视频网站世界杯中文短视频总产量的58.6%,最快一条进球视频的生产时间仅耗时6秒,视频播放量突破1.166亿次。在2018年首届中国国际进口博览会上,Magic先从新华社媒体资源库中搜寻到"进出口"主题相关稿件408880篇,再分析这40余万篇稿件的标题文本共计10354851字,再把这些文本按年代进行分类词频统计,找出各年代"新词"、国际大品牌首次进入中国的情况等,最后生成各省市热度地图、不同年代全球各国热度地图、"开放""上海"等关键词在不同年代被提及的次数等各种可视化动画视频。

2. 离不开基础数据

从机器人写作的定义可以看出,机器新闻写作的基础是对搜集的信息数据进行利用,在数据信息的基础上利用大数据技术、分析技术进行机器人写作,直接生成新闻报道文字稿或可视化新闻报道。其特点之一是离不开数据,利用人工智能与大数据搜索分析技术对信息与数据进行搜集挖掘分析。离开了数据与大数据技术,对数据的算法处理则无法进行。③ 机器人在创作稿件时,一般流程包括相关数据信息的采集录入,数据的分析检索和关键信息的提取,根据相应稿件模板生成新闻稿件。由于当下的技术还不够成熟,机器人写作暂且只运用在财经和体育新闻写作等方面。

3. 文本大多篇幅简短

机器人写作的稿件多数比较简短,一般是按照事先设置好的框架进行模式化写作,没有自主思维与写作能力。比如,在"浙江24小时"中,"小冰播报"是最新上线的功能,用一两分

---

① 杨耀东,国亚妮.智能化时代机器人写稿对新闻传播的重构——以《钱江晚报》"小冰"为例[J].新闻传播,2018(13):46—47.
② 孙瑛.机器人新闻:一种基于大数据的新闻生产模式[J].编辑之友,2016(3):93—96.
③ 曾振华.机器新闻写作带来的数据伦理问题[J].新闻与写作,2017(12):92—94.

钟的语言播报新鲜资讯。在"小冰话钱江"中，小冰每天都以简短的语言来评论三条新闻。"小冰机器人"这个板块下记录了小冰每天绘制的一批"新闻卡片"，在新闻卡片上含有标题、图片、梗概和通过社交平台数据抓取网友的最有代表性的两种观点。新闻卡片的内容选择主要是基于搜索引擎数据筛选出的当天的热门新闻事件。这些篇幅简短、节奏明快的报道，满足了人们碎片化阅读的需求，提高了人们信息获取的效率。

4. 形式大多为数据新闻

报道形式上，机器人写作大多利用数据进行分析报道，通过大数据来说明问题，能够从总体上反映社会热点话题的不同的数据维度，给用户提供多层次角度的分析，让用户了解数据背后的意义。主要运行模式是人工编辑依据社会热点策划一些选题，然后由写作机器人的人工智能程序分析数据，得出数据背后的结论，并利用其自然语言能力写成初稿，最后由人工编辑进行修改、审核。因此，机器人写作在新闻领域的运用，也主要是集中在事件性消息与财经新闻方面。同时，也适用于利用数据对某一类具有新闻性的人或事进行整体性揭示的深度报道上。[①]

以《钱江日报》"小冰"为例，其写稿的形式主要是数据新闻，主要分为数读新闻、盘点类新闻和预测类新闻三大类。数读新闻是选择新近发生的有社会意义并引起公众兴趣的题材，基于大数据分析准确追踪热点，以消息的文体形式承载。比如，2017年春节期间，"小冰"利用大数据总结了"春节旅游城市热度指数""最让人惊喜的境内游与境外游目的地"；2017年情人节期间，"小冰"搜集并盘点了关于情人节的大数据，包括热点指数、国内外情人节差异、全球搜索热词等，并推荐适合在情人节进行的活动和赠送的礼物。2017年6月，"小冰"预测NBA总决赛，五猜四中，这是"浙江24小时"机器人记者"小冰"第一次跨界体育圈，第一次预测NBA这种大赛的总决赛赛果，预测率高达80%。

5. 语言风趣，风格年轻化

写作机器人生产的内容大多贴近年轻人的喜好。以《南方都市报》"小南"为例，其沿袭了机器写作时效快的特性，首篇春运系列机器稿件的完成仅需要一秒钟。与以往强调又快又多的机器优势相比，"小南"在新闻稿件的质量上把握住了"人"写作的特点，促进国内机器写作向提升新闻内容的质量上转变。"小南"通过训练学习来运用人类所特有的语言思维模式和情感诉求来表达内容，例如在春运系列的机器新闻稿件中出现如"跟自己说加油吧""路途会比较辛苦"等人文关怀的语句，打破以往受众对机器稿件"冷冰冰"的刻板印象。

二、机器人写作对传统新闻业的变革

2015年的"9·3"大阅兵，中央电视台采用"天鹰""飞猫"等智能设备抓拍的精彩镜头让国人大开眼界；11月8日新华社机器人记者"快笔小新"上岗，更让业界看到了机器新闻写作的成果。这些都标志着我国的传统媒体在人工智能化方面取得了重大突破。[②]

[①] 杨耀东,国亚妮.智能化时代机器人写稿对新闻传播的重构——以《钱江晚报》"小冰"为例[J].新闻传播,2018(13):46—47.

[②] 喻国明,漆亚林,等."机器人写作"引发传媒新变局[J].中国报业,2015(23):20—21.

1. 智能化媒体的出现改变了传统的新闻传播业态

基于大数据和云计算的新一代互联网技术拓展了媒介的基本功能和内涵,重新构建了媒体的呈现方式和生产模式。机器新闻挤压了劳动密集型生产环节,使媒体内容生产发生重大改变。传统记者现场采访的重要性和必要性有所降低,财经、体育、健康等规格化新闻资讯由机器处理更为方便、快捷,机器写手和人工操作互为补充,信息内容更趋个性化、定制化,信息传播渠道更加多元精准。这些变化打破了传统媒体的运行框架,改变了传统新闻生产的工作流程,重构媒体业态正在成为现实。

2. 人工智能化加快记者转型步伐

机器人记者凭借云计算和智能技术的优势,对传统新闻生产主体的地位构成挑战,新闻从业者深感提高新闻专业素养和数据应用能力的紧迫性。为避免被淘汰,记者编辑开始重新定位自己的核心价值,努力提升深度分析和独立判断能力,将更多的时间和精力投入到调查研究和深度报道中,创作更具个性化特色的内容产品。从目前来看,被取代虽然是杞人忧天,但危机感却实实在在地成为记者转型的动力。

3. 智能化将提升媒体产品质量,促进传统媒体产业升级

人工智能技术为媒体平台建设创造了条件,媒介不再单靠个体的力量做内容和传播,而是将自己从传播领域的生产者、控制者转型为传播生态的共建者,为所有的内容和服务提供者开放平台。为适应这种身份的转变,加快产品创新和产业升级成为当务之急。对于传统媒体来说,在抢占技术高地的同时,更要充分发挥自身优势,加强内部改革创新,提升核心竞争力,为产业升级打好基础。如新华社在机器人记者上岗的同时,将更多的精力放在提升新闻产品质量上,推出一批反映民众心声、体现时代要求的深度报道作品,取得了很好的传播效果。

三、机器人写作的注意事项

作为传媒行业变革的力量之一,机器人写作让不少记者感受到了"危机感"。但事实上,机器人写作作为记者的延伸,主要参与的还是初级编辑的阶段,很多报社在实际运用中仍需要人工编辑进行最后一步的把关。因此,写作机器人在很多方面还需要继续升级。

1. 机器人写作的长度和深度有待挖掘延伸

机器人写作模式单调,应用领域有限。以"快笔小新"为例,截至目前,从其新闻实践中可以看出,由于完全依靠人工录入的知识库和模板,机器人所写的稿件也会出现模式单调、内容乏味的问题。写稿时生硬地套用模板,是机器人写作先天的局限。除此之外,限于世界的复杂性和程序开发的现有水平,机器人仅能完成少数专业领域的报道,仅能采集较少类型的稿件素材,所报道的新闻领域相对固定,尚未能扩大到互动式采访等领域。[①]

《南方都市报》写作机器人"小南"300多字的机器稿件也反映出当下机器稿件内容简短的现状。如何学习像记者那样进行采访线索的挖掘、新闻事件的深度归纳分析以及对新闻

---

① 王悦,支庭荣.机器人写作对未来新闻生产的深远影响——兼评新华社的"快笔小新"[J].新闻与写作,2016(2):12—14.

事件走向的逻辑推理分析,是人工智能领域下一步要突破的技术壁垒。机器新闻稿件不能只是大量数据信息的堆叠,还要从数据中找出新闻价值点并归纳表达出来,发挥机器写作"知识库"的功能使读者获取资讯及知识,运用符合人阅读习惯的文字来说服受众接受文章的观点和建议,为受众提供切实可行的解决方案。①

新华社的"快笔小新"结合人工智能、机器学习、数据挖掘等技术,能在短时间内为财经、体育等专业领域,生产出类似于记者创作的新闻稿件。虽说是机器人参与新闻写作,而"快笔小新"也并非是看得见、摸得着的拟人化机械。实际上,在组织构件繁复的新华社内部,它目前也仅是一套应用在电脑中的新闻生产系统,且应用领域也比较有限。

2. 机器人写作领域有待拓展

《钱江日报》"小冰"的写作稿件多为数据新闻,而"小南"的新闻稿件大多属于非时政新闻的报道,国内外媒体在财经、体育及天气预报等领域均有非时政类机器稿件。美国较早在政治新闻上利用机器对新闻事实进行核查,并成为政客之间互相攻击的利器。②

目前来看,利用机器写作来报道时政议题新闻在国内还不多见。"小南"技术开发团队负责人万教授认为,"机器写作报道也可以扩展到其他领域,比如从在线百科全书和其他来源收集到的讣告信息,但目前的机器稿件还不能适用于时政新闻,依然需要有人来把关"。若未来机器新闻稿件广泛运用在新闻报道的各个领域,时政新闻方面尤其是涉及敏感政治议题的相关报道,则不得不考虑人工审稿的介入。③

3. 相关制度法规亟待进一步配套完善

如今,记者早已习惯于借助搜索引擎、社交网络等渠道来撰写新闻。这些渠道为记者们提供了实时更新的素材和信息。拥有强大数据挖掘能力的人工智能机器人的出现,使得物联网中传感器采集的数据(包括移动互联网中的地理位置数据)、社会化媒体中的用户生产内容(UGC)以及新媒体中的各种用户数据,得到更为广泛与深入的应用。由于没有相关法律依据,机器写作暂无明确的主体责任,所以新闻稿件的人工编辑的把关仍至关重要。可以预见未来时政议题的机器稿件依然离不开把关人。时政新闻属于要求无差错的严肃新闻,如机器写作稿件出现报道偏差则无法定责。政治错误如何追责,未来是否会对机器人稿件出台相关的责任条例或法律保护条文也值得重视。

此外,当大量私人数据被挖掘分析后,随之而来的是个人的隐私权有遭到侵蚀的危险。网络数据伦理失范与数据隐私泄露是大数据时代带来的严重问题。机器人尚缺乏理性思考能力,使得其对新闻生产主体的伦理判断能力不足。因此,需要有相关的操作制度进行规范,加以干预。除此之外,对机器人写作的署名、著作权归属以及新闻失实等问题,都尚处于法规亟待完善的半真空期。这些问题也有待未来逐步完善。④

---

① 白龙.机器写作的新突破及思考——以南方都市报写作机器人"小南"为例[J].青年记者,2017(29):94—95.
② 冯群星.写稿机器人"小南"上岗[N].南方都市报,2017-01-24.
③ 白龙.机器写作的新突破及思考——以南方都市报写作机器人"小南"为例[J].青年记者,2017(29):94—95.
④ 王悦,支庭荣.机器人写作对未来新闻生产的深远影响——兼评新华社的"快笔小新"[J].新闻与写作,2016(2):12—14.

思考与讨论

1. 用层级化写作方式,将报纸上的某篇新闻改成网络新闻。
2. 用文字网络直播某场体育比赛或会议活动。
3. 就某一突发事件或主题策划,通过多媒体新闻或融合新闻报道方式完成采编任务。

第四章 网络新闻评论

在互联网时代,只要网民不违反相关法律法规,人人都是"发言人""评论员",任何的个人或组织,只要有表达的欲望,都可以在网上发出自己的声音。在网民参与评论的时代,网络新闻评论在内容和形式上都产生了革命性的变化。互联网的即时性、开放性、互动性、个性化等特征,使得网络新闻评论成为当今最为开放、意见表达最为"自由"的媒介评论形式。

第一节 网络新闻评论的分类与特点

网络新闻评论是指通过互联网媒介对新闻事件或当前事态发表的评价性意见。这种新闻评论既包括网站自身在网络上所发表的意见,也包括网民对某一新闻事件或现象所发表的意见,还包括某些专家、学者针对某一事件或社会现象做出的分析和评论。与传统新闻评论相比,网络新闻评论具有多样的类别和特点。

一、网络新闻评论的分类

由于不受传播时空的限制,与传统媒体相比,网络新闻评论呈现了多样化的体裁形式。我们从以下一些新闻网站评论频道设置的栏目可以窥见一斑。

新华网:新华网评、名家专评、第一追问、最新评论、话题铿锵评等。

人民网:人民网评、原创评论、观点专栏、网友来论、观点1+1、网友拍案等。

红辣椒评论网:马上评论、谈经论政、幽默一刀、时论峰会、辣言辣语、社会纵议、辣点专题、媒体言论、焦点关注、教育评弹等。

千龙网:今日首评、首度网评、首度追问、首度评选、首度话题策划、一字申论、一句点睛、一事广评、名家专评、编辑点评、图片评论、漫评天下。

湘江评论网:原创快评、微评天下、理论深度、漫画世相、一语惊人、网友声音、PK台。

东南网:东南锐评、今日关注、特别话题、最新原创、时政观察、经济观衡、观点擂台、民生巷议、星闻码头、教育讲堂、圆桌论坛等。

凤凰网:凤凰网评、专栏、评中评、自由谈、大学问、思想评论、凤凰解读、最新评论。

浙江在线浙江潮评论:本网观点、每日微评、热度话题、财新锐评、微访谈等。

中国网:焦点、专栏、图说、微评、思维度、舆评、策论等。

综合以上一些比较知名的新闻网站评论频道设置的相关栏目,我们大致可以对网络新闻评论的类型作以下划分。

(1)从评论主体看,分为网站官方评论(如人民网评、新华网评)、编辑点评、网友评论、专家/名家评论。

(2)从评论时效看,分为时效性强的时评(即时评论)和时效性较弱的话题评论(延时评论)。

（3）从评论篇幅看，分为长评、短评、微评。

（4）从评论媒介看，分为文字评论、图片评论、视频评论、漫画评论、多媒体评论等。

（5）从评论内容看，分为时政评论、经济评论、社会评论、文教评论、体育评论、娱乐评论等。

（6）从评论创新看，分为原创评论、转发评论（如媒体或网民的评论）。

（7）从评论形式看，分为作者单一评论型、网友观点辩论型、多方圆桌论坛型等。

（8）从评论载体看，分为网络评论专栏、网民跟帖留言、网络新闻论坛、博客评论、微博评论等。

二、网络新闻评论的特点

顾名思义，与传统媒体新闻评论一样，网络新闻评论也具有新闻时效性、现实针对性、鲜明倾向性等热点。但与传统媒体新闻评论相比，网络新闻评论更突出了以下几个特点。

1. 评论时间的即时性

网络新闻评论借助着网络传播的即时性、开放互动性实现了无时不评，消除了传统媒体出版、播放时间的周期性缺陷。一旦出现了某个最新变动的事实，网络上就会第一时间看到网站、网民或专家发表自己的观点、意见或看法。特别是在重大突发事件发生时，很多网民通过自媒体（如微博、微信），甚至以接近零时差的传播状态进行"直播式或滚动式评论"。当然，我们不应过分追求网络新闻评论的速度，忽视思考的理性深刻、事实的客观真实，从而损害网络新闻评论的权威性、可信性。

2. 评论主体的开放多元性

互联网提供了"观点的自由市场"，提倡不同主体多元化、多角度的思考，为公众的言论自由和表达自由提供了前所未有的空间，打破了过去新闻评论由少数编辑和评论员垄断的局面。任何人只要有一台能上网的电脑就可以发表自己的意见和观点，在网上找到容纳自己的空间。当然，开放多元化的评论主体并非是让新闻媒介放弃自己的主体价值判断，而是要综合各方面的意见和观点，在把握事实的基础上，做出与时代同步的价值判断，积极担负起社会责任，充分发挥在网络新闻评论中的"把关"作用，让正能量声音成为网络空间的主流，创造一个有利于社会和谐进步的舆论环境。

3. 评论方式的互动性

网络新闻评论是评论主体多方互动参与的过程和结果。网络新闻评论的生产有两种情况：一是评论者写完评论后立即通过网民跟帖留言、论坛、微博、微信等互动媒介进一步延伸讨论，补充新的论据，指出论证的不足，强化或深化已有论点等；二是不同观点、倾向、立场的网民同时就某一话题、现象、问题等进行辩论，使得论题、论点、论据、论证在同一个评论平台上呈现出多元立体的状态，多种声音能更准确地认识事物的真理（如图4-1、图4-2）。这两种生产方式都使得网络新闻评论呈现了与传统新闻评论不一样的结构。

4. 评论内容的民生化

新闻评论的选题来源主要有两个方面：一是"上头"，即中央的决策精神、工作重心和宣传部署；二是"下头"，即现实生活中的热点话题。近年来，我国正经历着广泛而深刻的社会变革，党和政府日益重视社会民生领域的改革治理。在这种形势下，网络新闻评论选题内容也更加贴近群众、贴近实际、贴近生活，敢于针对社会热点问题进行激浊扬清、释疑解惑的表达。评论内容的民生化特征,使得网络新闻评论更接地气,更受网民欢迎,更具有时效性。

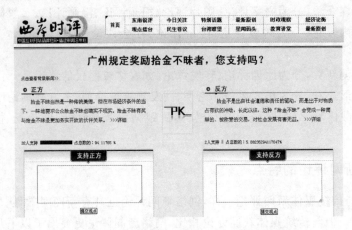

图 4-1　东南网西岸时评频道"观点擂台"栏目

图 4-2　湘江评论 PK 台

南方网"南方时评"栏目的宗旨就是关注"民众的生活,社会的生存,国民的生计,群众的生命"。万千百姓事,尽付"趣谈"中。南方时评大致可用一个"趣"字来形容。嬉笑怒骂,百般调侃,以他山之石攻己之玉,话里有话,可以说是该栏目的一大特色。

5. 评论手段的多媒体化

网络新闻评论突破了传统媒体的技术限制,可以将文字、图片、音频、视频、动画等综合运用到评论当中,最大限度地实现了多媒体的"兼容并包",使网络新闻评论图文并茂、视听共赏(如图 4-3)。

6. 评论组织的集纳性

网络新闻专题评论一直以来的最大优势都是集纳媒体评论,汇集多方观点。所谓"集纳",不是将别人的评论文章拿到自己的网站上"粘贴",而是对它们"去粗取精",筛选出那些有特色、有价值,能为本网站评论栏目增光添彩的好文章,达到"一加一大于二"的信息增值效果。一种典型的做法是同一主题下,将不同角度、不同层次、不同方面的评论文章集纳在一起;另一种做法是在同一事件、话题、现象下,将不同观点、主题、倾向的评论文章集纳在一起。这种多角度、多元化、多侧面、立体化的评论组合,比起单一的新闻评论来说更易引起人们的注意,对事物有更全面、客观的认识或理解。

图 4-3　南都网画语权栏目：幻灯图片集＋文字＋音频

第二节　网络新闻评论的功能

网络新闻评论与传统新闻评论尽管传播载体不同，但在传播功能上是一样的，在引导舆论、反映民意、批判现实、提供真知等方面以鲜明的态度发挥了重要作用。

一、引导舆论

网络评论在网络舆论中的影响尤为突出。网民特有的情绪化倾向，更容易受到网络评论的左右。作为网络舆论引导的急先锋，网络评论只有紧紧围绕网友关注的热点问题，以理服人，以情感人，旗帜鲜明地引导网民正确认识新闻事件，正确参与社会热点问题的讨论，才能实现舆论的有效引导和正确引导。优秀的网络评论能极大地吸引网民阅读，提升网站流量和点击率，取得网络舆论的话语权和主导权，有效提升网络媒体的影响力。因此，可以说，它直接关乎网络媒体能否有效抢占舆论高地。

2012年3月5日之后，在雷锋精神饱受所谓"多元文化价值"理念冲击，并被一些人利用网络进行质疑、非议的情形下，雷锋精神再度成为部分人议论质疑的焦点时，中国广播网撰写了时评《雷锋，距离我们并不遥远》（获第23届中国新闻奖一等奖）。这篇思想性较强、针对性强、旗帜鲜明的网络评论，不仅从雷锋精神内涵及其个人成长的生活背景、时代背景出发，再度阐释了雷锋精神的意义，还明确指出雷锋精神是跨越时代、民族和国界的"助人为乐、毫不利己、专门利人"人文精神的具体体现，同时也是社会主义核心价值体系的有机组成部分。该评论善于捕捉苗头性、倾向性问题，论点鲜明、以理服人，积极回应社会热点，掌握了舆论引导主动权,具有深远的现实意义。①

二、反映民意

民意应成为公共决策的重要依据。互联网的出现为民意表达开辟了一条新道路。网民以各种评论形式在网络上尽情地发布自己的观点,很大程度上避开了把关者的筛选,意见传达得更加自由流畅。一些直抒胸臆、见解深刻的网络评论甚至受到地方官员的高度重视。如 2002 年 11 月 16 日,28 岁的呙中校以"我为伊狂"为网名,在人民网"强国论坛"贴出了长达 1.8 万字的评论文章《深圳,你被谁抛弃》,在深圳乃至全国引起了极大的反响。这篇文章的作者从民间视角出发,通过公开资讯的收集与分析,发出了深圳面临衰落的"盛世危言"。这篇评论带有鲜明的民间特点,朴实、简洁、感情强烈,同时,它对深圳问题的剖析又颇有专业水准,并没有停留在单纯的情绪宣泄层面上。可以说,《深圳,你被谁抛弃》是经过整理的"舆情",代表了民众的声音,理应获得足够的重视。2003 年年初,时任深圳市市长的于幼军与"我为伊狂"进行了长达两个多小时的平等对话,充分交换了对深圳现状及前景的看法,其后,国务院调研组再次约见"我为伊狂",认真听取真正来自民间的意见与呼声。

多样、开放、平等、互动的网络评论,特别是社交媒体上有关公共事物的话题评论或事件评论,由于更能反映民情、汇聚民意,更好地体现了贴近群众、贴近实际、贴近生活的特点,因而受到网民青睐。如新浪微博微话题的设置,经常引发网民对公共事务进行讨论,成为地方政府了解网络舆情的重要窗口(图 4-4)。但社交媒体上的公民表达必须是理性的、建设性的、有序的,不应以"民意"的名义煽动网民情绪。

图 4-4 新浪微博微话题♯关注茂名♯

---

① 网络评论:雷锋,距离我们并不遥远[EB/OL].[2013-12-26]. http://news.xinhuanet.com/zgjx/2013-06/24/c_132481730.htm

三、批判现实

网络新闻评论的现实批判性主要表现在以下几点。

一是表达方面,观点尖锐、语言犀利。网络评论的对象多数是负面事件,在主题倾向上多具有批评性,在语言表达上尖锐、犀利,一般在传统的主流媒体上难以发表,这也反映了网络新闻评论更具开放包容性。红网评论频道"红辣椒评论"、四川在线评论频道"麻辣烫评论"中的评论观点大多具有鲜明的尖锐性。

二是功能方面,舆论监督、环境监测。网络评论为尊重事实、维护社会正义而对虚假信息、错误行为和观点进行批评和纠正;还会就现实中有争议性的事情、做法、观点进行否定性的评价。前者担当明确的正误辨别的任务,后者是在一定的政治框架内反映不同的声音,其目的不在于分辨正误而在于洞悉某一事物、现象的本质。[①]

三是实质方面,"小骂大帮忙"。"小骂"即批判只是一种手段,这种"小骂"不是破口大骂、偏激愤青;"大帮忙"即提供理性、建设性、多元的观点才是真正目的。"推动历史前进的力量,不是置身事外的冷嘲热讽,也不是痛快一时的情绪宣泄,而是破与立的对立统一、批判与建设的相得益彰。"[②]

2008年6月24日,教育部在其官方网站上公布新修订的《中小学教师职业道德规范(征求意见稿)》,"保护学生安全"这一条被首次加入其中,引起网民的关注。由于受2008年5月四川汶川地震期间"范跑跑事件"的影响,有些网民对于保护学生安全的问题还存有疑虑甚至反对的评论。荆楚网评论文章《保护学生安全 教育部岂可推责?》是针对网民对教育部门的非理性攻击和情绪性表达所做的一个回应。该评论以积极主动和建设性的言论,让教育部门能够认清自己的职责所在,从而受到网民的欢迎和追捧。对教育部门而言,这篇评论也提供了众多解决的办法和机制,从而使上下一心,高度重视学生安全这件全社会关注的公共议题。

四、提供真知

新闻评论者不仅仅是新闻的引导者、反映者、批评者,还是解读者、启迪者。

新闻评论的目的和作用是让读者站在今天以回顾昨天和认识明天,透过事件看到本质,帮助公众了解新闻事件的深层内涵,进而起到引导社会舆论、引起受众回味和思考的作用。"新闻是易碎品,甚至被称为'只有一天的生命',网络新闻寿命可能更短,几个小时,甚至几分钟。而许多评论作为'新闻的伴侣',大多也是昙花一现。但优秀的评论不同,它们内在的思想魅力会使自身以理性的形态,较长时间地留在人们的记忆中。新闻会过时,思想却不会过时。我们的期盼就是,把握关键,突出特色,通过评论作者和评论编辑的共同努力,以深邃的思想赋予网络评论更长久的生命力!"[③]

2011年7月23日温州动车事故发生,铁道部受到舆论指责。众多媒体和网民对事故灾难发表了评论。在事故发生的凌晨,《中国青年报》"青年话题"主任编辑、评论员童大焕在新

[①] 杨树,邹高文.论网络新闻评论的批判功能[J].云梦学刊,2008(6):153.
[②] 有"批判精神",也要有"建设心态"[EB/OL].[2014-02-10]. http://opinion.people.com.cn/n/2013/0523/c1003-21580606.html
[③] 唐维红.把握关键 突出特色——网络评论的写作与编辑工作管见[J].中国编辑,2006(4):55.

浪微博上发表评论:"中国啊,请你慢些走,停下飞奔的脚步,等一等你的人民,等一等你的灵魂,等一等你的道德,等一等你的良知!不要让列车脱轨,不要让桥梁坍塌,不要让道路成陷阱,不要让房屋成危楼。慢点走,让每一个生命都有自由和尊严,每一个人都不被'时代'抛下,每一个人都顺利平安地抵达终点!"短短几个小时内,转发量超过6万以上。这段话在第二天也就是北京时间7月25日被《纽约时报》头条文章引用。经"出口转内销"后,这条微博已成为温州动车事故的经典评论。评论作者以真知灼见,指出了"生命高于一切"的主题!该微博评论将时刻起着"警钟长鸣"的作用,引发了网民无穷的回味和思考。

第三节 网络新闻评论的发展趋势

一、评论篇幅的微型化

小稿也有大能量,微评论也能写出大道理。随着社会生活节奏的加快,为适应读者媒介消费心理的变化,新闻评论篇幅由长到短的趋势已经十分明显,社论、评论员文章、短评、时评、编者按越来越短。随感、漫笔、叙谈、杂谈、琐谈等小型网络言论也日渐走俏网络。特别是微博、微信、App、平板电脑的出现,新闻评论越来越微型化、轻量化,出现"微评论"。如中国青年网的"微评论"栏目、浙江潮评论的"每日微评论"、新浪微群中的"微评论"等(图4-5)。

图4-5 新浪微群中建立的"微评论"

二、评论风格的娱乐化

"嬉笑怒骂皆成文章"。网络文化具有鲜明的后现代文化特征,即解构权威,彰显自我,以幽默、恶搞、诙谐、戏谑的表现手法,表达对新闻事件、当下话题或问题的态度,使受众以更轻松、多样化的方式阅读和评价新闻。如腾讯大粤网的"大粤君说"(文字+视频式新闻评论)(图4-6),腾讯"新闻哥"评论栏目(文字+恶搞图片+漫画)(图4-7),新闻评论娱乐化倾向明显。但娱乐化如果没有把握一定的尺度或准则,会使网络新闻评论走向低俗化、庸俗化,甚至导致恶俗化。

图 4-6　腾讯大粤网"大粤君说"
评论栏目（文字＋视频）

图 4-7　腾讯"新闻哥"评论栏目
（文字＋恶搞图片＋漫画）

三、评论内容的原创性

新闻评论能扩大媒体的影响力，彰显媒体的竞争力。新闻评论应尽可能地面向最广大的群众，针对群众最关心和最感兴趣的、同群众切身利益密切相关的问题进行分析、解惑，尽力为受众整合、梳理看似杂乱无章的信息，为人们提供有序而冷静的观察与分析。许多新闻网站意识到网络评论的重要性，纷纷推出了自己的原创评论，如东方网的"今日眉批"、人民网的"人民时评"、千龙新闻网的"千龙时评"等。评论员队伍既有来自网站自身的评论员，也有特约评论员或专家学者。这些新闻评论时效性强，涉及众多领域和热点新闻事件，具有网站自己独到的观点，摆脱了转载传统媒体评论的依赖，走向了独立自主地开辟多样评论平台的新天地。

第四节　网络新闻评论的写作要求

中国新闻奖关于网络新闻评论的评选标准为：观点鲜明，立论正确、有新意，论据准确，分析深刻，论述精辟，论证有力，有鲜明的网络特色。从这些标准来看，除了"有鲜明的网络特色"这点外，网络新闻评论写作很大程度上与传统新闻评论没有多大差异。

一、注重时效性，"出手"要快中求稳

与传统新闻评论相比，网络新闻评论的一大优势就是"快"。新闻事件发生后，网络新闻评论甚至可以抢发在传统媒体的新闻报道之前，网民可以在网上讨论、发表各自意见，迅速形成舆论。因此，谁的观点更早出现在网络媒体上，谁就更有可能在这一新闻事件上占据舆

论引导的主动权。写得更快,才能让网络新闻评论更有效地把握引导网络舆情的机遇。所谓抢先一步,正是网络新闻评论写作的技巧与动力。

当然,写得更快,不是说在事实尚未弄清楚前就乱写一通,而是评论作者要凭借自己的知识储备,根据自己的独立观察,对问题有敏锐的觉察和深刻的认识,立意高远,主题新颖,不人云亦云。所谓评随时发,论由心出,评论作者的良好素养,能使其作品与一般网民的评论拉开距离,并使其成为走在前列、评在人先、开拓新路径的意见领袖。

"快"应该建立在事实真实准确的基础之上。以假新闻做评论由头,做评论论据,直接影响了网络评论的真实性、思想性、战斗力和影响力。评论作者对评论由头的真实性要认真甄别和确认。

阅读材料 ▼

人民网评论《山洪袭来,人不能总是无能为力》对事实依据的核实[①]

2005年6月10日,黑龙江省宁安市沙兰镇突发洪水。6月11日晚近10点钟,人民网收到评论作者发来的评论文章,标题为"山洪袭来,人不能总是无能为力"。作者从这个偶发的天灾,揭示出目前许多地方普遍存在的一个问题,即防灾意识、环保意识的缺乏。作者质疑:"学校当然不是今天才建的,或许当时考虑不了这么多问题,但在防灾意识日渐增强的这些年,有关部门是否排查了有关隐患?"评论指出:教训再一次告诉我们,面对人类活动中存在的各种安全隐患,我们不能"无意识",更应在各项活动开始前就予以充分考虑。应该说,这是一篇时效性、针对性、指导性都很强的评论,如果能马上发出,人民网一定又抢占了先机。但是,一个问题却让我无法回避:那就是评论的依据。作者在文中提到,"沙兰镇中心小学四周都是山,学校建在这里,本身就有遭受山洪的隐患"。可是,这个重要依据只是来自网友发在新闻后面的跟帖,而不是来自权威媒体的报道。为了印证网友的这一说法,编辑立刻到网上查询,人民网、新浪、搜狐所有网站当时的报道都没有涉及这个问题,经过再三权衡,编辑还是决定先与《人民日报》驻地记者联系,也注意跟踪新华社的报道,一定要等有准确的新闻来源后再发。我向评论作者谈了我的想法,他表示认同。几个小时后,我看到了新华社的一则快讯《黑龙江洪灾原因初步确定》提到:沙兰镇过去叫沙兰坑,镇子本身就地处低洼,学校又建在镇里的偏低处。沙兰河上游强降雨造成沙兰河水出槽,短时间形成高水头,冲入校园,酿成灾害。于是,我立刻向作者提供了这一新闻事实。作者很快把修改后的稿子给编辑发了过来,评论文章立刻在人民网主页的显著位置推出。虽然推出时间晚了几个小时,但核实事实的环节在任何时候都不能省略。

二、精心选题,紧扣时代脉搏

一篇网络新闻评论的成功与否首先取决于是否有一个好的选题,网络新闻评论的选题范围非常广。但网络新闻评论也不能"买进篮子里的都是菜",什么都拿来议论一番。这就要求网络媒体,特别是网络编辑和论坛主持人精心策划和选择具有时代特征的选题。

[①] 唐维红.把握关键 突出特色——网络评论的写作与编辑工作管见[J].中国编辑,2006(4):52.

网络新闻评论的选题手法主要有：可以配合党和政府的工作中心、重大部署，开展正面引导；可以围绕网上热门话题，组织有深度、有说服力的文章，释疑解惑，坚持导向；可以针对敌对势力的造谣、歪曲和攻击，开展有针对性的舆论斗争，澄清是非，掌握主动；可以在各种重大突发事件发生后，尽快披露事实真相，以正视听，把谣言传播的空间压缩到最低程度；此外，还可以把网上舆情跟踪、引导和有害信息的处理紧密结合起来。①

值得注意的是，选题要符合客观实际，不要"随意放大"，不要试图做到"语不惊人不罢休"。过火也会失去公信力，会产生负面效应。

阅读材料 ▼

宁波网评论文章《"老何说和"说了些什么？》的选题来源②

2011年3月24日，宁波网有关负责人在参加"宁波市政法宣传与舆论引导工作联席会议"时，听各县（市区）以及市属政法口单位通报了有关政法方面的大量选题。当听到宁海县汇报"老何说和"的工作时，他为之一振，感觉这个选题非同一般，有挖掘的潜力。在推出首篇报道的同时，根据新闻的重要性以及所富含的价值，决定配一篇评论，从另一个角度对这一事件进行评述，提升整个报道的高度。评论主创人员与记者一道多次赶赴宁海采访，克服了语言听不懂、交通不便等困难，与"老何们"交谈，寻找新闻点，深入挖掘"老何说和"的现实意义。在15篇报道和两期对话节目的基础上，写成了网络新闻评论《"老何说和"说了些什么？》（获第22届中国新闻奖一等奖）。

该评论在娓娓述说中完成论证：老何们"说出"了公平公正；说出了基层中普遍存在、外人又难以触摸到的矛盾点；说出了群众想听的话；说出了人们渴望和谐的心愿。并且指出这一做法对当前社会管理创新有很强的指导性，是很有推广价值的事件。也回答了通过民间调解，在调动基层资源、维护社会和谐稳定方面所具有的典型示范作用。评论层层递进，论据充分，以理服人，避免空话大话。在系列报道的基础上回答了"老何说和"这一民间调解组织在调动基层资源、维护社会和谐稳定方面的典型示范意义，对其之所以受到群众欢迎的原因作了深入浅出的评述，为社会管理创新、提升"老何说和"的社会价值、促进这一民间调解模式的推广起到了积极的作用。

三、结构严谨，论点、论据和论证相得益彰

在传统意义上，新闻评论的结构或思路要严谨清晰，切忌混乱不清。在写作之前必须考虑几个问题：你想说什么？为什么要这么说？你怎么去说？如何通过层层剥笋式的论证过程让读者心服口服？议论文的结构一般包括三个部分：引论（提出问题），本论（分析问题），结论（解决问题）。引论是文章的开头，通过新闻由头来提出文章的论点或点明文章所要议论的问题。本论是文章的主体，主要是运用论据来证明论点。结论是文章结尾，或是得出结论，或是进一步强调论点，有时也用来提出希望、要求或解决问题的办法。

一篇新闻评论主要由论点、论据、论证三个部分组成。一篇优秀的新闻评论，正如中国

---

① 丁法章.漫谈网络新闻评论[J].新闻大学,2008(4):92.
② 田勇,陈冬冬.网络评论：在解构与重构中传递正能量[J].新闻与写作,2013(2):19.

新闻奖关于网络新闻评论的评选标准所指出的那样,要"观点鲜明,立论正确、有新意,论据准确,分析深刻,论述精辟,论证有力"。

新闻评论的论点是作者对所论述问题的见解和主张。论点切忌模棱两可、隔靴搔痒、人云亦云,要旗帜鲜明、导向正确、符合常理、独特新颖、直指本质。

新闻评论的论据是作者用来证明论点的理由和事实,主要有事实论据和理论论据。事实论据包括具体事例、概括事实、统计数字、亲身经历等;道理论据包括经典性的著作和权威性的言论(如名人名言等),以及自然科学的原理、定律、公式等。论据需要真实、准确、充分、典型、权威、新鲜等。

新闻评论的论证所回答的是"怎样用论据证明论点"的问题。论证方法一般有以下几种。

(1)举例论证:列举确凿、充分、有代表性的事例证明论点。

(2)道理论证:用马列主义经典著作中的精辟见解、古今中外名人的名言警句以及人们公认的定理公式等来证明论点。

(3)对比论证:拿正反两方面的论点或论据作对比,在对比中证明论点。

(4)比喻论证:用人们熟知的事物做比喻来证明论点。

阅读材料

人民网《人民时评:我们怎样表达爱国热情》的论证特色[①]

2005年4月,日本右翼势力再次通过修改教科书来篡改历史,激起了曾深受战争残害的亚洲尤其是中国人民的无比愤慨,导致中日关系不断降温,一些网民的反日情绪不断高涨,网上出现不少过激言论。如果任其发展下去,势必会影响社会的稳定。4月16日,人民网主页显著位置推出丁刚撰写的《人民时评:我们怎样表达爱国热情》(获第21届中国新闻奖一等奖)。时评具有很强的时效性和针对性,将思想性和知识性有机地融合在一起。作者先是指出"爱国主义是对祖国最纯洁、最高尚、最神圣的感情",接下来,通过翔实的资料和事例,揭示出日本右翼种种劣行的历史、文化传统根源及现实原因;阐述过激行为的危害,不仅无助于揭露日本右翼的真实面目,反而会授人以柄,给右翼分子攻击中国、欺骗日本民众增加口实,甚至伤害一些真心与中国友好的朋友;指出激情加理性才是我们表达爱国热情的正确态度,应用这种力量来让日本人民、让世界人民更多地认识日本右翼的真实面目和危害,营造一种让右翼难以生存的国际舆论环境。文章论述层层递进,以理服人,以情感人,具有很强的说服力和感染力。文字精练,态度平等,语气平和,语言平实,充分显示了网络评论的语言特点。此篇时评一经推出就被各大网站及论坛转帖,在网上网下引起极大反响。

人民时评:我们怎样表达爱国热情

丁刚 2005年04月16日08:28

爱国主义是对祖国最纯洁、最高尚、最神圣的感情。爱国是一种尊严,更是一种信念。爱国主义是我们的民魂,也是我们的国魂。面对一些涉及国家利益的大是大非的问题,用

---

① 唐维红.深邃思想赋予网络评论长久生命力[J].新闻与写作,2006(9):37.

一定形式来做出理性的表达是爱国热情的具体体现。最近,日本右翼势力再次通过修改教科书来篡改历史,激起了曾深受战争戕害的亚洲和中国人民的无比愤慨。连日来,针对日本政府纵容右翼分子,伤害中国人民感情的做法,中国民众表达了强烈不满,展现了爱国主义热情。

半个多世纪过去了,日本右翼还有如此劣行,是有着十分复杂的历史、文化传统与现实原因的。它既与日本对战争缺乏深刻反思有关,也与亚洲地缘政治格局近年来的变化,特别是中国快速发展有关,而美国的亚洲战略又一直影响着日本对待历史、对待中国的态度。这些不同层次的原因交织在一起,使日本出现了右倾化的思潮。在民族尊严和民族感情遭受严重伤害之际,我们理应表达自己的义愤。但是,仅仅表达义愤是不够的,采取一些有违法制的过激行动也无助于问题的解决。

历史的经验告诉我们,爱国既要有热情的表达,更要能够从维护国家和民族利益的大局出发。爱国需要激情,更需要理性;在表达义愤的时候,难免有一些过激的言辞,但义愤的宣泄不应超越法律,非理性的无序举动不仅无助于揭露日本右翼的真实面目,反而会授人以柄,给右翼分子攻击中国、欺骗日本民众增加口实,甚至伤害一些真心与中国友好的朋友。

我们应当看到,近年来日本右翼势力的抬头,也是有着一定的社会基础的。改变这一基础,既要有义愤和激情,更需要智慧与自信,以及长期而艰苦的努力。当年犹太人为揭露德国纳粹的罪恶,为了让世界人民认识到纳粹的危害,扎扎实实地做了许多细致的工作。他们通过深入揭露德国纳粹的反人类罪行,通过对战犯坚持不懈的追查,让纳粹分子在国际上成为丧家之犬。"二战"的反思能够渗透到德国和欧洲社会的各个层面,与犹太人的努力是分不开的。如今,"奥斯威辛"早就超越了地名的含义,这个建有毒气室的集中营已经成为20世纪种族灭绝主义的象征。在历史学、哲学、神学、文学等诸多人文学科中,它不仅是一个学术名词,更意味着人类对历史苦难和人性的重新认识。而在战后这些学科的发展中,大都可以看到犹太人留下的深刻印记。现在的亚洲和国际政治格局虽然与当年有所不同,但道理是相同的。在这方面,我们中国人也有许多亲身的体会。当年那些经过抚顺日本战犯改造所教育的日本军官最后有不少都成为坚定不移的反战者,日本一些年轻人就是因为受了他们的影响而站在当前反对右翼的第一线。通过对战犯的改造和教育,中国人民展示出了巨大的理性的力量。

中国的发展需要一个和平的环境。作为邻邦的日本对历史反思不足,对中国实力的增强又持怀疑态度,这无疑会带来一定的麻烦。但是,随着经济全球化的不断深化,中日之间的联系更加紧密也是大势所趋。目前,中日之间经贸交流数额很大,今后无论是在经贸还是在文化等许多方面,交流的层次还会不断加深。这就会为促使日本做出深刻的反省创造条件。当年法、德两国人民能够消除隔阂,与德国政府的道歉与反思有关,也与欧洲一体化的进程,与两国在政治、经济、文化等多方面、多层次的交流,特别是民众之间的深入交往有很大关系,后者更是增加双方互信的基础。因此,要促使日本能够以史为鉴,就不是只宣泄一下愤怒的情感能解决得了的问题,还需要我们促进更广泛的交流,更多地展示理性的力量。要用这种力量来让日本人民,让世界人民更多地认识日本右翼的真实面目和危害,营造一种让右翼难以生存的国际舆论环境。因此,激情加理性才是我们表达爱国热情的正确态度。

四、创新评论形式,为网民所喜闻乐见

网络评论要有亲和力、感染力和吸引力,最终还是要落实"三贴近"的要求,创新评论形式,引导网络舆论。

网络评论具有独特的网络特色,要充分发挥网络媒介多媒体、跨时空、超文本、超链接、大容量、强互动等技术上的优势。

适应互联网的特征,网络新闻评论往往更能跳出传统评论写作的固定模式,摒弃以往那种八股式或者程式化的评论方式,尽可能采用网民喜闻乐见、生动活泼的语言(如网络流行语),行文自由简洁,语言生动活泼,强调个性化。立论、驳论,论点、论据、论证,已不再是网络评论必须具备的要素,只要能把问题说清楚,把见解表达明白就行,表现形式和技巧比传统评论更加多样化。

当前,网络表达出现了不少受网民欢迎的文体,如咆哮体、凡客体、淘宝体、知音体、相声体、歌词体、散文体、解说体、穿越体、科幻体、庭审体、电影体等。这些网络文体一般形式自由,特点鲜明,在一段时间内会引起较高的关注度。在网络新闻评论中,适当地借用、模仿这些文体往往会达到出其不意的效果。但是,评论形式的创新不能为了奇而奇,故弄玄虚,班门弄斧,关键还是选题、论点、论据等内容方面的出彩。

阅读材料

网络新闻评论栏目《E哥有话说》的形式创新[①]

数字时代如何讲述和评论新闻?中国的新闻评论员队伍15日新增了一位可爱的成员:瞪着大眼、咧着大嘴、头顶竖着天线的小个子"E哥"。它是中国首部动漫新闻评论节目"E哥有话说"的主人公(如图4-8)。

智能手机和平板电脑用户,只要下载安装"中国网事"客户端,就能每天看到"E哥"对国内网络新闻热点事件的犀利点评,和对重大事件的三维动漫现场还原。网友还可通过新华网和部分商业网站、视频网站看到有关节目。"E哥"身后是由新华社众多评论员组成的"后援团",其评论既体现了主流媒体的责任感、针对性、影响力,也结合了动漫与网络生动活泼的特点。

图4-8 网络新闻评论栏目《E哥有话说》网页截图

---

① 新华社中国网事与腾讯新闻推出《E哥有话说》[EB/OL].[2013-12-22]. http://news.qq.com/a/20110615/001173.htm

第五节 网络新闻论坛管理

网络新闻论坛是以新闻话题讨论为主的电子公告板（BBS），这种互动式交流平台是网民评论的主要渠道之一。尽管诸如微博、微信等新的社交媒体不断出现，但网络新闻论坛在话题讨论、舆论引导中仍然发挥着重要作用。

一、网络新闻论坛形式

1. 专题式新闻论坛

专题式新闻论坛是因时因事而设，即基于某个新闻事件或话题而开设的论坛。该论坛形式往往对参与者的资格没有太多限制，也不需要进行注册。开设的论坛往往随着事件或话题的消失或淡化而自然处于停滞状态。

2. 综合式新闻论坛

大多数新闻网站采用的都是这种形式，如人民网的"强国论坛"、新华网的"新华论坛"、央视网的"复兴论坛"、凤凰网的"凤凰论坛"等。这些论坛里又细分了针对特定领域的众多论坛，形成了大大小小的圈子化的虚拟社群。如央视网的"复兴论坛"分设了"给总书记捎句话""网言网语""复兴军事""3·15曝光台""藏友俱乐部""春晚论坛""央视论坛""复兴民调"等二十多个分论坛。

3. 专业式新闻论坛

该类论坛主要针对一些专业性较强的领域。如新浪论坛中的"数码论坛"，开设了手机、笔记本、数码、DIY四大类论坛。手机论坛又有iPhone、Andriod、诺基亚、三星、摩托罗拉、小米、HTC、华为、黑莓等各种品牌产品的专业论坛，笔记本论坛又分平板、台式机、软件、硬件等论坛。新浪论坛中的"财经论坛"，又分财经、股票、港股、理财、信用卡等专业性小论坛。

二、网络新闻论坛主体

1. 论坛成员

网民参与论坛的行为动机是多样的，如信息获取、社交互动、知识教育、娱乐消遣、逃避现实、问题求助、利益诉求、自我实现、情感宣泄、恶搞调侃等。

按照参与论坛的活跃程度，网络论坛成员可分为"潜水员"（长期只围观不发帖的人）、活跃分子、意见领袖。

2. 论坛版主

版主是维系论坛生存和发展的重要主体。版主可由网站专职人员担任，也可由热心的、有号召力的网民担任。有些论坛的版主通常不止一个人。论坛版主的角色主要有以下几种。

（1）舆论引导者。论坛人员混杂，观点各异。如何确保论坛舆论导向的正确性，防止违法违规信息、谣言的传播，需要版主有过硬的业务水平，包括政策水平、理论水平、社会阅历、知识储备、思想深度、文字水平等。版主的主要任务不在于简单的删除和封堵，而在于不断提高舆论引导的水平，如强化权威意见、组织讨论争议意见、培养意见领袖等。

（2）话题、活动组织者。为保持论坛的活跃度和凝聚力，版主需要不时地设置话题或专题，引导讨论，或组织线上线下活动，让成员对论坛社区产生信任感和忠诚感。版主设置的话题一般应新颖、明确具体，具有贴近性、吸引力、争议性。通过置顶、加精等手段突出话题的重要性。

（3）人际协调者。网络论坛成员一般彼此不认识，性格、脾气、情绪迥异，自然存在各种矛盾冲突，网络群体极化、网络语言暴力等现象不同程度地存在。版主需要学会察言观色，了解成员各自的性格和脾气，用幽默生动的语言、晓之以理的引导方式来化解成员之间的矛盾，建设一个和谐、文明、友好的虚拟社区。

三、网络新闻论坛管理

网络新闻论坛中的帖子经常出现的问题包括：违法违规、违背伦理道理底线、恶意攻击、信息垃圾、不良网名等。因此，面对海量的网民帖子，加强网络新闻论坛管理是网站的一项非常重要而繁杂的工作。网络新闻论坛管理主要包括论坛成员的管理和论坛内容的管理。

（一）论坛成员的管理

1. 身份管理方式

身份管理主要包括三种管理方式：限制式、半限制式、非限制式。

限制式指如果网民想在论坛发言，必须事先注册一个ID。没有ID的网民，有的论坛只允许其浏览内容，甚至浏览内容也不允许。半限制式指无须事先注册就可以阅读内容，网民可以临时为自己取一个网名，或直接匿名发言。非限制式指没有注册的网民，以"游客"的身份既可以阅读内容，也可以发帖。

一般来说，限制式论坛由于每个成员有了一个"身份证"——ID，对成员的约束性强。成员一般为了自我形象的维系也会加强自律，有助于形成一个相对稳定的社交圈子。半限制或非限制式论坛尽管给了成员很大的表达自由度，但也可能会带来言论交流的混乱无序，不利于网络论坛的有序管理。

2. 身份管理措施

不同论坛根据自己的情况采取不同的管理措施，常见的是取消或恢复成员ID的发帖权利，严重的可以封杀其ID。

身份管理措施一般具有奖惩之分，惩罚的具体手段可包括以下几种。

（1）通报警告：初犯而不严重者给予警告。

（2）积分处罚：对成员的积分、经验值等进行扣除。

（3）取消发文权限：取消成员的发帖权利，一般是一周到两周，到期后自动解除。

（4）删除成员的ID：删除成员在论坛所注册的ID和随ID分配的论坛资源，并记录其IP地址。

（5）封闭成员的IP：屏蔽成员所在的IP对论坛的访问。

（二）论坛内容的管理

论坛内容管理的主要依据是有关互联网管理的法律法规，如《互联网电子公告服务管理规定》。论坛内容管理的主要措施有以下几种。

1. 扣发帖子

对于事先审查的论坛，当版主认为帖子含有不适当内容或不适合在本论坛发表时，可以扣发帖子。

2. 删除帖子

对于事后审查的论坛，当版主认为帖子含有不适当内容或不适合在本论坛发表时，可以删除帖子。

3. 限制恢复

当版主认为某个帖子不是很合适，但也没有什么危害时，可以采取限制回复的手段锁住这个帖子，阻止对这个帖子的讨论继续进行。

4. 修改帖子

如果版主认为帖子适合在论坛上发表，但有些地方需要修改（如标题或正文的某些格式），版主有权对帖子进行修改后再发布。

5. 给帖子分类、分级

有些论坛根据不同的质量和长度等设有不同的类别，版主可以据此给帖子分类、分级，区别对待。

6. 重点扶持帖子

为了支持论坛成员发布高质量的帖子，很多论坛设立了优待措施，如设立深水区、精华区，将帖子置顶或加精，或按照点击率、回复率等规则设立热帖排行榜等。

7. 关键词过滤

论坛事先设立一个含有敏感信息或有害信息的过滤系统，在成员发帖时系统自动审查并拦截敏感信息、有害信息的传播，这种技术措施极大地减轻了版主的管理负担。但过滤系统毕竟只是一种机械技术措施，网民可以通过各种替代性的灵活表达手法绕过过滤系统的审查，从而轻易把帖子发出去。因此，版主对帖子的管理需要做到人工和技术手段相结合。

阅读材料

人民网强国论坛及分论坛管理条例[①]

2006年11月14日

在注册笔名和发表文章之前，请您仔细阅读本管理条例。

一、遵守中华人民共和国有关法律、法规，承担一切因您的行为而直接或间接引起的法律责任。

二、上贴请注意以下几条规定，若有违反，本坛有权删除。

1. 不得上贴违反中华人民共和国宪法和法律、违反改革开放和四项基本原则的言论；

2. 不得上贴造谣、诽谤他人、煽动颠覆国家政权的言论；

3. 不得上贴暴力、色情、迷信的言论；

4. 不得泄露国家秘密；

---

① 强国论坛及分论坛管理条例[EB/OL]．[2014-02-10]．http://www.people.com.cn/GB/32306/5040319.html

5. 请勿张贴未经公开报道、未经证实的消息,亲身经历请注明;

6. 请勿张贴宣扬种族歧视、破坏民族团结的言论和消息;

7. 请注意使用文明用语,请勿张贴对任何人进行人身攻击、谩骂、诋毁的言论;

8. 请勿张贴与所在论坛主题(强国、读书、健康、体育等)无关的消息和言论;

9. 未经本坛同意,请勿张贴任何形式的广告;

10. 本坛不支持用零字节帖子做主帖。

11. 请勿在帖子中(标题和内容)加入各种奇形怪状的符号;

12. 在中文论坛讨论请使用中文,在其他语言论坛讨论请使用相应的语言。

三、笔名注册注意事项。

1. 请勿以党和国家领导人或其他名人的真实姓名、字号、艺名、笔名注册;

2. 请勿以国家机构或其他机构的名称注册;

3. 请勿注册和其他网友之名相近、相仿的名字;

4. 请勿注册不文明、不健康之笔名;

5. 请勿注册易产生歧义、引起他人误解之笔名;

6. 请勿注册图形符号之笔名。

四、签名档填写注意事项。

1. 签名档内容规定与上贴规定一致,要积极健康;

2. 签名档中不能超链接其他网站、文章和音乐;

3. 签名档中链接图片不超过1张;

4. 网友申请修改签名档时,需将内容用相应语言写好,直接发到论坛信箱(qg@peopledaily.com.cn),版主会尽快修改。

五、请注意版权问题。

1. 凡转帖文章,应注明原始出处和时间,否则本坛有权删除;

2. 转帖文章时请注意原发表单位的版权声明,并负担由此可能产生的版权责任。

六、本论坛拥有管理页面和笔名的一切权力。请网友服从版主管理,如对管理有意见请用 E-mail 向论坛反映。

思考与讨论

1. 试分析某篇网络新闻评论的优缺点。

2. 就当前网络中讨论的某个热点事件或话题,写一篇符合要求的网络新闻评论。

3. 参与某网络新闻论坛的管理,了解该新闻论坛的管理流程和制度。

第五章　网络新闻编辑

互联网在提供海量信息的同时也产生了不少信息污染,违法信息、不良信息、有害信息、虚假信息充斥网络。网络新闻编辑在维护互联网健康、有序的生态环境中发挥着极其重要的角色。网络新闻编辑在新闻内容生产流程中的业务职责主要包括:选稿、修改、制作、整合和推介。从网络新闻生产链条来看,网络新闻编辑是整个网络新闻实务的重点,也是一项涉及诸多环节和内容的复杂工作。本章重点介绍稿件的选稿、修改、制作,整合和推介分别在后两章介绍。

第一节　网络新闻稿件的选择和审核

一、稿件内容选择和审核的主要因素

新闻稿件的选择和审核,需要受到很多方面的因素限制。网络新闻编辑不仅仅要关注稿件的新闻价值,重要的是还要遵守相关的法律法规。

（一）合法性

稿件的合法性是审核的首要条件。稍有不慎,就可能引起相当严重的后果。网络编辑只有在知法、懂法、守法、用法的基础上,才能更好地保护自身工作的权利以及网站的权利。

内容合法性审核的基本依据是国家关于互联网管理的相关法规。这些法规包括2017年《互联网新闻信息服务管理规定》,2016年《中华人民共和国网络安全法》,2016年《网络出版服务管理规定》,2013年《信息网络传播权保护条例》等。

这些相关法律法规对内容合法性都有大致统一的规定,如:任何单位和个人不得制作、复制、发布、传播含有下列内容的信息,或者故意为制作、复制、发布、传播含有下列内容的信息提供服务。

(1) 反对宪法所确定的基本原则。
(2) 危害国家安全,泄露国家秘密,颠覆国家政权,破坏国家统一。
(3) 损害国家荣誉和利益。
(4) 煽动民族仇恨、民族歧视,破坏民族团结。
(5) 破坏国家宗教政策,宣扬邪教和封建迷信。
(6) 散布谣言,煽动非法聚集,扰乱社会秩序,破坏社会稳定。
(7) 散布淫秽、色情、赌博、暴力、凶杀、恐怖或者教唆犯罪,或者交易、制造违禁品、管制物品。
(8) 侮辱或者诽谤他人,侵害他人的合法权益,或者仿冒、假借国家机构、社会团体或其他法人名义。
(9) 含有法律、行政法规禁止的其他内容。

除此之外,2013年修订的《信息网络传播权保护条例》,其中涉及著作权、版权保护的问题,也是网络编辑审核稿件合法性的依据。

> [!NOTE] 阅读材料

《信息网络传播权保护条例》节选

第五条 未经权利人许可,任何组织或者个人不得进行下列行为:

(一)故意删除或者改变通过信息网络向公众提供的作品、表演、录音录像制品的权利管理电子信息,但由于技术上的原因无法避免删除或者改变的除外;

(二)通过信息网络向公众提供明知或者应知未经权利人许可被删除或者改变权利管理电子信息的作品、表演、录音录像制品。

第十八条 违反本条例规定,有下列侵权行为之一的,根据情况承担停止侵害、消除影响、赔礼道歉、赔偿损失等民事责任;同时损害公共利益的,可以由著作权行政管理部门责令停止侵权行为,没收违法所得,非法经营额5万元以上的,可处非法经营额1倍以上5倍以下的罚款;没有非法经营额或者非法经营额5万元以下的,根据情节轻重,可处25万元以下的罚款;情节严重的,著作权行政管理部门可以没收主要用于提供网络服务的计算机等设备;构成犯罪的,依法追究刑事责任:

(一)通过信息网络擅自向公众提供他人的作品、表演、录音录像制品的;

(二)故意避开或者破坏技术措施的;

(三)故意删除或者改变通过信息网络向公众提供的作品、表演、录音录像制品的权利管理电子信息,或者通过信息网络向公众提供明知或者应知未经权利人许可而被删除或者改变权利管理电子信息的作品、表演、录音录像制品的;

(四)为扶助贫困,通过信息网络向农村地区提供作品、表演、录音录像制品超过规定范围,或者未按照公告的标准支付报酬,或者在权利人不同意提供其作品、表演、录音录像制品后未立即删除的;

(五)通过信息网络提供他人的作品、表演、录音录像制品,未指明作品、表演、录音录像制品的名称或者作者、表演者、录音录像制作者的姓名(名称),或者未支付报酬,或者未依照本条例规定采取技术措施防止服务对象以外的其他人获得他人的作品、表演、录音录像制品,或者未防止服务对象的复制行为对权利人利益造成实质性损害的。

(二)编辑方针

编辑方针是根据办报、办台或办网方针以及实际情况对媒介产品的内容和形式所做的总体设计,是编辑工作所应遵循的基本准则。编辑方针规定了媒介产品的口号、宗旨、读者对象、传播内容、报纸水准、风格特色、立场观点等。

每一家媒体根据自身的媒体定位都会设定相关的编辑方针,这个编辑方针决定着整个编辑流程该如何开展和进行。编辑方针没有好与坏之分,主要看是否适合媒体自身的定位。编辑方针具有稳定性,不可随意改变。目前,四大综合门户网站的新闻编辑方针或编辑理念如下。

(1)新浪新闻的编辑方针是"快速、全面、准确、客观"八字方针。八字方针是新浪网基本传播理念在实际操作中的具体体现。"快速"指确保准确基础上追求速度,第一时间发布。"全面"指全时空、全媒体报道,不漏发新闻。"准确"指新闻事实的准确无误。"客观"指保持客观、中立的立场,避免对受众的误导。这项首先由前总编辑陈彤在1998年12月开通体育频道时提出来的方针,已经成为新浪网的新闻操作指南。同时,新浪新闻还提出了"独立性""平民化"的编辑原则。

（2）搜狐新闻中心前总监李善友2002年元月在接受中华传媒网的采访时强调:"我们的编辑理念定义为:通过有震撼力的新闻,表达我们的人文关怀精神和社会责任感。……我认为网络媒体一定要有观点,就好比一个人,你必须要有自己的灵魂,一个媒体没有的观点你很难讲它有魂有魄。"搜狐强调网络编辑的两个层次:"第一,信息的梳理和加工——把海量的、平面的新闻变得有针对性、结构化;第二,编辑的观点——在统一的编辑理念的指导下,通过编辑新闻、组织新闻和解读新闻,表达我们的观点,具体的栏目就是'搜狐视线'。"[①]搜狐将新闻的目标人群定义为"都市动力人群"。它的特征是:不同阶层、不同收入的读者,但有着相同的价值取向,比较关心世界的变化,并希望提高自己的兴趣来适应这个环境。

（3）腾讯新闻编辑强调"快速、深入、互动、创新"。2013年9月腾讯在新闻采编方面倡导"事实派"理念。"事实派"强调全面客观的态度,以多维角度呈现新闻内容,经年累月深入挖掘真相,朝事实更进一步。聘请四大明星作为代言人阐述他们对事实的理解——黄晓明:放下主观和偏见,才能真正掌握事实;李宇春:对事实的最大误解,是根本未曾了解;杨锦麟:有良知,有勇气,有智慧,离事实就不远了;刘国梁:事实是超越胜负得失和成败的公正存在。"腾讯新闻·事实派"的全新定位,也重新定义了新闻,力求从嘈杂的信息与观点中,让新闻回归事实本质。无限追求客观,力争多维度地还原事实,持续不断地追求真相,在时间的积累中去伪存真。放下成见,事实才能呈现。[②]

（4）网易2010年10月宣布将旗下新闻资讯类频道进行改版,首次提出"有态度的新闻门户"的内容建设理念。网易还在门户首页和新闻频道首页推出主题为"有态度的新闻门户"系列视频短片。本组视频短片共有9段,分别选取"水门事件"、海盗电台、科学奇才尼古拉·特斯拉、打假斗士方舟子等案例,诠释一种坚持、自由、有责任感、有梦想的态度。网易在它"有态度的新闻"的策划中写道:"成功只是他人的评价,态度才能让你忠于内心。我们追逐成功的目标,更希望做有态度的新闻。我们已拥有众多有态度的网民,我们希望自己也能更有态度。我们是网易,做有态度的门户,从分享这些不平凡的态度故事开始……"[③]需要指出的是,"有态度的新闻"并非否定客观报道,而应扎实立足于客观报道之上来表明自己的态度。这种态度更多地应强调主旋律、社会主义核心价值观、社会良知、有责任感、有梦想、公共利益、是非善恶分明、积极正能量等因素,积极主动做好社会舆论的引导工作。

（三）真实性

真实性是新闻的生命。真实包括两个层面:一是事实之真,二是反映之真。事实不真,

---

① 戴佩良.网络新闻唯有鸵鸟领跑——专访搜狐新闻中心总监李善友[EB/OL].[2013-12-21]. http://news.sohu.com/67/59/news206655967.shtml

② 腾讯新闻事实派[EB/OL].[2013-11-21]. http://v.qq.com/cover/7/7j6i156irqzvpgx.html?vid=y0117d8vr4z; http://fact.news.qq.com/

③ 袁端端.新闻何以有态度——以网易"有态度的新闻"为例再论新闻的客观性[J].青年记者,2011(19):49.

谓之虚假；反映不真，谓之失实。两者均为新闻之大敌。网络新闻有很多来自社会的来稿或报料，网络编辑不可能亲身到达新闻现场进行调查验证，特别是目前商业网站对时政新闻没有采访权。如何辨别这些信息的真伪成为对网络编辑工作的一大挑战。

2013年3月，中国新闻网发布的"'90后'女孩当街给残疾乞丐喂饭"这篇虚假报道，就是编辑审核和把关不严的结果。之后，《人民日报》、央视新闻、朝日新闻等国内外知名媒体的官方微博也开始纷纷转载。该报道被多名知情人指出涉嫌造假系炒作后，最先报道的中新网受到了官方的通报批评。

网络编辑对于信息真实性的判断，可以从以下几个方面进行。

1. 稿源判断

（1）网站自己的原创稿件。自身网站的稿件真实度较高，网站编辑可以与采写的记者进行确认，同时也可以充分了解新闻背景，也有时间与途径去进行相关的信息核实。

（2）国内其他网站的稿件。这些稿件核实起来难度较大，但也应尝试和源网站取得联系，进行核实。同时在转载这些稿件时要特别注意稿件的最初来源、源网站的资格和版权问题。

（3）国内传统媒体稿件。传统媒体稿件的质量有保证，信息的真实度也较高。但也要警惕一些吸引眼球、不同寻常的新闻，不要随意跟风。此外要注明版权出处。

（4）网民稿件。判断网民的稿件时要特别注意合法性和真实性。保证内容是符合国家相关法律法规的，同时也要与当事人取得联系进行相关核实。未经核实，不得随意擅自发布新闻线人、特约作者、民间组织、商业机构等提供的信息。

（5）境外媒体的稿件。转载境外稿件有严格的限制和规定，未经新闻出版单位或主管部门批准，不得擅自使用境外媒体、境外网站的新闻信息产品。编辑要遵守相关规定，报新闻出版主管部门审批。

2. 多源头判断

为了保证新闻的真实性，编辑常常需要多方核实、多方求证。因此在实际操作时，编辑不能贪图方便在只拥有一个新闻来源的情况下就发布信息。保证新闻的真实性，多源头判断不失为一个有效的方法。

例如前面章节提到的"90后"女孩喂饭的假新闻，如果编辑能验证一下地点信息，就会发现照片拍摄地点与新闻中提到的地点——欢乐海岸不相符。如果编辑与欢乐海岸方面或附近的邻居、店铺等渠道取得联系，这个假新闻就不会轻易出现。

3. 逻辑判断

在判断新闻真实性时，按照日常生活常识的逻辑判断也是常用的一种方法。编辑在分析新闻事件逻辑的同时也要独立思考，通过自己的逻辑思维去判断真伪。

"90后"女孩喂饭的假新闻也可以采用这个方法来判断。既然这个事件发生了，就不可能没有目击者，找到目击者或者当事人就能验证事件的真实性。其实如果编辑仔细观察就会发现这一组照片存在作秀、摆拍的嫌疑，因为女孩在相机前变换不同的姿势以求达到最佳效果。

4. 技术判断

技术是把双刃剑，别有用心之人会利用技术来掩盖事实的真相。因此，编辑需要掌握一定的网络技术知识和相关的软件操作，以更好地判断新闻信息的真伪。经常出现的问题是新闻图片被伪造或篡改,如使用了图像处理软件 Photoshop。但修改过的图片都会留下痕迹,相关的一些检测软件是可以还原图片的,如:JPEGsnoop,编辑可以使用类似软件进行鉴别。

（四）时效性

网络传播的一个突出特点就是时效性强。互联网极大地提高了新闻传播的速度,通过互联网第一时间发布新闻越来越成为媒体获得独家新闻和竞争影响力的重要法宝之一。如北京时间2003年3月20日10:35,伊拉克首都巴格达遭到空袭,美军由此拉开了对伊拉克战争的序幕,新浪网在国内商业网站中,率先发布美军开始轰炸伊拉克的快讯和手机短信（如图5-1）。10:35 新浪网发布快讯:美国战机开始轰炸伊拉克;10:36 新浪网发布手机头条短信,快讯:巴格达上空响起爆炸声,美军飞机轰炸巴格达,伊拉克战争打响。①

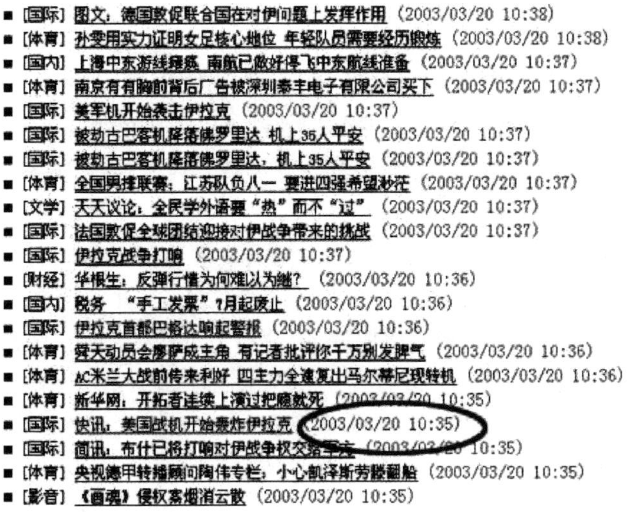

图 5-1　新浪网 2003 年 3 月 20 日滚动新闻截图

与传统媒体编辑相比,网络编辑对时效性尤其敏感。新华网前总裁周锡生表示:"从某些意义上讲,网络媒体所应承担的社会责任甚至比传统媒体还要更重要一些。一句话,就是网络无改稿,社会责任大。如果说传统媒体的稿件签发后发现了错误,还有时间和可能予以及时改正的话(如报纸还要经过制版、印刷、分发等环节后读者才能最后看到消息),网络媒体的稿件一旦签发,几秒钟之内就与全球数以千万计的受众见了面,根本没有时间和可能对稿件进行改正。因此,网络编辑的把关责任比传统媒体要重得多,必须保证签发出去的每一条稿件都是正确无误的。"②如2004年雅典奥运会,中国和俄罗斯女排大战、男子跳台跳水金牌争夺战同时进行。在中国选手胡佳夺得跳水金牌后,为了在瞬间把喜讯抢先告诉网民,新浪体育值班编辑在对页面进行更新时,由于紧张出现操作失误,误将女排比赛已经结束的模板预备代码一同发布(新浪体育准备了当时各种比赛结果排列组合页面代码,包括"女排、跳

---

① 新浪网在国内商业网站中率先报道伊拉克战争[EB/OL].[2014-03-10]. http://news.sina.com.cn/c/2003-03-20/1900956838.shtml

② 周锡生. 网络无改稿社会责任大[EB/OL].[2014-04-01]. http://www.people.com.cn/GB/14677/22114/30056/30059/2127582.html

水均胜""女排胜、跳水负""女排负、跳水胜""女排、跳水均负"等),造成女排比赛尚未结束时即在标题中显示女排失利的错误(特别需要指出的是,这不是为了抢发女排消息而造成的)。编辑虽然很快发现错误并随即进行了修改,但这次失误已在网民和媒体中产生了一定负面影响。①

时效性不是越快越好,要讲求"抢"(时间性)和"压"(时宜性)的辩证关系。"时间性"是新闻传播的本质要求,只有"新",新闻才有存在的价值,是新闻选择的首要标准。"时宜性"是新闻传播的价值要求之一,要考虑到新闻传播的负面效果,是新闻选择的政策标准。一个新闻既讲究"时间性"又讲究"时宜性"是较为理想的。但当两者发生矛盾时,在危及国家、民族、公共利益的时候,势必要把"压"置于"抢"之上。不能以"抢"为要求而忽视新闻的负面效果,导致传播祸国殃民;也不能以"压"为理由限制新闻的本质要求,导致对公民知情权的践踏。

(五)权威性

网络编辑要不引用、不报道未通过权威渠道核实的网络信息,不传播、不转载网上流言、传言或猜测性信息。网络编辑在转载其他网站的新闻时,如果遇到不同网站对事件有不同的描述时,就需要警惕起来,判别哪一个信息来源更具有权威性。但有时候网上来自所谓权威信源的一些新闻也未必是真实的。

2013年6月,一张题为"广州伪娘 coser 遭黑人强暴"的经处理后的图片在一些论坛社区流传,不久某没有新闻资质的游戏网站转发了该新闻原文,并注明来源于新华网。一时间众多网站纷纷转载关注。但广州警方微博辟谣,称"广州伪娘 coser 遭黑人强奸""广州一罪犯狱中遭多名黑人奸杀"都是谣言! 警方提示:利用互联网编造、传播谣言的行为严重扰乱社会秩序、影响社会稳定、危害社会诚信,公安机关对此将依法查处。警方希望广大网民自觉遵守法律法规,不信谣、不传谣,发现谣言及时举报,共同维护健康的网络环境。②

判别新闻来源权威性的方法在上文也有所提及。来自传统媒体的稿件,权威性是比较高的,因为这些稿件都经过了媒体的严格审查;而来自其他网站、境外媒体和网民的稿件就需要进一步分辨,特别是打着权威媒体来源的旗号的稿件,应到权威媒体网站上进行核实。同时一些政策消息、统计数据、官方表述的发布,需要核实是否来源于政府权威部门。

2012年4月9日,凤凰网影视新闻频道报道称:"近日,3D《泰坦尼克号》将上映,其中露丝全裸露点的镜头被删引起了观众的质疑。对此,广电总局做出了解释,称考虑到3D电影的特殊性,担心播放片段的时候观众伸手去摸,打到前排观众,造成纠纷。出于建设精神文明社会的考虑,我们决定删除此片段。"其实,这条"新闻"之前就在微博上广泛流传了,不少媒体曾转发过这一信息,甚至被英国《卫报》等国外媒体关注并转发,连《泰坦尼克号》导演詹姆斯·卡梅隆也信以为真。这样一条由豆瓣网友"豆瓣逗你妹"在微博上编写的"洋葱新闻"(即幽默搞笑的假新闻),当时却被不少媒体当作新闻来源进行报道。该网友特意设置的"假新闻"标签,却在转发中消失了。有的媒体机构认证微博不但把"假新闻"标签丢掉,还换上"首席评论"的标签,更增添了这条信息的真实性、权威性。事实上,网络编辑有很多办法确

---

① 陈彤,曾祥雪.新浪之道[M].福州:福建人民出版社,2005:65.
② 网传"广州伪娘 coser 遭黑人强暴"广州警方:谣言![EB/OL].[2013-12-12]. http://www.hb.xinhuanet.com/2013-07/02/c_116363617.htm

认文章的真假性,如只需要针对所谓"广电总局"的权威信源,与广电总局取得联系,询问是哪个官员在什么场合说的即可得到真假性的确认。

（六）重要性

新闻的重要性指新闻与人们生存、生活、生产的关系程度。依照这种关系程度的大小,新闻分为硬新闻和软新闻。硬新闻指关系到人们的生命、生活、生产等切身利益,同时特别强调时间性的新闻,包括时政新闻、经济新闻、军事新闻、外交新闻等。软新闻指富有人情味、知识性、趣味性,同时不那么强调时间性的新闻,包括社会新闻、娱乐新闻、体育新闻等。

网络编辑在选择新闻时,心中要有一杆秤。这条新闻的重要程度有多大,要放在网站中的什么位置都要提前思考。一般而言,突发事件、重要活动、重大议题的重要性较高,涉及越多的人、造成越大的社会效应的新闻,其新闻重要性就越大。同时,一些国际事件和外交事件的重要性也是不能忽视的。

（七）趣味性

趣味性指事实所具备的新奇怪异、富有趣味和人情味的性质。网络编辑不能只选取严肃的新闻,适当的富有趣味性的新闻也是必要的。虽然趣味性不是新闻必须具备的要素,但能够吸引受众的眼球,提高点击量,页面浏览量（PV）和独立用户访问量（UV）都能够相应提高。这其实是网站和编辑个人都希望看到的结果。

常见的趣味性新闻涉及历史、人文、自然等领域,但编辑要注意的是趣味不是庸俗、低俗、恶俗,不能走向"反常论",不能一味地去迎合受众的趣味,更不能采用黄色新闻时期的做法。编辑在保证趣味性的同时,还必须保证内容的积极和健康。否则,信息内容质量的低劣会影响网络媒体的公信力。与传统媒体相比,现在一些网站的庸俗、低俗甚至恶俗的内容较多,一些娱乐新闻、社会新闻、图片新闻、健康新闻是主要的"重灾区"。有关"星""性""腥"的信息在一些页面甚至新闻页面到处充斥。这种状况的出现与网站经营理念、编辑专业素养紧密相关。

（八）实用性

在网络媒体上,实用性信息越来越多。实用性已经成为网络新闻价值的重要构成因素。新闻的实用性主要体现在为受众提供有价值的服务类信息。它与趣味性一样,都不是所有新闻所必须具备的元素,但具备这个要素也能吸引很大一部分受众的眼睛。实用性信息涉及的领域、范围也很广,涉及产品介绍、健康贴士、知识解答、网上社交、网络购物、股市行情、保险理财等。

以上只是列举了一些选择、审核稿件的主要因素,还有一些其他的因素如显著性、接近性等也可以根据具体情况加以考虑。这些因素既有宏观性标准如合法性、编辑方针,又有微观性标准如权威性、时效性、重要性、趣味性、实用性等价值因素。具体选择、审核稿件的时候,以上要素有基本的考虑顺序,一般应按照以下几个步骤进行。

第一步,先确定稿件的真实性。

第二步,再根据新闻价值（权威性、时效性、重要性、趣味性、实用性）选择值得传播的稿件。

第三步,根据宣传价值,选择符合国家法律法规政策、适合传播的稿件。

第四步,根据网站新闻编辑方针,选择符合网站定位或风格的稿件。

二、稿件的形式规范

（一）标题的规范

一般完整的网络稿件标题的要素由文字、提要、题图和附加元素四个部分构成。但并不是所有的标题都必须含有这四个部分，我们要视情况而定，对不同类型的新闻、不同时效性的新闻、不同重要性的新闻采取不同的选择。

一般标题的文字部分在字数方面是有要求的，一般的字数要在20字以内。文字标题的类型有很多，有单行题、多行题等，但句型必须完整、没有歧义。而且名称要尽量避免过度简称。

提要是对新闻内容的概括，同时也是对于主标题的一个补充说明。一般会和文字标题一起出现，多应用于主页的要闻。

题图是网络中一种较为常见的形式，文字标题和题图一同出现能吸引受众的兴趣，有利于信息的传递。

附加元素包括评价标识、字符效果等。主要是一些视觉化的信息和效果，能够给受众一些导向信息。

（二）正文的规范

正文的规范我们需要特别注意以下的问题：稿件的来源注明，长文的分页，关键词的链接。

为了避免版权的问题，首先，编辑在处理正文的时候就要注明稿件的来源。其次，根据目前受众不适合阅读过长文章的阅读习惯，编辑要适当分页，处理好图文的比例，让读者更轻松地阅读。

在正文编辑过程中，要适当使用关键词的链接。如果正在编辑的新闻与其他新闻有联系，我们就可以使用关键词链接。在很多软文中，也会有关键词链接。

新浪网对新闻正文的发布有严格的审核规范（4.0版，节选）[①]，如：

（1）所有新闻正文页必须注明媒体出处。

（2）转载文章时不得遗漏作者姓名。

（3）如果原文出现明显错误或者解释不清的情况，可以注意适当加注解修正，此时需特别注明有"新浪网注："字眼，同时必须请示到主编级，专业词汇要有注解。

（4）声明类、访谈类或广播电视节目文字稿类文章，开头处要添加过渡导语段。

（5）所有原创稿件必须认真校对、审核，尤其是采访和聊天实录。

（6）处理重点文章或重要事件的后续报道时，文章中提到的以前报道过的事件要加超链接指向此前相关报道。

（7）重要文章中的网址和邮箱地址要做成超链接。

（8）文章过长可以分页显示，注意此时每个分页应该有通往其他页面的链接，新闻评论一定要统一。

[①] 陈彤,曾祥雪.新浪之道[M].福州：福建人民出版社,2005：99.

(三)图片、视频等多媒体的规范

首先,多媒体的使用要确保信息的真实性和客观性,并且编辑要考虑到新闻的道德伦理问题,不能发布含悲痛欲绝的人物、尸体、裸体、血肉模糊的肢体、种族歧视等信息的图片和视频。

其次,编辑要发挥高度的政治敏锐性,确保图片、视频里的内容合法,不含暴力恐怖等信息。编辑要为发布的信息负责。

最后,编辑要选取清晰度高的图片、流畅度好的视频,让受众获得更佳的视觉感受。如果能选取具有冲击力的内容则更佳,但我们需要在内容的品质和内容的大小两者间选取平衡点。因为在网页传输过程中最耗时的就是图片和视频,而且网站需要更庞大的服务器来储存。

在实际操作过程中,网站一般选取的图片格式有 JPEF/JPG、GIF 和 BMP 等。视频多使用 FLV 格式。

阅读材料 ▼

新浪图片发布规制(2.0版本,节选)[①]

1. 所有新闻类图片必须要加边框,具体代码写法为:border=1。
2. 所有图片必须有图片说明;图片说明中必须包括解释图片内容的时间、地点、人物、事件等基本要素;所有主要人物必须注明姓名和身份;严禁以单独一张图片(没有任何其他代码)为新闻最终页的表现形式。
3. 图片尺寸通常长边不超过450像素,必要时要经过对比度、亮度、压缩、锐化等处理;图片字节数要适中(详见计算公式);娱乐、女性、手机、数码、动漫、房产等频道精美图片尺寸可以适当放大,宽边尺寸不超过590像素。
4. 1条新闻内不准许同时夹带4张以上大图片。
5. 组图中的小图不能超过30张,更多组图可以点击下一页。
6. 图片要尽可能注明摄影者。
7. 使用与原文出处不同的图片要注明该图片出处。
8. 重要页面的焦点图片必须具备视觉冲击力,必须美观、清晰、明亮,同时考虑图片的新闻性和重要性。
9. 露点图片关键部位要视情况打马赛克。

三、稿件的审核制度

审核制度是编辑部门为审读稿件而建立的制度。不同出版机构的审稿制度往往不尽相同。在我国,传统媒体的稿件审查是比较严格的。审核制度的建立和完善,一方面能确保正确的新闻导向,另一方面也能提高新闻产品的品质。它能在一定程度上减少违法违规错误、文法错误以及知识性错误,提升媒体的公信力。

大多数网站建立了自己完善的审稿制度,编辑必须严格遵守,一旦发现违规发布的稿

[①] 陈彤,曾祥雪.新浪之道[M].福州:福建人民出版社,2005:83.

件，会按照网站审稿制度进行追查，如腾讯网依据《腾讯网编辑手册》，针对“圣元奶粉疑致婴儿性早熟”专题出现问题稿件而发表的声明（如图 5-2）①。

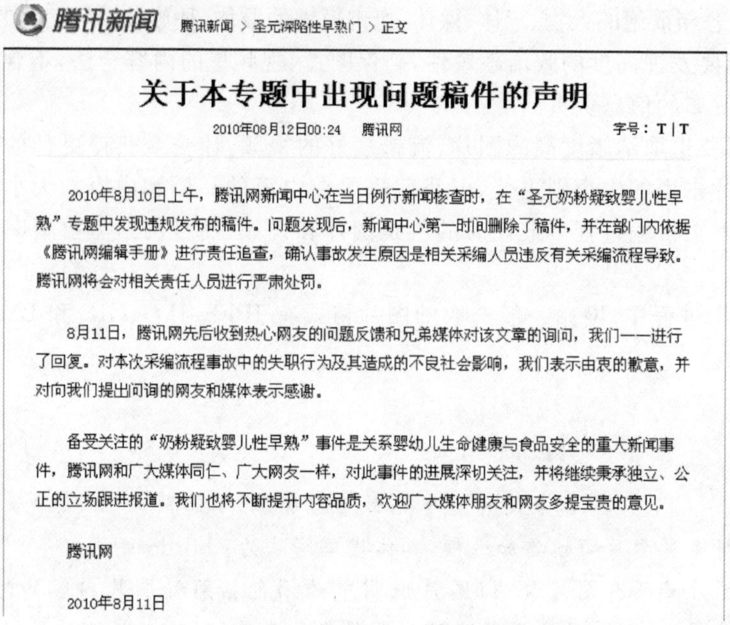

腾讯新闻 腾讯新闻 > 圣元深陷性早熟门 > 正文

关于本专题中出现问题稿件的声明

2010年08月12日00:24 腾讯网 字号：T | T

2010年8月10日上午，腾讯网新闻中心在当日例行新闻核查时，在“圣元奶粉疑致婴儿性早熟”专题中发现违规发布的稿件。问题发现后，新闻中心第一时间删除了稿件，并在部门内依据《腾讯网编辑手册》进行责任追查，确认事故发生原因是相关采编人员违反有关采编流程导致。腾讯网将会对相关责任人员进行严肃处罚。

8月11日，腾讯网先后收到热心网友的问题反馈和兄弟媒体对该文章的询问，我们一一进行了回复。对本次采编流程事故中的失职行为及其造成的不良社会影响，我们表示由衷的歉意，并对向我们提出问询的网友和媒体表示感谢。

备受关注的“奶粉疑致婴儿性早熟”事件是关系婴幼儿生命健康与食品安全的重大新闻事件，腾讯网和广大媒体同仁、广大网友一样，对此事件的进展深切关注，并将继续秉承独立、公正的立场跟进报道。我们也将不断提升内容品质，欢迎广大媒体朋友和网友多提宝贵的意见。

腾讯网

2010年8月11日

图 5-2 腾讯网关于某专题中出现问题稿件的声明

第二节 网络新闻稿件的修改

当前，大多数媒体网站的自采原创新闻较少。从某种程度上说，大多数的网络新闻从业人员只不过是在进行一种类似于“翻新”的工作——把传统媒体的内容“搬运”过来，然后将它们“改头换面”而制作成网络新闻。这项工作看起来不是那么吸引人，但是考虑到网络媒体的即时性、多媒体、海量性、开放性等特点，即便是改写，也是一项富有挑战性、创造性的艰苦工作。我们可以把稿件的修改分为微观修改和宏观修改两个部分。由于这两部分与传统新闻编辑的要求是一样的，在此仅提炼一些要点，不作具体阐述。

一、微观修改

（一）事实性错误

新闻稿件报道新闻事实的基本要求是——真实、准确、科学、清楚、统一。而事实性错误主要是指新闻内容信息本身的错误，包括主要事实、次要事实、事实细节，也包括新闻背景、引语等部分。

1. 真实

新闻报道中所涉及的现实方面的各种材料，必须完全符合事实的本来面貌。违背真实

① 关于本专题中出现问题稿件的声明[EB/OL].[2014-3-10]. http://news.qq.com/a/20100812/000008.htm

性原则的现象有很多,如虚构、添加、拼凑、夸张、偏颇、孤证、回避、幻影、假象、导演。

2. 准确

构成事实成分的名称、时间、地点、数字、引语等都必须准确无误。在现实中编辑要反复核实名称、数字等信息。

3. 科学

涉及自然科学、社会科学的事实,文字表述须具有科学性。自然科学与社会科学中包含很多专业的词汇,如果编辑对相关专业不是很了解,在修改稿件的时候需要查阅相关书籍或请教相关专业人士,保证内容的科学性。

4. 清楚

关于事实的表述须让读者一看就明白,不留有疑问(即不确定性)。

5. 统一

统一是指一篇稿件或一组稿件中同一地方、同一姓名、同一职务以及计量单位、译名、数字等写法要前后一致;同类报道在观点方面大体一致;一篇报道各组成部分之间有相互呼应,不前后矛盾,使人产生疑惑。

(二)文字性错误

1. 错别字

错别字是新闻稿件中比较常见的一种错误,有时看似无伤大雅的错字可能会引起严重的后果,造成误解。因此编辑在发稿之前要多次检查,减少错别字出现的概率。而操作中经常出现的错别字类型有输入错误、繁简体错误、异形词错误、同类词错误等。

2. 病句、语法错误

常见的问题有:用词错误;语序不当(修饰语的位置不当、前后错位、主客倒置、关联词语位置不当);搭配不当;指代不明(前词语在文中没有出现或没有交代清楚,或用相同的代词指代不同的对象);成分残缺(缺主语、宾语、必要的虚词)或赘余;句式杂糅;结构混乱;表意不明;不合逻辑(自相矛盾、因果牵强、否定失当、并列不当)等。

3. 标点符号错误

标点符号是文章中的细节,我国在 1996 年 6 月 1 日起实施的《标点符号用法》,就对标点符号的使用做了具体规范。2011 年 12 月发布了修订的《标点符号用法》,2012 年 6 月 1 日开始实施。熟悉《标点符号用法》是网络编辑最基本的要求之一。

二、宏观修改

(一)改变主题

主题是稿件的中心思想和灵魂。一般来说,主题蕴含于选择的题材中。有时候,原稿的主题缺乏新意或典型意义,甚至违背法律法规或伦理道德。这时候,编辑需要从原稿提供的材料中提炼出更新颖、更有意义、更有社会正能量、更合法合规的主题来。

(二)改变体裁

改变体裁是一种变动较大的修改。不同体裁的稿件在时效性、信息量、深刻性、结构安排等方面有不同的侧重点。如编辑在受到版面空间、时效性、相关背景资料等条件的限制下,一般将信息量较大的体裁修改为信息量较小的体裁,将长篇的通讯、调查报告改为消息,将消息改为简讯。

（三）改变角度

一个新闻事件从不同的角度看，会产生不同的传播效果。改变角度通常有从领导角度变为群众角度，从负面角度变为正面角度，从个体角度变为整体角度，从政治角度变为社会角度等。如何选取报道的角度，需要编辑思考媒体的定位、相关政府法规以及新闻的社会影响。媒体在不同形式下应该充当不同的角色，如果一件新闻事件激化了政府与百姓之间的矛盾，虽然是负面事件，但媒体可以选择另一个报道角度，缓解社会的压力和矛盾。

（四）改变呈现手段

多媒体使得网络新闻作品的呈现手段丰富多样。如在读图时代，有时一段话没有一幅图所能显示的力量大、表达的东西多，即所谓"一图胜万言"。为了获得更好的信息传播效率及更佳的呈现效果，编辑要尝试改变新闻的呈现方式，从多媒体角度想想，把一篇文字稿变成一张可视化信息图或一个图片专题甚至一个新闻视频，是否更有说服力，更有现场感。

（五）改变篇幅

事实信息如弹簧一样具有扩缩性，使得稿件篇幅可长可短。围绕着核心事实信息的相关信息越多，文章的篇幅就越大。编辑可根据传播目的、页面空间和传播时效，对文字稿安排合适的篇幅。比如，发布深度报道的时候，编辑需要增加新闻背景、历史材料等信息，如此一来，其篇幅将会增大。

（六）改变结构

改变结构是调整稿件各部分之间逻辑关系的一种改写方法。这种逻辑关系往往包括了并列、递进、转折、因果、呼应、比较、正反、总分、让步、列举等关系。改变结构的目的是为了谋篇布局，能充分使用材料并将它们按照一定的逻辑顺序组合起来，使整篇稿件具有逻辑性。这种逻辑性体现在结构上要层次分明、思路清晰，语意上要连贯通顺、前后呼应。不同的写作结构显示了段落之间不同的逻辑关系，如按事件发展顺序的写作结构，各部分往往是一种递进的关系；按倒金字塔结构写的稿件，各段落之间往往存在多种复杂的逻辑关系。

第三节　网络新闻标题制作

一、网络新闻标题的功能

1. 传播关键信息

网络编辑需要从新闻稿件的众多信息中选择最具价值、最重要、最吸引人的关键信息，使标题实现一见即知、一箭中的的效果。2014年3月19日，《河南商报》新闻报道《他们眼中的习近平》，采访了习近平在河南兰考调研期间会见的基层干部和普通市民，包括纪委干部、供电人员、电影放映老员工、交警、焦裕禄救活的孩子。新浪新闻中心在修改该报道时将标题改为"习近平勉励兰考纪委干部当现代'铁包公'"（如图5-3）。这一标题是从该报道的众多信息中选择了一个关键信息，即习近平对当地纪委干部赵雪廷说的一句话："你肩上担子很重，要当现代的'铁包公'，要对腐败现象'零容忍'啊。"

sina新闻中心　新闻中心 > 国内新闻 > 正文

习近平勉励兰考纪委干部当现代“铁包公”

2014年03月19日07:39　河南商报　我有话说(7,663人参与)　收藏本文　A⁻　A⁺

图 5-3　新浪网修改后的标题

2. 评价引导信息

标题可表明编辑或网络媒体对所传播的事件或人物的态度倾向,对引导网民思考方向和舆论走向具有重要影响。标题评价引导信息的功能可以表现为以下几个方面。

(1) 编者通过使用直接鲜明或间接隐晦的评价性词语来引导读者关注所报道的内容,在某种程度上影响读者对新闻的判断或认知。例如《日联合多国逼中国撤南海新规》。评:一招让其闭嘴。解析:标题中的“逼”字以及鲜明的评论词语“闭嘴”,可以看出编辑对日本干预我国事务的强烈反对态度。

(2) 善用版面语言体现编者倾向。通过字体字号、题图、标题群或图片、强势空间(左上角)等版面语言来强调信息的重要性。如图 5-4 所示。

习近平同澳大利亚总理阿博特通电话　对澳方开展的搜救工作表示赞赏

[国务院领导同志委托有关方面看望乘客家属] [滚动:澳方公布疑似MH370残骸卫星图] [澳方:确认还需两三天] [专题] [更多]

图 5-4　人民网 2014 年 3 月 21 日的头条标题

解析:这是人民网 2014 年 3 月 21 日的头条标题,最重要的头条新闻使用了较大的字号,突出强调该新闻的重要性。

(3) 附加一些评价性符号如“hot!”“热”“精”“酷”等符号。如“NEW”表示信息刚刚新鲜出炉,“COOL”表示该新闻标新立异、具有关注度,“!”或“★”表示提醒读者值得关注,“Live”表示正在进行的直播。还可以把标题制作成带有发光、移动、变换色彩、动画等效果的字符,增加页面的美感和动感。如图 5-5 所示。

- LIVE NBA-正视频直播雷霆VS火箭
- 2014全明星战袍曝光:变短袖(图)
- 湖人签得分狂人 单打王遭禁赛
- 曝隆多周六复出战湖人 视频

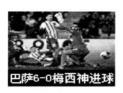

图 5-5　“Live”表示正在进行的直播

解析:图中第一条新闻标题“NBA—正视频直播雷霆 VS 火箭”变换了色彩(橙黄色)和采用了提示性的标志,能吸引受众的注意。

3. 附加相关信息

网络新闻标题还有很多附加信息,这些附加信息承载着不同的指示作用。

(1) 提示新闻来源。

如以下例子,相关新闻的来源是《环球时报》。

例子：《环球时报》：斯诺登上"百大思想者"榜首不夸张（2013年12月12日,搜狐）
（2）提示新闻独家性。

独家新闻的提示，一方面可以吸引更多的受众点击，另一方面可以展示网站的竞争力。

［独家］张占斌：稳中求进是明年城镇化推进的总基调（2013年12月14日，凤凰网）

（3）提示所属领域或栏目。

提示所属的领域和栏目，可以对信息进行有效的分类，节省受众索引、筛选信息的时间，同时也使网站页面更为齐整和简洁，符合受众的阅读习惯。如图5-6所示。

［广州］海珠大型商住盘推新3万3起 京溪新盘叫价2万8

［图集］南沙千亩山海大盘新板间 养生公寓总价49万起

［房产］单独二胎政策开放 早入手学位大盘免"择校慌"

［八卦］汪峰高调示爱章子怡 泰国最美变性人 李湘女儿

［家装］9万造梦116平 牛人5.6万浪漫2居 8w装99平格调宅

图5-6 提示所属领域或栏目

（4）提示报道手段。

在标题后面用（图）、（组图）等符号来标明稿件报道的主要手段是文字、图片还是视频。

例子：美艺术家用死老鼠做国际象棋棋子（组图）
　　　警方执法录像还原"老外撞大妈"真相

（5）说明报道的体裁。

这种对报道题材的说明，既便于受众的信息索引、选择，同时也便于网站后台管理系统的分类。

例子：［动态］苏富比将归还柬埔寨千年雕塑 价值超500万美元

（6）提示新闻重要性。

这种提示显示了编辑对不同新闻的价值判断以及重要性的把握，同时也为受众的信息筛选和阅读带来更多便利。

例子：［头条］中央城镇化工作会议：以人为核心 提六大任务（2013年12月14日，凤凰网）

［热点］珠算入选非遗 专家建议开发"打算盘"游戏（2013年12月15日，凤凰网）

二、网络新闻标题的特点

（一）超文本链接的分布方式

网络新闻标题在网站的首页如同信息超市一样陈列着，而且一般是以文本链接的形式出现的，这样是为了方便受众点击阅读，其次也能放置更多的信息在首页。

而在网站的具体网页中，在新闻正文下面也经常会有相关新闻或者推荐新闻的超文本链接。这是网络新闻标题的主要呈现方式。

（二）题文分离

不同于传统的纸质媒体，网站新闻的标题和正文一般是分开的。如何制作有价值、有吸引力的标题，又不至于让受众觉得点击阅读后没有多少收获，这就考验了编辑的专业能力。

（三）以一行实题为主

网络标题多采用一行实题，较少采用多行的复合式标题。在字数方面，一般的标题不超过20个字。如果一行有两个新闻标题，可以用空格或标点分隔。

三、网络新闻标题的构成

（一）文字

1. 标题类别

按照文字标题的位置，我们可以将标题分为主题、引题和副题。

主题是标题中的主要部分，作用是概括新闻中最主要的内容，或揭示最主要的思想、观点，或向读者强调最重要的东西。主题是一个完整的句子或词组，能表达完整的概念和意思。主题在标题中字号最大，地位最显著。

引题在主题的上面，主要作用是引出主题。具体表现在：一是交代背景，说明原因，实现叙事作用；二是揭示意义，达到说理作用；三是烘托气氛，达到抒情作用。

副题在主题的下面，主要有以下几个作用：一是如果主题只标出发生了什么事，副题则要补充说明事情的结果；二是如果标题只标出了主要事实，副题则要补充次要事实；三是如果主题中的事实高度概括，副题则要补充具体事实；四是如果主题只阐明一种思想观点，或作了某种评论，副题则应标出证实或解释这个观点的事实；五是如果主题为具体事实，则可以以事实为依据的评论、分析、推测为副题。

2. 标题的结构

一般来说，网络标题在结构上主要是单行实标题，复合型标题比较少。复合型标题的结构主要分为三种类型。

（1）引题＋主题。

维护社会大局稳定　促进社会公平正义　保障人民安居乐业
肩负起政法工作的神圣使命（中央政法工作会议精神解读）
彭波
2014年01月17日03:25　　来源：人民网-人民日报　　手机看新闻

（2）主题＋副题。

国家公共文化服务体系建设协调组今天成立

将在3至5年内建立起较完善的基本公共文化服务标准体系框架

2014年03月19日19:56　　来源：人民网-文化频道　　手机看新闻

(3) 引题＋主题＋副题。

云南丘北通报幼儿园学生中毒事件进展

正在侦查毒鼠强来源（回应）

确定只有7名儿童中毒，并非32名　幼儿园无资质，负责人正协助调查

2014年03月22日03:33　　来源：人民日报　　手机看新闻

（二）提要

如果一则包含比较丰富内容的新闻，只用了单行题目，那么很多重要的信息都可能无法呈现出来。这时提要就显得十分有用，"标题＋提要"的形式是目前新闻网站常用的一种形式。提要可以交代新闻的主要事实、问题及相关的补充说明。

在实际操作中，提要有以下几个呈现形式。

1. 在首页的主标题后出现（如图 5-7）

图 5-7　财经网首页"标题＋摘要"的结构（2019-8-14）

2. 在内容页的标题后出现（如图 5-8）

这类提要出现在正文的第一段之前，对正文有一个提纲挈领的作用，往往以"提示""摘要"的形式出现，但这种方式使用得较少。

专家:052C领先宙斯盾一代 中国海军超越日本

2014-01-17 08:43:00　来源:环球时报-环球网(北京)　有4789人参与　分享到

核心提示：一名不愿透露姓名的中国军事专家称，以052C驱逐舰为例，采用了有源相控阵雷达，而日本最先进的"爱宕"驱逐舰仍然采用的是无源相控阵雷达，从这一点上说052C要比后者先进一代。

中央提出公车改革，车行嗅到商机

政府大院内　商家卖车忙

2014-03-21 00:00:00　浏览量：2027　评论（0）　　　字号：TT　分享到空间

摘要：2013年11月中央出台《党政机关厉行节约反对浪费条例》，明确提出取消一般公务用车，采取公开招标、拍卖等方式公开处置。目前一些地区和单位的公车改革已进入实质性阶段。在深圳，聪明的汽车商家瞄准机会，向公务员推出了优惠措施，并将车展办到了区委大院。罗湖区委大院近一星期来办起了小型车展，坪山新区管委会后门街上也停满了各种销售的新车。

图 5-8　在内容页标题后出现的标题

(三)题图

题图在网络新闻中十分常见,主要是和主标题、提要一同出现。选用具有冲击力、能吸引眼球的图片,引导网民的点击。题图主要包括新闻照片(如图 5-9)、新闻图表(如图5-10)、新闻漫画(如图 5-11)等几种形式。

图 5-9　新闻照片＋主标题

图 5-10　新闻照片＋主标题＋摘要＋新闻图表

图 5-11　新闻漫画＋主标题＋提要

(四) 标题集群

这种标题结构常用于重大活动、重要事件,通常由几个主次之分的标题组成。每层标题又分为主标题和副标题,重点突出,层次清晰,信息量丰富,具有厚重感。特别重大的活动或事件,有时还会出现多个标题群的组合(如图 5-12、如图 5-13)。

五星红旗在月球首张照片传回(图) 视频

["嫦娥""玉兔"成功互拍 习近平李克强深夜观看(图)]

[玉兔号缓缓驶出着陆器 6轮着地 嫦娥三号落月全程回顾]

特别策划:各国探月着陆点地图

[视频-四分钟了解月球车 高清图 宇宙的奇迹 梦想月球村]

图 5-12 报道嫦娥三号发射成功的标题群

马宣布失联航班落入南印度洋 LIVE正播报

[马航发短信告知乘客家属无人生还 飞机最后位置无可着陆之处]

[马总理发布会全程 声明全文(中文) 今日将开发布会公布细节]

[调查:你怎么看马方宣布坠海 是否影响去马旅游][各地媒体头版]

中方要求马提供客机落海所有信息证据

[英卫星公司通过8个ping得出南飞结论 据称美1周前得出坠毁结论]

[马方未见残骸下结论遭质疑][英报:调查者相信有人蓄意劫机自杀]

[航空专家:状况符合"独狼"式恐袭特征][评:真相仍未走出谜团]

154位中国乘客家属发表声明谴责马方

[独家:丽都3月24日之夜 酒店不断担架进出 家属大喊骗子 滚动]

[家属:每天做噩梦 望公开更多证据 称未确认残骸不是真正结束]

[马航遇难者生前照片和他们的故事(图) 哀悼:为遇难者献花]

图 5-13 新浪网新闻中心"马航失联"事件报道的多个标题群组合(2014-3-25)

四、网络新闻标题的制作要求

1. 题文一致

编辑不能为了夺人眼球,提高点击率,纵容"标题党"的存在。这样只会降低媒体自身的公信力以及新闻产品的质量。

2. 重点突出

网络新闻标题像挂在晾衣绳上的衣服一样,网民浏览网络新闻标题时,往往会关注能吸引注意力的某个要素,如材料、款型、颜色等。因此,网络编辑要把最具有新闻价值的部分要素凸显出来,如突出最新鲜的内容、突出最重要最权威的内容、突出最显著的内容、突出最有趣味或反常的内容或突出最实用的内容等。

3. 简洁凝练

新闻标题要尽可能简洁凝练,但很多名称、专业术语是不可以使用简称的。有时简称会引起歧义或误解,所以编辑在制作标题时要再三思考。

4. 新颖生动

新颖生动的标题能吸引受众的注意力,但这不是必要的要求。编辑不能一味地追求新颖,而忽略合法性、真实性等基本原则。

5. 通俗易懂

网络新闻面对的受众是十分广阔的,不同阶层、学历、爱好、年龄等人口统计学特征的网民都有。从信息传播的效率上来讲,标题的语言要通俗易懂,少用偏词、难词。

6. 多用重要关键词

重要关键词有很多,比如每年两会之后,会有很多热点词出现。还有当前的流行语、容易被搜索引擎搜索到的词语。这些词语的使用能拉近与受众之间的关系,有利于新闻信息的传播。

7. 善用附件元素

附件元素能提供很多的附加信息,如新闻的来源,在一定程度上能提高新闻的可信度,并且能避免一些法律问题,减少网站的法律纠纷。

8. 发挥网络媒体优势

网络媒体的一大特点就是其视觉呈现更加多元,编辑在制作标题时要充分发挥这个优势。对于重要的新闻,多用题图搭配、标题群组、多媒体等手段。

五、网络"标题党"的防范

"标题党"是在互联网上制作能吸引网友眼球的标题,以达到各种目的的一小撮网络编辑和网民的总称。一些恶意的"标题党"具有一定的危害性,如浪费网友时间、欺骗网友感情、污染网络空间等。"标题党"往往采用如下手法。

1. 煽情催泪法

把新闻信息当"催泪弹"。普利策的显著成功再一次证明,那种老掉牙的煽情技巧还是有吸引力的。一些煽情模式被无数新闻媒体克隆成功之后,网络编辑和网民们也迅速加入了煽情主义的庞大队伍中。

2. 断章取义法

断章取义主要表现在把新闻信息当作"鸡蛋里挑骨头";在援引有关信息(包括文件、领导讲话、分析报告、材料等)时,不尊重原文内容的完整性,所表达的含义与原文本义相冲突,"只见树木,不见森林";精挑细选某个刺激眼球的细节或话语,进行不合逻辑的主观推测,刻意制造耸人听闻的标题,进行渲染炒作,严重误导公众,造成不良的社会影响。

3. 故弄玄虚法

把新闻信息当"情报""侦探""间谍"来用,继承一些传统媒体的"狗仔队"传统,把标题制作得"神出鬼没""大跌眼镜",给读者以"独家新闻""警犬新闻"的神秘错觉。诸如"惊现""暴力""迷信""冰火两重天""恐怖""内幕""小道消息""揭秘""偷拍""曝光""探密""解密""黑幕""丑闻""惊爆"等关键词,时时处处刺激读者的紧张神经,充分满足读者内心深处的窥视欲望。

4. 露骨香艳法

露骨香艳法主要表现为把新闻信息当"性闻"。以"性"作噱头,大打擦边球,挂羊头卖狗肉,搔首弄姿,极尽挑逗之能事。迅速浏览网页,不时有轻佻甚至暧昧的标题跳入眼中,诸如"初夜""处女""销魂""勾引""外遇""性生活""裸露""高潮""性感""美女"("美眉""MM")"性欲""被虐""流产""奸杀""走光""小姐"等关键词,使读者置身于"欲海横流"的网络海洋中。

5. 夸大其词法

把新闻信息当"广告""公关"。假酒、假药、假奶粉等产品大张旗鼓的广告宣传,陷阱重重的促销手段,无数的商业骗局,已经让消费者处处中招。没想到,夸大其词、蛊惑人心的网络标题更是让读者"暗箭难防",其基本技法就是添枝加叶、任意拔高。此种症状关键词主要有"完全""全民""火暴""引爆""超级""绝世"等。

6. 金蝉脱壳法

"金蝉脱壳"比喻用计脱身,使人不能及时发觉。此种手法表现为挂羊头卖狗肉,题文不符,两层皮,可谓"金玉其外,败絮其中"。使用模糊、歧异、隐喻的词语,进行恶搞意淫以取得读者的注意,让人一看就有想点击的欲望,但文章内容却与文章标题的意思风马牛不相及,或是太过牵强,让读者大呼上当,大失所望。例如,在网上流传的一些忽悠网民的图片标题:"美女走光了"(不过是一张空无一人、留下几串脚印的沙滩风景照);"黑社会老大洗澡"(就是一个男婴在洗澡而已);"少女正要越轨"(一个女孩正在越过铁路轨道而已);"一个男人帮张曼玉搓背"(一个清洁工擦洗印有张曼玉裸露后背的广告牌)等。

标题党会降低网络媒体的公信力,网络编辑应自觉防范标题党,主要应做到以下几点。

(1) 编辑要对新闻内容有充分的了解,确保文章内容与标题之间是存在紧密联系的。

(2) 编辑在制作标题时不能一味追求冲击力,要客观真实。

(3) 编辑在发布之前要再一次审核,确保信息的真实性。

(4) 编辑部要设立相关的惩罚机制,内部要严格监督,避免"标题党"的出现。

阅读材料

新浪标题制作规范(3.0版,节选)[①]

1. 首先注意准确。标题要准确反映文章的主要内容,禁止为凑字数而加长标题。

2. 其次考虑吸引力。注意将文章中兴奋点提炼出来,应该做到不少于一个兴奋点(兴奋点:即重要的新闻人物,离奇的新闻事件,重大或者是新奇的事件本身等),用词不要口语化。

3. 标题做成实题,不能断章取义、以偏概全,避免因修改标题违背文章原意;标题内容避免空洞、言之无物。

4. 尽量使用单句式标题,主谓宾结构必须完整,避免出现双谓语,必须有动态词汇,主要为"主体+行为+客体";标题中尽可能避免"的"字结构、"是"字结构、"和"字结构等静态句式出现;控制双句式标题、倒装句标题和被动语态标题的数量。

---

① 陈彤,曾祥雪.新浪之道[M].福州:福建人民出版社,2005:246—247.

5. 新闻标题中尽可能地省略标点符号,以保持页面的清新,避免给人主观感情色彩,防止产生歧义;除表达反讽的含义外,尽可能不使用引号;电影、书籍可用书名号。

6. 标题用词应当客观,避免在标题中出现主观色彩浓厚的字眼,如"惊现""惊爆""竟然""竟""胆敢"等。

7. 标题中严禁出现重复字眼。

8. 标题中避免使用"一""某"等含混表述。

9. 标题中禁止使用过于专业或晦涩的词语,严禁出现常人不熟知的人名、地名(必须出现时作说明),或引起歧义的地名缩写(如"巴首都汽车炸弹三人死亡")。

10. 标题中不得出现港台式词汇(如"飞弹""单车")。

11. 标题中的数字和字母使用半角字符,标题中尽可能不使用英文。

12. 重点媒体的文章,或在某些特定的情况下需要强调媒体出处,如欲表明文章权威、敏感或有争议性等,可以在标题前标注媒体名称。

13. 非新闻事实类文章可在标题中注明类型,如评论、分析等。以图片为主的文章,标题前要标注"图文:"。以文字为主,附有图片的文章,要在标题后标注"(附图)"。文章有两张以上图片的,以图片为主,标题前要标注"组图",以文字为主,标题后标注"(组图)"。

第四节 多媒体新闻的编辑

一、网络新闻照片的编辑

照片的编辑包括照片的筛选、编辑及版位安排。

(一)照片筛选

筛选照片是图片编辑的第一步。编辑在筛选照片时应着重审查如下几方面的问题。

1. 避免违背伦理道德

网络新闻照片应避免出现:人物悲痛欲绝、尸体、照片中有伤痕累累的人体、种族歧视、裸体等。

可采用一些编辑手段如剪裁、模糊、改变反差、压字、马赛克、色块、涂抹等消除在伦理道德方面的负面影响。

2. 避免触犯相关法律

要特别注意新闻照片对肖像权、名誉权、隐私权、著作权、版权等权利的侵犯。编辑避免侵权的方法有以下几种。

(1)尊重图片的著作权,任何时候都不要使用没有合法版权来源的照片。

(2)严禁将新闻照片用于任何广告商业用途。

(3)使用新闻照片必须配有完整的图片说明。照片和文字报道必须具有紧密的相关度。

(4)在文章配图时严禁篡改照片说明。

(5)照片说明尽量做到客观中立,不要有不必要的形容词修饰。照片说明不当往往是引起名誉权纠纷的主要原因。

3. 避免违背真实性原则

由于众多图片编辑软件的出现,新闻照片造假十分容易。一般来说,假照片的编辑手法主要有以下几种。

(1) 摆拍造假。2013年3月25日,中国新闻网刊发的假新闻《深圳90后女孩当街给残疾乞丐喂饭感动路人》中配发的假新闻照片,其实就是一个网络推手通过摆拍造假出来的照片(如图5-14)。

图 5-14　摆拍造假出来的"新闻照片"

(2) 技术修改。2006年8月,以色列黎巴嫩战争,在以色列空军对黎巴嫩首都贝鲁特进行轰炸后,路透社刊登了一张照片。照片显示,贝鲁特郊区遭到轰炸,密集的建筑上空冒出浓厚的黑烟。随后有人发现照片经过特效处理,摄影师用Photoshop软件中的"复制"功能将一股浓烟复制成了两股,还把黑烟中的建筑物也复制了一番[①](如图5-15)。

图 5-15　路透社发出经过 Photoshop 软件处理的照片

---

① 全球极品照片造假丑闻全揭秘(组图)[EB/OL].[2019-04-21]. http://news.sohu.com/20100721/n273663527.shtml

(3) 假事实配发的真照片。有的新闻照片是真实的,但被用做证明完全相反的或时间差距很大的新闻事实。2003年12月3日早晨,由中国国际广播电台主办的中央重点新闻网站"国际在线"发布了一组"老外街头扶摔倒大妈遭讹"的图片(如图5-16)。《人民日报》官方微博当天7:48转载了此组图片。随后,这条新闻被各大媒体官微、新闻客户端、新闻网站广泛传播。北京市公安局的官方微博"@平安北京"发布了官方调查结果,经过调看路口监控视频等调查手段,最终给出了权威结论:中年女子经过人行横道时,被一外籍男子驾驶摩托车撞倒。在现场处理过程中,倒地女子称身体不适,民警立即拨打120将其送往附近医院。经检查,该中年女子伤情轻微。老外无证驾驶,车辆被扣且受处罚。有图未必有真相,图片作为新闻现场的见证,只能说表达了新闻事实的一个方面,究竟真相如何,同样需要核实。①

图5-16 假事实配发的真照片

4. 避免涉及地点的侵权

如果照片中包含以下地点的信息,编辑也需要特别注意。

(1) 对公众开放的私人场所:电影院大厅、商业办公室、宾馆休息厅、餐馆、博物馆、娱乐场所、购物中心、商场商店等。

(2) 受到一定限制的公共场合:机场、法院、监狱、军事基地、政府大楼等。

(3) 医疗场所:医院、康复中心、急救车、精神病院、医务室、诊所等。

阅读材料

新闻照片真假的数码技术鉴定②

1. 第一步:通过相关软件查看其Exif(可交换图像文件的缩写)即有可能得知数码照片的一些原始信息,如镜头焦距、像素大小、光圈、快门速度、拍摄时间、ISO感光度、白平衡等参数信息,以及创建时间、修改时间、修改时所用图像处理软件等,为下一步鉴定真伪提供原始数据的技术推断。查看Exif信息有以下四种方法。

---

① 年度虚假新闻研究课题组,等. 2013年虚假新闻研究报告[J]. 新闻记者,2014(1):5—6.
② 马立平. 鉴别新闻照片真假的现实意义[EB/OL]. [2014-01-18]. http://www.ccnps.cn/xh/news.asp?id=855

（1）用记事本粗略查看。用记事本直接打开一张 JPG 格式的数码照片（从"打开方式"中选择记事本程序即可），从一堆密密麻麻的乱字符中可直接看出，拍摄这张照片的数码相机品牌和拍摄的具体时间。

（2）在 Windows 下查看。先打开装有数码照片的文件夹，在"查看"菜单中选择"详细信息"，然后用鼠标右键点击"详细信息"的项目条，从弹出的项目显示菜单中点选与数码照片相关的项目，可以直接查看数码照片的部分 Exif 信息。如果要查看单张数码照片的完整 Exif 信息，可鼠标右键单击该照片文件并选择"属性"，从弹出相片属性对话框中切换到"摘要"选项卡，接着点击"高级"按钮。

（3）利用专业软件 ACDSee 查看。先用 ACDSee 打开一张数码照片，在它上面点击鼠标右键，打开"属性"对话框并切换到"元数据"选项卡，在此就可以看到非常详细的 Exif 信息了。

（4）在 IE 中通过安装 ExifShow 插件查看。安装了 ExifShow 插件以后，在 IE 中浏览数码照片时，只要按一下鼠标右键，快捷菜单中就会出现"查看 Exif 信息"的选项，如果照片包含 Exif 信息，点击该选项（或按下快捷键 V）就会打开对话框，在信息列表处单击鼠标右键，可以将选中的 Exif 信息复制到剪贴板中或者另存为文本文件。

注意：假如有一些数码照片显示"该图片没有 Exif 信息"，说明该照片可能是经过了某种形式的处理而导致丢失了 Exif 数据，或者是用不支持 Exif 的数码相机拍摄的照片。

2. 第二步：对画面的四种分析鉴定。

（1）检查主体影像是否合乎情理。主体的动作、眼神、视线和表情是否和客体氛围及环境和谐统一，或有一个合理的情节预想。不同的拍摄角度会出现不同的视觉效果，不同拍摄角度合成的图片，会给人"别扭"的感觉。人物主体与背景在拍摄角度上是否符合常理（比如画面人物的拍摄角度是平视拍摄或仰拍而背景的拍摄角度又变成俯拍等），同时检查照片中主体边缘（边缘的细部如头发等）是否有模糊不清的地方，经研究，大部分做假照片常常是将比较好的主体放到比较理想的环境中去，以增加图片的新闻性和美感。但这些主体的边缘往往是不光滑的，无法融入环境中。

（2）检查照片中的光源是否统一，物体的阴影是否统一。一幅画面中的光应该是统一而不是矛盾的，首先判断一幅照片是用几个光源拍成的，秘诀是看画面人物的眼神光，即瞳孔里白点是几个以及位置在时钟的几点，以此推断几个光源以及光源的位置，看光照方向和物体阴影是否相对应保持一致（比如光线和阴影长短、强弱、角度等）。假照片往往是将不同时间、不同地点、不同环境下拍摄的画面按作者的想法将它们放到一起的，而上述多方面的不同就会出现不同的光线，不同的光线就会出现不同的阴影，运用这些不同的阴影，也可以找出假新闻照片的破绽。

（3）检查照片景深透视是否符合镜头成像规律，是否是用不同焦距镜头拍摄的照片合并而成。不论是使用广角镜头还是长焦镜头，表现出来的"景深"都是有一定规律的：广角镜头景深大，望远镜头景深小，清晰度从对焦点向前后逐渐减弱，而由于前景深小，后景深大，因此，前景深中的景物越接近拍摄者其逐渐模糊的程度就会加重。而造假的新闻照片往往不符合这些规律。

要判断出一张照片是用什么焦距的镜头拍摄的,是广角还是中焦抑或是长焦,找出这张照片的对焦点在哪个位置,根据焦点推算出前后景深的合理范围,检查照片的视觉透视感是否符合常规(如透视变化有规律、纵深感很自然等),前后人物和影像的比例是否一致(比如前景中的人物过大、中景人物过小、远景人物又过大等),是否符合广角镜头近大远小的成像规律和前后景深大小规律(比如近景与远景大小相差不大、前景清晰范围小时远景应变得模糊等)。

(4)影像细部元素有无异常。从画面的细部特征寻找破绽是鉴定新闻照片真假的有效手段,也是鉴定成功与否的关键,对于那些完美无缺的新闻照片更应特别注意画面细节。进行细部分析判断,可以侧重以下几个方面:画面人物影像边缘清晰度是否过分清晰或模糊不清(比如新闻人物的头发、衣服边缘等),画面影像色块或"马赛克"放大倍率、比例是否正常,分布是否均匀、自然、协调(比如色块大小重复、"马赛克"不成比例或模糊等),画面景物是否有异常变化(比如画面影像个别地方多余或重复等),文字等特殊标识与周围环境是否正常(比如文字很标准而文字背景有皱折等),影像有无重复(比如影像个别部分呈现有规律的重复等),以及色彩、色温、清晰度的变化是否协调一致等。

总之,编辑新闻照片必须坚持真实性原则,这是修改新闻照片的底线。编辑可以对新闻照片做一些局部的修改和调整,但这种调整不是实质性的加减影像信息的修改。例如:对影调、色彩、剪裁等的一般性调整。限度是指对照片影像信息不构成伤害的修改。例如:没有改变照片中影像主体形象的真实性;没有改变照片中影像信息的结构和布局;没有增加和删除影像信息;没有对影像进行变形处理;没有张冠李戴的"换头术";没有移花接木的集锦等。

(二)新闻照片的版位设置

1. 作为主页上的主图置于网页首屏比较突出、显眼的位置

人民网、新华网等新闻网站一般在网站首页首屏左侧放置新闻主图(如图5-17),新浪网、搜狐网等商业门户网站通常在新闻中心的首页首屏放置新闻主图(如图5-18)。有的网站新闻主图放置在首页首屏中间位置,甚至左中右都放置新闻主图(如图5-19)。有的网站首页首屏出现了杂志式的大标题大主图结构(如图5-20)。新闻主图与头条文字新闻既可以相互配合,也可以各表一枝。

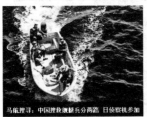

图5-17 人民网网站首页首屏左侧放置新闻主图,与头条文字新闻各表一枝

图 5-18 凤凰资讯网首页首屏

凤凰网资讯首页首屏放置新闻主图,主图内嵌新闻标题,新闻主图底部承接头条文字新闻。

图 5-19 CNN 网站首页首屏左中位置都安排新闻主图

图 5-20 南都网首页首屏的大标题大主图结构

2. 作为新闻正文的配图或插图一般位于稿件之前或中间

位于稿件正文之前的照片往往是起吸引网民阅读下文的作用(如图 5-21),位于稿件正文之中的照片往往针对某段落中的重要信息起补充或验证的作用(如图 5-22)。这种方法使报道内容更易理解,比单纯的文字新闻更生动、形象。具体配置图片时,可以根据需要选择配图的数量,不宜过多使用,以免加重页面负担。

图 5-21 位于稿件正文之前的照片

图 5-22 位于稿件正文之中的照片

3. 作为专题或栏目选题的题头配图,一般都出现在网页的最上方、最明显的位置(如图 5-23、图 5-24)

图 5-23 专题的题头配图

图 5-24　栏目的题头配图

4. 作为栏目的题图照片,或者作为栏目标题页的提示或导读图片,一般放置在页面中间的各个栏目名称左边

在首页会以小图片横向或纵向的排列形式出现,这是目前较为常见的一种呈现形式。

这种类型的新闻照片的使用可以分为两种形式:一种是单条新闻主打照片,多用于"最新播报"等时效性较强的栏目,主要作用是提示新闻内容、丰富页面元素、调节读者视觉感受,这种图片大小比较适中;另一种是作为栏目标志,通常用在网站首页或各频道主页上,图片比较小,通常被称为"邮票照片",主要作用是提示新闻信息、美化版面。目前很多网站都综合使用新闻主打照片和"邮票照片"(如图 5-25)。

图 5-25　大洋网"拉阔广州"各栏目的题图照片

5. 作为独立的图片新闻报道

这种情况一般多用在图片专题中。新闻图片专题有两种:一是组合报道式专题。针对某一特定主题,从不同角度、不同侧面、不同时空将图片集纳在一起,图片之间并没有紧密的逻辑关系,如凤凰网报道的《广州日报》2013 年度图片(如图 5-26)。二是图片故事。运用一组图片及其相关文字说明来反映某一新闻事件、社会现象或社会问题等,图片之间有紧密的逻辑关系。如新浪"看见"图刊——《温州住户合买高音炮 "击退"广场舞大妈》(如图 5-27),系列新闻照片讲述了温州市区新国光商住广场的住户们在和广场舞大妈多次交涉无果后,共同出资 26 万元买来"高音炮",和广场舞音乐同时播放。

图 5-26　凤凰网报道的《广州日报》2013 年度图片

图 5-27　新浪网新闻中心图片新闻报道《温州住户合买高音炮 "击退"广场舞大妈》(2014-4-2)

（三）做好图片专题需要注意的问题

1. 做好选题策划

图片专题的选题往往针对的是重大新闻事件、重要新闻人物、热点问题、社会大趋势等。选题的确定要根据网站的编辑方针及其自身实力，不能面面俱到，四面出击。一旦选准选题，就要形成尖锐的一击，产生冲击力和影响力。

2. 适当安排内容结构

一般来说，照片的景别、性质、作用应尽量多样化，如全景、中景、近景、特写、肖像、关系照片、典型瞬间、过程照片、结论性照片等。编辑应对这些种类较多的照片进行合理的安排，形成一定的逻辑关系。

3. 精心配写图片说明

图片专题中的文字说明可以用来解释照片上难以表达的思想、情节和背景资料，加深主题的深度、广度。编辑不仅要注意单张照片之间的相互配合，还要注意各张照片的文字说明之间的内在联系。

4. 强化版面设计

编辑需要构想图片之间的关系如何处理，每一张图片尺寸多大，它们的位置关系如何，哪种图片放在核心位置，是采用自动播放形式还是网民主动点击选择形式，如何在页面中设计能吸引网民阅读的画面形式。

具体设计网页照片版位时，可采用如下步骤：① 根据网站整体风格确定所在页面及其所属栏目、频道的风格，从色调到整体视觉效果要做到与网站整体风格相一致；② 根据从整体到局部的顺序，首先确定整个页面采用何种图文搭配方式，例如是主图式还是邮票式；③ 如果是主图式要选择采用图文相配原则还是图文分设原则，以及主图的位置在右还是左；④ 为了活跃版面可以选择用小图片配合文字作为导航栏；⑤ 最后根据实际需要选择新闻正文页面的图片采用纵向式还是横向式排列。①

（四）新闻图片的编辑步骤

1. 打开图片编辑软件 Photoshop 及导入图片

在菜单栏中找到"文件"，在下拉菜单中找到"打开"。选择需要编辑的新闻图片导入软件（如图 5-28）。

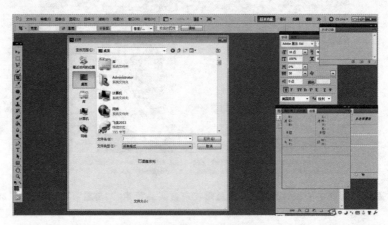

图 5-28 打开编辑软件并导入图片

---

① 赵丹. 网络编辑实务[M]. 杭州：浙江工商大学出版社，2010：144.

2. 裁剪图片

根据版面大小、突出主体等限制和要求,需要对新闻图片做一些裁剪。在软件界面左侧的工具栏中找到裁剪工具,对图片进行裁剪(如图5-29)。

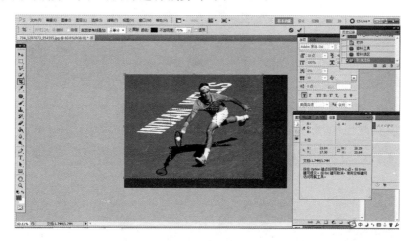

图 5-29　裁剪图片

3. 调节图片的曝光度

部分新闻图片存在曝光不足或曝光过度的问题,此时需要调节曝光度。在菜单栏中找到"图像"→"调整"→"曝光度",进行调节(如图5-30)。

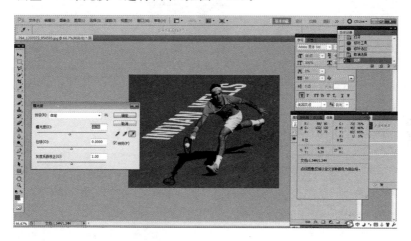

图 5-30　调节图片的曝光度

4. 局部调亮或调暗及调节对比度

图片的局部可能存在过亮或过暗的问题,为达到更佳的视觉效果,需要进行调整。在菜单栏中找到"图像"→"调整"→"曲线",进行调整(如图5-31)。

5. 设置新闻图片的大小

不少新闻图片的图片大小过大,在放上网络之前需要牺牲一定的图片质量,压缩图片,缩小图片的大小。在菜单栏中找到"图像"→"图片大小",进行调整(如图5-32)。

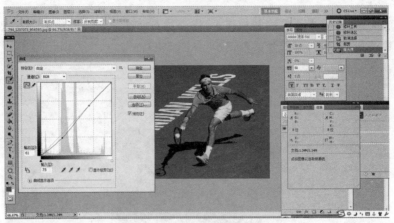

图 5-31　调节亮度和对比度

图 5-32　设置新闻图片的大小

6. 保存导出图片

在菜单栏中找到"文件"→"存储为",保存图片(如图 5-33)。

图 5-33　保存导出图片

7. 在网络内容管理系统发布新闻图片时配文字说明

二、网络动画新闻的编辑

网络动画新闻是记者和当事人在无法拍摄到新闻事件现场视频资料的情况下,为了更好地呈现新闻事件发生的完整过程,根据已有的文本用动画来进行模拟的报道形式。网络动画新闻,也就是 Flash 新闻,让传统静止的新闻漫画动起来,配上声音,幽默有趣,形象生动,深受广大网民特别是年轻人的喜爱。我国台湾地区的《苹果日报》提出并实践的"动新闻",是网络动画新闻的重要推动者,但由于以大量模拟动画方式报道性侵害、性骚扰、家暴等社会新闻,非常细致地模拟暴力、自杀等画面,引起社会的强烈批评。动画新闻在模拟新闻现场时加入了很多主观的想法,可能与事实有所偏差,因此,我们在制作动画新闻时不仅要避免出现真实性问题,还要避免出现伦理道德问题和法律问题。

在制作方面,我们需要用到一些软件,比如 Maya、3DMAX、Flash、AE 等动画视频制作软件。下面我们简单介绍用 Maya 和 AE 制作 Flash 新闻的过程。

1. 打开 Maya 软件,准备建模(如图 5-34)

图 5-34　打开 Maya 软件

2. 根据内容的需要,按照计划,进行建模(如图 5-35)

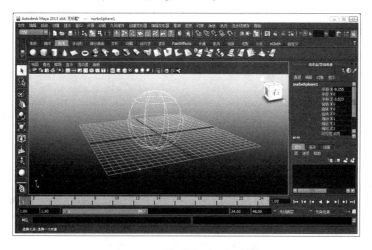

图 5-35　按照需要进行建模

3. 设置关键帧,建立动画(如图 5-36)

图 5-36　设置关键帧,建立动画

4. 渲染视图,导出文件(如图 5-37)

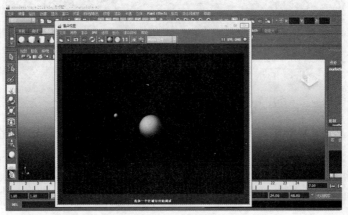

图 5-37　渲染视图,导出文件

5. 找到文件导入 AE 中(如图 5-38)

图 5-38　找到文件导入 AE 中

6. 在 AE 中进行进一步的编辑,完成后导出(如图 5-39)

图 5-39 在 AE 中编辑后导出

7. 在管理后台里面,编辑可以上传制作好的动画、Flash,并且对它们进行管理(如图5-40)

图 5-40 上传制作好的动画、Flash

三、网络音视频的编辑

随着流量、带宽的不断增加,网络音视频将越来越成为网络新闻报道的主要手段,也将日益成为最受网民欢迎的网络报道形式之一。各大新闻网站或商业门户网站都开辟了视频频道,也出现了一些自制品牌栏目,如腾讯社会文化脱口秀节目"天天看",原创高端访谈节目"大牌驾到";搜狐脱口秀节目"大鹏嘚吧嘚";凤凰网时事资讯节目"全民相对论""风暴眼""纵议院",文化访谈节目"易见""年代坊"等。

（一）网络视音频的编辑流程[①]

网络视音频的编辑流程主要有以下几步。

第一,对所要编辑的新闻素材进行全面的检查和观看,检查是否有重要的素材被遗漏,

---

① 柳泽花.网络新闻传播实务[M].武汉：华中科技大学出版社,2002：327—328.

并为下一步画面镜头组接做准备。

第二,审查和修改文字稿本,并将其与相应的画面相对照,删去一些与文字不相应的画面镜头,以达到画面、声音和字幕配合得当。

第三,编辑画面,将合适、精彩的镜头片段运用到新闻节目中去。视频新闻的镜头往往较简单,一般少则三至五个镜头,多则十多个镜头,而新闻专题片或大型纪录片往往有成百上千个镜头,编辑起来就比较复杂。

第四,运用电脑在画面上输入字幕。其内容包括新闻提要、各类新闻背景交代、人物对话等,以丰富画面的信息量。

第五,配解说词与音乐,注意文字、声音与画面的对应或同步。

第六,将新闻的文字部分、音频部分、视频部分分别编成独立的文件,这些文件的格式一般为 TEXT(文字部分)、WAVE、MP3、RA、WMA、AU(音频部分)、AVI、MPEG、MOV、RM/RMVB、ASF、WMV、FLV(视频部分)。容量过大的视频文件,要注意适度增加其压缩比。

第七,将新闻按一定的编排思想和编排方式的要求进行分类,编辑成专栏或组成专题等,然后再链接到主页中的特定频道,在网上发布。

(二)网络音视频的编辑操作步骤

网络音视频编辑软件比较多,主要有 Creative Wave Studio、Adobe Premiere、Adobe After Effects、Avid-Pinnacle、Apple Final Cut Studio。本书以 Adobe After Effects 编辑软件为例,介绍网络音视频编辑的主要操作。

(1)打开视音频编辑软件并导入素材。在菜单栏中找到"文件",在下拉菜单中找到"导入"→"文件"。将需要编辑的单个或多个素材导入视音频编辑软件中(如图 5-41)。

图 5-41　打开视音频编辑软件并导入素材

(2)将在项目面板中的素材拉到合成面板中,进行图像合成的相关设置,然后进行编辑(如图 5-42、图 5-43)。

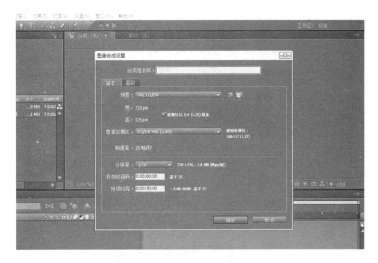

图 5-42 进行图像合成的相关设置

图 5-43 相关设置确定后开始编辑

(3) 在合成面板中可以对效果、音频等要素进行调整(如图 5-44)。

图 5-44 调整效果、音频等要素

（4）画面渲染设置。在菜单中找到"图像合成"，在下拉菜单中点击"制作影片"。选择相应的保存路径之后，准备开始渲染（如图5-45）。

图 5-45　画面渲染设置

（5）声音渲染设置。在正式渲染之前，在渲染面板找到"输出组件"，点击"无损"（如图5-46）。之后在"输出组件设置"中勾选"音频输出"（如图5-47）。

图 5-46　在"输出组件"中点击"无损"

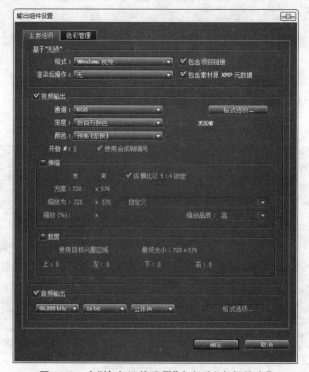

图 5-47　在"输出组件设置"中勾选"音频输出"

(6) 正式渲染输出(如图 5-48)。

图 5-48　正式渲染输出

四、数据新闻的编辑

(一) 数据新闻的现状

数据新闻(Data Journalism)又称数据驱动新闻(Data Driven Journalism)。它指的是对数据进行分析与过滤,从而创作出新闻报道的方式。[①] 虽然目前的数据驱动新闻发展并不成熟,但它的生命力不可小觑。近年来国际知名媒体《纽约时报》《卫报》《华盛顿邮报》《经济学人》、英国广播公司等纷纷推出了自己的数据新闻作品。欧洲新闻学中心(European Journalism Centre)和开放知识基金会(Open Knowledge Foundation)还共同开发了一本《数据新闻手册》(The Data Journalism Handbook),并为全球用户提供免费下载和使用。

我国商业门户网站和新闻网站也日益重视数据新闻的开发,如网易新闻频道的"数读"栏目是国内商业门户网站中数据新闻做得比较久也比较好的。这个栏目的口号是"在这里,我们用数据说话,提供轻量化的阅读体验"。该栏目将近期受众较为关注的信息,用数据图表的形式重新呈现。它也会配合当前的形势或热点,挖掘数据背后的新闻。另外,还有腾讯的"数据控""娱乐指数",新浪的"图解天下",搜狐的"数字之道",人民网的"图解新闻"等。此外,国内还出现了一些专业的数据新闻制作网站,如云图网(http://yuntuwang.net/)。

(二) 数据新闻的主要流程

(1) 主题选择。通常围绕当前一个热点话题或现象,确立编辑意图或主题倾向。

(2) 采集数据。围绕编辑意图,通过多种数据采集手段、渠道获得翔实丰富的数据。

(3) 分析数据。对所获取的海量数据进行去伪存真、去粗取精的筛选过程。

(4) 探索适当的表现形式。一般用到如下表现形式:用图形表现数值,包括条状、饼状、数量、面积、高(长)度、色彩、灰度、饱和度等;与相关事物相结合;加入实物场景等插画;时间的表现通常用时间轴形式,空间表现通常使用地图的形式。制作数据新闻可视化图表,不会单单使用一种表现形式,更多的是多种表现形式灵活并用。

(5) 设计与呈现。在设计的过程中,我们要注意以下几点:根据视线的流动,构建清晰的时空;以图释义,尽量避免用文字;操作简单,直观形象,阅读轻松。

(三) 数据新闻制作的主要步骤

目前,数据新闻的分析与可视化的不少工作都可以采用开放源代码的软件工具实现,如用于互动图表的 Google chart、Google map、IBM Many Eyes、Tableau、Spotfire;用于基于时

[①] 章戈浩.作为开放新闻的数据新闻——英国《卫报》的数据新闻实践[J].新闻记者,2013(6):7.

间顺序的时间线类作品的 Dipity、Timetoast、Xtimeline、Timeslide;用于基于地理信息的 Google earth、Quanum GIS;用于网络分析的 Spicynodes、VIDI、NodeXL;用于社交媒体可视化的 Storify;用于文本可视化即标签云的 Wordle、Tagxedo 等。① 下面我们简单介绍 Illustrator(AI)制作信息图的过程。

(1) 打开 AI 软件,设定尺寸,新建画布(如图 5-49)。

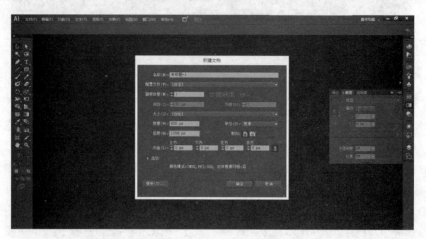

图 5-49　设定尺寸,新建画布

(2) 导入图片和文字(如图 5-50)。

图 5-50　导入图片和文字

(3) 根据内容需要,描绘所需图案(如图 5-51)。
(4) 把文字和图案结合起来,进行排版(如图 5-52)。
(5) 文件导出("文件"→"导出",选择保存类型为 jpg,点击使用画板,再点击"保存",设置颜色模式为 RGB,72ppi,确定后导出文件)(如图 5-53、图 5-54)。
(6) 保存原始文件("文件"→"保存"→"修改文件名"并将其保存为 ai 格式)(如图 5-55)。

---

① 章戈浩.作为开放新闻的数据新闻——英国《卫报》的数据新闻实践[J].新闻记者,2013(6):7.

图 5-51 根据内容需要,描绘所需图案

图 5-52 对文图进行排版

图 5-53 选择保存类型为 jpg

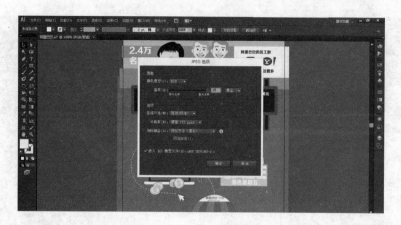

图 5-54　设置相关数据后确定导出文件

图 5-55　保存原始文件

五、H5 新闻的编辑

（一）H5 新闻的概念与特点

H5 是 HTML 第五代技术，全称是 Hyper Text Markup Language，即"超文本标记语言"。它是依托于互联网技术，整合多种信息的一种技术手段。"超文本"的页面内可以包含图片、链接，甚至音乐、程序等非文字元素，这使得 H5 能集应用、游戏、音频、视频、VR、动画、3D 等诸多功能于一体，同时支持移动设备端、PC 端。强大的交互性与兼容性为 H5 的发展提供了无限可能。

在 H5 技术支持下，H5 新闻以其自身的特性区别于传统新闻表现形式，其特点表现在以下三个方面。

1. 可视化

多种形式融合，化静为动，可视化增强。区别于传统新闻"文字＋图片"的报道形式，H5 将丰富多彩的图片、引人入胜的音频、切合主题的视频、生动有趣的动画等元素融为一体，从受众思维出发,去文本化,摆脱烦冗文字的堆叠,减轻受众在阅读过程中的压力,走多元可视化之路,呈现出扁平化效果[1]。

2. 交互性

信息传播者在使用 H5 制作新闻时更加注重用户体验,用户在设计出来的各个环节进行交互便能够获得新闻信息。双向互动可以大大调动用户的积极性,提升用户的参与性,让用户愿意主动点赞、转发,实现"裂变式"传播。《人民日报》"中央厨房"推出了《2017 两会"入场券"》H5 作品,进入界面后用户手动点击抢占屏幕中模拟的人民大会堂现场座位,随后界面跳转至两会现场开幕式直播。手机界面上方播放视频,下方则是观看者的留言弹幕,同时用户可以通过弹幕发送自己的观点和意见。

3. 线性呈现多元结构

H5 新闻具有传统新闻专题的聚合性特征,但是由于阅读终端以及页面呈现方式的限制,链接的相互访问与跳转会导致阅读流畅度大大下降。因此,H5 新闻区别于传统新闻专题的多链接树状层级结构,力求在单一页面中聚合多元内容。受众通过拖拽方式阅读的过程,即是 H5 新闻的线性结构层级展开的过程。由于受众在阅读过程中只需要通过简单的屏幕手势完成翻页动作,页面中没有多余的外链分散其注意力,因此相比于新媒体环境下大量的碎片化新闻形式,H5 新闻在受众点击进入后,拥有更加稳定的受众注意力。H5 新闻页面封闭性报道单元和线性层级的特征,使其在与受众的互动中拥有较强的引导性:受众往往跟随页面中的提示翻页而不断深入到下一层级的新闻内容中,这一优势使其能够在对新闻事件开展深度挖掘中把握受众持续的注意力与求知欲。因此,在线性呈现的形式下,H5 新闻得以在保持轻量化的同时开展多元结构的内容聚合。如:多角度、全方位地呈现新闻事件多维度的横向展开;以某一新闻事件为切入点层层递进解释某一社会问题的纵向展开;通过叙事语言进行的故事性展开等。[2]

(二)H5 新闻的发展现状

早期的 H5 主要被运用于营销和广告领域,大家使用的多是"图片+文字+音乐"的模式,主要是一些企业用于产品展示和会议营销等。从 2014 年开始,不少商业网站开始尝试用 H5 制作新闻,比如网易新闻制作的 H5 科技新闻《带你体验真实版"星际穿越"》,网友打开 H5 就可以扮演"旅行者一号",体验孤独的太空旅行,在浩渺宇宙中穿越,迅速在朋友圈形成刷屏之势。搜狐网的 H5 新闻报道《津门"爆"劫》,插入了文字、图片、音视频等元素,内容丰富,非常直观且有现场感,让人身临其境地感受天津爆炸事件。

近年来,一批制作 H5 的第三方平台的崛起(易企秀、人人秀、iH5 等)使 H5 有了模版可套用,无须掌握复杂的编程技术。任何网友都可以通过第三方网站随时随地地制作 H5,它不再是商业网站的小众"游戏",陆续有传统主流媒体尝试在新闻报道中运用 H5。2017 年,

---

[1] 王婉嫣. 可视化新闻生产中 H5 技术呈现的特点及不足——以 2017 年全国"两会"报道为例[J]. 声屏世界,2017(11):21—22.

[2] 黄恒. 移动互联网环境下的 HTML5 新闻编辑特点分析[J]. 新媒体研究,2017(23):79—80,98.

全国两会期间,中央人民广播电台推出的《央广主播朋友圈里都有啥?》《王小艺的朋友圈》等一系列 H5 新闻,巧妙地将两会内容与微信朋友圈相结合,在社交媒体上广泛传播,引发了各大媒体的争相模仿。如今,H5 技术已被各大媒体广泛运用于新闻报道中。而凭借其独特优势,H5 技术在将来还有很多运用空间。

（三）H5 新闻的制作步骤

在制作方面,我们需要用到一些软件来制作,比如、人人秀、iH5 等 H5 新闻制作软件。下面我们以"这四十年,中国人记忆深处的那些'进口货'"[①]为例,简单介绍用易企秀制作 H5 新闻的过程。

（1）打开易企秀软件,准备开始制作（如图 5-56）。

图 5-56　打开易企秀软件

（2）导入制作素材,此处以导入"图片"素材为例（如图 5-57、图 5-58）。

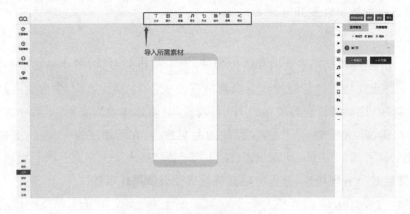

图 5-57　导入素材

---

① 这四十年,中国人记忆深处的那些"进口货"[EB/OL].[2019-01-16]. http://news.cyol.com/content/2018-11/10/content_17771948.htm

图 5-58　导入"图片"素材

（3）根据内容的需要，按照计划，进行细节的编辑与制作（如图 5-59）。

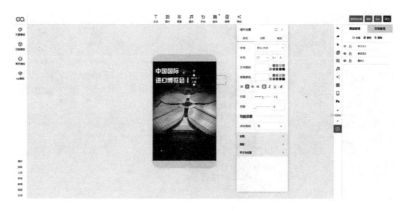

图 5-59　细节的编辑与制作

（4）第一页面制作完成后，可根据实际情况制作多个页面，添加的新页面制作方法与前一页相同，增添新页面方法如下（如图 5-60、图 5-61）。

图 5-60　添加新页面

图 5-61　添加成功

（5）预览制作完成的视频（如图 5-62、图 5-63）。

图 5-62　点击"预览和设置"预览视频

图 5-63　预览视频效果

(6) 制作完成,发布及分享 H5 新闻成品(如图 5-64)。

图 5-64 发布及分享视频

六、VR 新闻的编辑

(一) VR 新闻的概念与特点

VR(Virtual Reality),即"虚拟现实",是一种可以创建和体验虚拟世界的计算机仿真系统的技术。它利用计算机生成一种模拟环境,利用多源信息融合的交互式三维动态视景和实体行为的系统仿真,使用户沉浸到该环境中。2016 年被称为 VR 技术发展的起点年,它作为一种媒介工具,使我们足不出户,能对千里之外的事物感同身受,极大地加强和延展了我们人体的感知能力。同时,VR 技术也在信息生产形态的大融合中不断创新、变革,像"VR＋游戏""VR＋绘画""VR＋影视"等"VR＋传统行业"的模式开始火爆。其中,"VR＋新闻"的模式是以虚拟现实输出设备为载体传播新闻作品,该模式可以为受众提供沉浸式虚拟互动体验。VR 技术让新闻可听、可视、可感,给用户带来身临其境的感觉。VR 新闻完美融合了声音、文字、图片、影像、互动和体感等信息,打破了受众阅读新闻的媒介局限,使其不再局限于文字、图片或是视频画面报道。[①]

1993 年,美国科学家提出了 VR 技术的三个显著特征:交互性(Interaction)、沉浸性(Immersion)和想象性(Imagination)。这三个显著特征也被称为虚拟现实技术的"3I"特性。VR 新闻以其自身特性区别于传统新闻样式,其基本特点表现在以下三个方面。

1. 在场感

在场感是虚拟现实新闻的最大亮点。虚拟现实新闻让受众进入到模拟的三维立体新闻发生现场,不仅在听觉、视觉、触觉、嗅觉等感官系统上真实地感应新闻现场,甚至在心理、情绪、情感上都能产生感应。在这种传播接受过程中,受众是"在场""参与"和"体验"的状态,受众与新闻事件实现了全方位无缝对接。可以说,这是一种全新的阅读体验方式——身临

[①] 宋林燕.浅论VR新闻的报道模式与未来挑战[J].新闻研究导刊,2016(24):84—183.

其境的"在场"体验,不再是单向地接受平面化叙事符号。通过感官系统的刺激和感应,受众可以全方位、立体、真实的体验新闻事件。

2. 客观性

虚拟现实新闻在叙事时选取的是"第一人称"叙事视角,这个"第一人称"视角,不是指新闻制作人的视角,而是指新闻事件中当事人的视角。受众看到的是一个被高度还原、未经处理的新闻现场,受众接收到的是一个某种意义上真实的新闻文本,这是一种新闻事件的"自我绽放"式的叙事。比如,美国的CNN用虚拟现实技术实时报道美国总统大选辩论演讲现场,这种政治色彩极强的新闻报道尤其注重其真实性。虚拟现实新闻通过360度全景呈现竞演现场。这种呈现是客观的,不加人为处理的,而传统的新闻报道通过镜头切换、景别选择、角度不同等方式影响着竞演的真实性,镜头切换、景别、角度等都是传统新闻报道的媒介要素,虚拟现实新闻正是去除了这些媒介要素,弱化了媒介要素的影响,客观地还原新闻事件。

3. 自主性

自主性是VR新闻的另一大特点,主要体现在VR新闻传播接收的过程中。在传统新闻报道中,新闻报道通常通过叙事线索的安排、镜头切换、景别和角度的选取等控制受众。在这种引导和控制下,新闻往往不能被全方位、客观地呈现,受众对新闻事件的把握与感知也受到很大的影响。而VR新闻通过多个VR摄像头同时作业,多角度呈现新闻事件,观众可以运用设备自主选择视角、景别来观看,从而使得观看行为似乎变成了参与行为。因此,在虚拟现实新闻中,受众被置身于众多的信息流之中,可以自由选取切入新闻事件的视角,根据自身的认知水平、喜好、个人习惯等获取信息、解读信息。

(二) VR新闻的发展现状

VR技术涉及的领域广泛,而在新闻传播中的应用还得追溯到2013年美国甘尼特公司旗下制作的《德梅因纪事报》,首次利用VR技术向受众呈现新闻事件报道。但让VR技术在新闻传播领域活跃起来的,是2015年11月《纽约时报》发布的首个VR纪录片《流离失所》,该片讲述了逃亡至黎巴嫩的儿童难民以及南苏丹和乌克兰的无家可归者的生活。

我国媒体也敏锐地捕捉到了VR技术对新闻报道的补偿性作用,积极运用新技术实现新旧媒介之间的融合。2015年,《人民日报》制作的"9·3"大阅兵VR全景视频拉开了国内VR新闻的序幕,激动人心的阅兵现场在VR技术的帮助下浮现眼前。同年,深圳的滑坡事件牵动了不少人的心,新华社在此次报道上采用了VR全景视频,使受众仿佛亲临"第一现场",目睹事故发生以及救援场景,其震撼性非文字和图片所能及。2018年两会中除了VR技术的使用,新华社客户端还加入了AR新闻报道,受众通过扫描二代身份证便可以更具科技感的方式看到政府工作报告。可以看到,传统媒体正在借助VR技术实现有益的尝试,VR技术正在使新闻生产方式产生变革。[①]

---

① 周文杰,王瑜.VR技术对传统新闻传播的补偿性解读[J].科技传播,2018(16):1—8.

运用 VR 技术进行新闻生产的浪潮正在兴起，而其中也有许多问题亟待探讨。一是我国 VR 新闻技术处于初期发展阶段，与传统新闻节目制作相比，在设计、制作方面价格高昂，拍摄难度大，需要耗费巨大的财力、人力和时间。二是 VR 技术本身以视觉呈现为主要信息传播方式的特质限制了新闻的选题。当前大多 VR 新闻选择简单浅显、偏向于娱乐性的新闻，如娱乐体育赛事报道、轻松的社会新闻、现场展示性报道等，在总体质量上水平不是很高。三是 VR 独特的制作方式可能会带来叙事者（如记者）的存在进一步被削弱，最终演变为"导演"产物等叙事方式上的冲击性问题。四是由于 VR 新闻在话语上将"虚拟"置于"现实"之前，使影像技术与真实性之间矛盾的公开化。面对新闻伦理，VR 新闻的"真实性"成为一个重要的讨论话题。

（三）VR 新闻的制作步骤

在制作方面，我们首先需要使用带有全景功能的相机拍摄好全景图片或视频，再用一些 VR 软件来制作 VR 新闻，比如 Fader、C4D、Storyboard VR 等。下面我们简单介绍用 Fader 制作 VR 新闻的主要步骤。

（1）打开 Fader 软件，准备好制作素材（如图 5-65）。

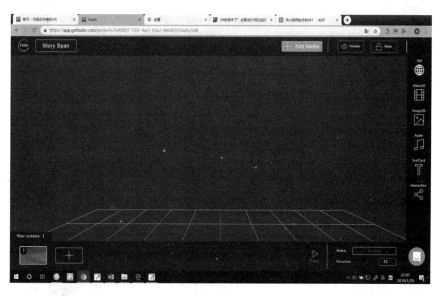

图 5-65　打开 Fader 软件

(2)导入前期拍摄好的全景素材、音频等(如图5-66、图5-67)。

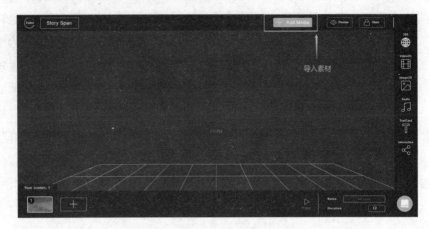

图 5-66　点击"Add Media"导入素材

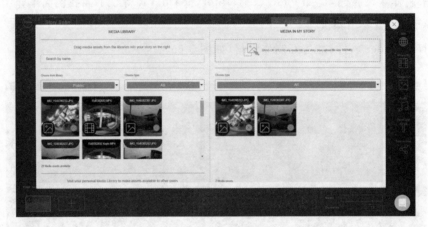

图 5-67　导入素材

(3)根据内容的需要,按照计划,进行细节调整(如图5-68)。

图 5-68　细节调整

(4)添加音频、文字等，完善视频内容(如图5-69)。

图 5-69　添加音频、文字

(5)预览制作完成的视频(如图5-70、图5-71)。

图 5-70　点击"ViewStory"预览视频

图 5-71　预览视频效果

（6）制作完成，保存及分享视频（如图 5-72）。

图 5-72　保存及分享视频

第五节　网站内容管理系统

一、网站内容管理系统简介

内容管理系统（CMS）是一种介于 Web 前端（Web 服务器）和后端办公系统或流程（内容创作、编辑）之间的软件系统。内容的创作人员、编辑人员、发布人员使用内容管理系统来提交、修改、审批、发布内容。这里的"内容"可能包括文件、表格、图片、数据库中的数据甚至视频等一切想要发布到 Internet、Intranet 以及 Extranet 网站的信息。

每一新闻网站都会开发或选择适合自身的网站内容管理系统，尽管在界面的设计方面可能会有所不同，但是功能与操作的方法是相似的。目前在市场中销售的内容管理系统有很多，如蓝太平洋 VISCMS、方正翔宇 ICS CMS、北方网 CMS、帝国 CMS、织梦 CMS 等。

二、网站内容管理系统的构成——以方正翔宇 ICS 网站内容服务系统为例

（一）用户管理子系统

用户管理子系统是管理用户的系统，其功能就是对用户的使用权限进行一个设定。在方正 ICS 系统中，权限分为 12 类：记者、编辑、图片编辑、预签、签发、页面制作、分类管理、广告制作、广告签发、热字管理、版本监控、用户管理。

记者：在原稿库中写稿。

编辑：在编辑库中写稿和改稿。

图片编辑：修改图片库中的稿件。

预签：签发到版面中，可预览显示，但如要正式发布则需要有签发权限的用户签发。

签发：拥有签发权限的用户签发后正式发布的稿件。

页面制作：新建、修改页面。

分类管理：对内容的栏目进行管理。

广告制作：设计并设定其在网站中的具体位置。

广告签发:拥有签发权限的用户决定是否正式发布广告。
热字管理:设置、修改热字分类及热字。
版本监控:查看一篇稿件的整个制作流程,以便在出错的情况下追究责任。
用户管理需要注意以下三方面的事项。
(1) 新增用户管理(如图 5-73)。

图 5-73　新增用户管理

(2) 系统用户组管理:可以对每个用户组的人数和权限进行相关设置(如图 5-74)。

图 5-74　系统用户组管理

(3) 用户权限的相关设置(如图 5-75)。

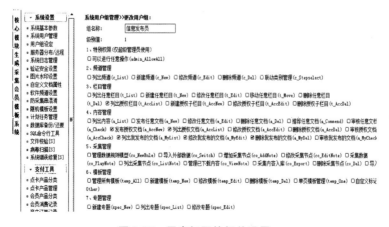

图 5-75　用户权限的相关设置

（二）模板编辑子系统

把已经制作好的HTML页面通过发布系统形成模板页面，这个过程被称为套入发布系统，套入发布系统的关键是制作和编辑模板。在方正的系统中，模板的制作与编辑是通过普通组件和高级组件来完成的。普通组件就是可视化的界面操作，可见即可得；高级组件需要编辑HTML。一般整个网站内的每个板块的风格都是相同或相似的，这就得益于模板的使用。在模板制作完之后，需要修改什么，可以直接在模板中修改，这既节省了大量的时间成本和人力成本，也为新闻的及时发布赢得了更多的时间。

模板管理简易操作步骤如下。

(1) 在管理后台点击模板模块，会出现模板的管理界面（如图5-76）。

(2) 如图5-76所示，在页面右侧的操作栏中，我们可以对已经使用的模板进行修改和删除的操作。点开后，我们可以看到具体的模板，并在里面进行修改。修改完成后保存即可（如图5-77、图5-78）。

模板管理

文件名	文件描述	修改时间	操作
当前位置： 核心模板 > default			[默认模板目录]
article_shop.htm	商品模型内容页模板	2012-10-29 16:58	[修改]
list_infos.htm	分类信息列表模板	2012-10-29 16:58	[修改]
singlepage.htm	单独页面模板	2012-10-29 16:58	[修改]
index_default_sg.htm	默认单表模型频道封面	2012-10-29 16:58	[修改]
article_article2.htm	随机文章内容页模板2	2012-10-29 16:58	[修改]
list_spec.htm	默认专题列表模板	2012-10-29 16:58	[修改]
article_image_new.htm	未知模板	2012-10-29 16:58	[修改] | [
ajaxfeedback.htm	Ajax评论模板	2012-10-29 16:58	[修改]
list_soft.htm	默认软件列表模板	2012-10-29 16:58	[修改]
taglist.htm	特定标签内容列表模板	2012-10-29 16:58	[修改]
article_soft_frame.htm	软件内容页模板框架版	2012-10-29 16:58	[修改]
infosw9_list.htm	默认图文资讯列表页	2012-10-29 16:58	[修改]
index_default.htm	默认频道封面	2012-10-29 16:58	[修改]
article_article_frame.htm	文章内容页模板框架版	2012-10-29 16:58	[修改]
article_article1.htm	随机文章内容页模板1	2012-10-29 16:58	[修改]
list_default_sg.htm	默认单表自定义模型列表模板	2012-10-29 16:58	[修改]

图 5-76　模板管理层面

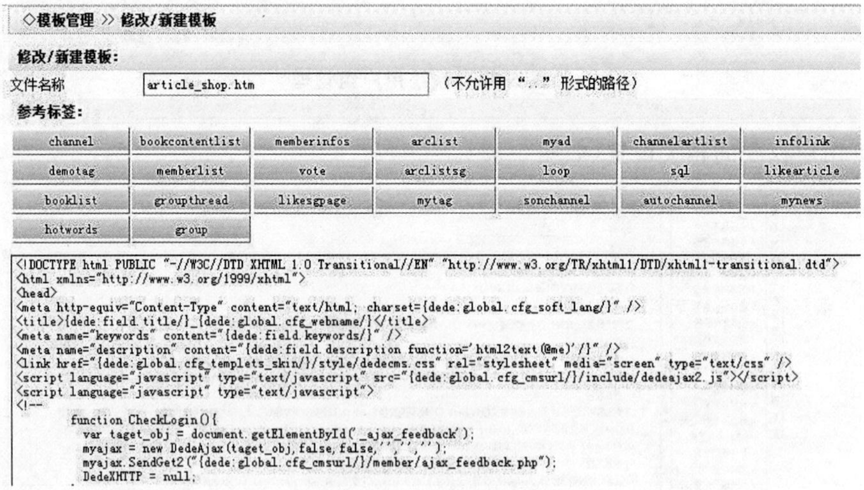

图 5-77　修改和删除有关模板

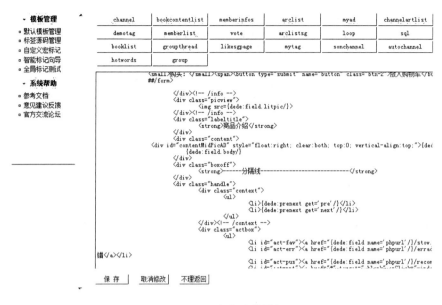

图 5-78 保存修改的模板

（3）同时我们也可以新建和上传新的模板（如图 5-79、图 5-80）。

图 5-79 新建新的模板

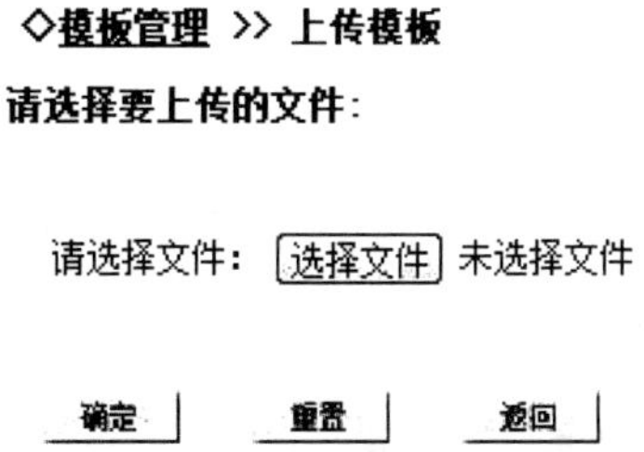

◇ 模板管理 >> 上传模板

请选择要上传的文件：

请选择文件：[选择文件] 未选择文件

[确定] [重置] [返回]

图 5-80 上传新的模板

（三）分类管理子系统

分类管理子系统是进行分类管理的系统，它可以即时、动态地增加、减少、修改栏目和板块，同时也可以更改类别的顺序从而修改相应栏目或板块在网页中的出现顺序。

在 ICS 中，每个类别对应着一个节点，整个结构与树状图相似。每一个节点在系统中都是唯一存在的，每一个节点都有自身的参数可以修改。相关参数包括：节点 ID、节点名称、节点类型、节点发布时间、节点过期时间、选用模板、节点下的文章模板、前缀图标、后缀图标、节点图标、节点的 Logo 图、是否显示文章列表、显示文章最大个数等。

1. 栏目管理

内容管理系统中网站的栏目管理界面操作事项有以下几个。

（1）编辑可以进行预览、内容管理、增加子类、更改、移动和删除的操作（如图 5-81），同时也可进行增加顶级栏目、批量增加栏目、更新栏目缓存以及更新栏目 HTML 的操作（如图5-82）。

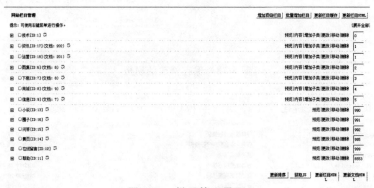

图 5-81　栏目管理界面

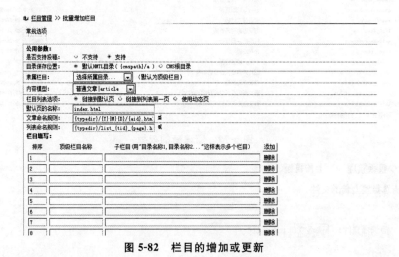

图 5-82　栏目的增加或更新

（2）增加栏目：要完成栏目的添加，需要完成常规选项、高级选项和栏目内容三项信息的填写，最后单击"确定"键完成（如图 5-83、图 5-84、图 5-85）。

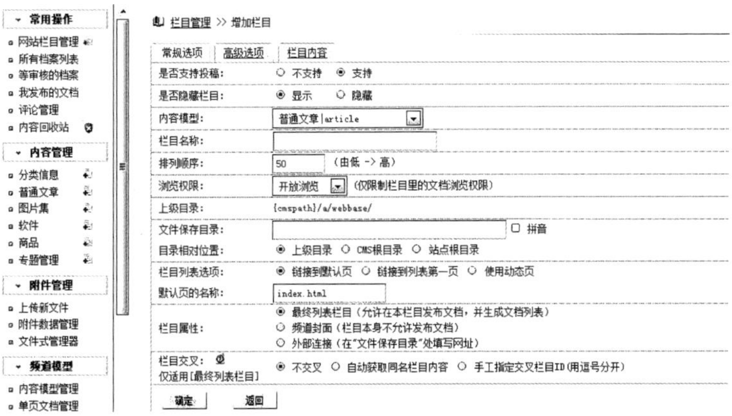

图 5-83　增加栏目时常规选项的设置

图 5-84　增加栏目时高级选项的设置

图 5-85　增加栏目时栏目内容的设置

(3) 在底部,我们也可以看见“更新排序”的按钮,编辑可以调整每个栏目的出现顺序(如图 5-86)。

图 5-86　栏目的“更新排序”

2. 模块管理

除了对栏目进行管理外,我们也可以对模块进行管理。模块管理时首先要做的就是在管理后台点击模块一栏。编辑可以对现有的模块进行修改删除,也可以上传新的模块。

(1) 模块的修改、删除。编辑需要完成模块名称、语言编码、封装类型、模板识别码、开发团队、发布时间、后台管理菜单等信息内容的填写(如图 5-87)。在模块管理栏点击“模块修改”即可(如图 5-88)。

模块管理

模块管理 > 模块列表:　　全部 | 模块 | 模板 | 小插件

模块名称	发布时间	开发团队	编码	类型	模块状态	管理
手机WAP浏览	2008-11-12	织梦官方	utf-8	模块	未安装 安装	使用说明 | 详细 | 修改 | 删除
友情链接	2008-07-01	织梦官方	utf-8	小插件	未安装 安装	使用说明 | 详细 | 修改 | 删除
小说模块	2009-12-01	织梦官方	utf-8	模块	未安装 安装	使用说明 | 详细 | 修改 | 删除
百度结构化数据提交插件	2014-01-08	织梦官方	utf-8	小插件	未安装 安装	使用说明 | 详细 | 修改 | 删除
邮件订阅	2010-03-25	织梦官方	utf-8	模块	未安装 安装	使用说明 | 详细 | 修改 | 删除
百度新闻	2008-11-19	织梦官方	utf-8	小插件	未安装 安装	使用说明 | 详细 | 修改 | 删除
xml网站地图	2010-10-21	joyphper	utf-8	模块	未安装 安装	使用说明 | 详细 | 修改 | 删除
圈子模块	2009-07-17	织梦官方	utf-8	模块	未安装 安装	使用说明 | 详细 | 修改 | 删除
幻灯广告	2011-05-03	Martin 工作室	utf-8	小插件	未安装 安装	使用说明 | 详细 | 修改 | 删除
问答模块	2011-02-08	织梦官方	utf-8	模块	未安装 安装	使用说明 | 详细 | 修改 | 删除
文件管理器	2008-11-13	织梦官方	utf-8	小插件	未安装 安装	使用说明 | 详细 | 修改 | 删除
黄页模块	2008-11-28	织梦官方	utf-8	模块	未安装 安装	使用说明 | 详细 | 修改 | 删除
站内新闻	2008-11-19	织梦官方	utf-8	小插件	未安装 安装	使用说明 | 详细 | 修改 | 删除
留言簿模块	2009-7-01	织梦官方	utf-8	小插件	未安装 安装	使用说明 | 详细 | 修改 | 删除
挑错管理	2008-11-19	织梦官方	utf-8	小插件	未安装 安装	使用说明 | 详细 | 修改 | 删除

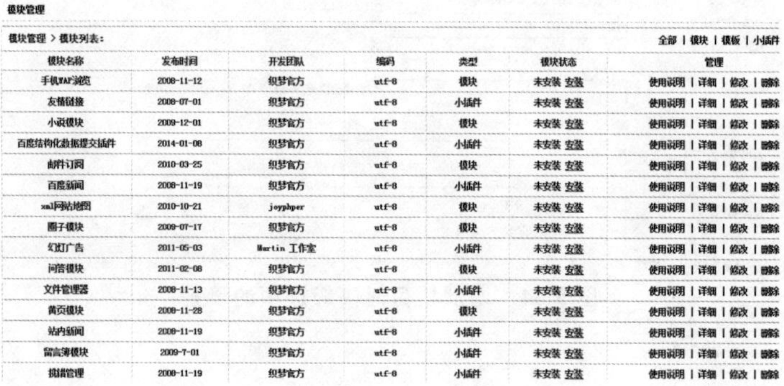

图 5-87　完成相关信息内容的填写

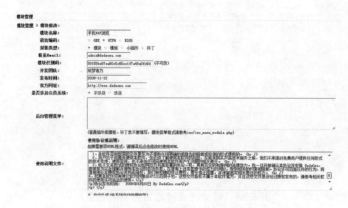

图 5-88　模块的修改、删除

（2）新模块上传（如图 5-89）。

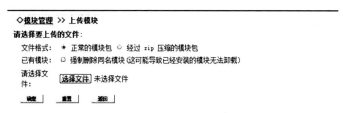

图 5-89　新模块上传

（四）编辑管理子系统

编辑管理子系统是供编辑记者在后台对新闻信息进行输入、查询、修改、删除等功能的系统。它是记者写初稿、编稿及编排页面的主要场所，经过该系统处理的稿件将进入发布子系统，由具有签发权限的管理者签发上网。

编辑管理系统的界面与 Word 等软件的界面十分相似，编辑的功能也十分类似，但也有一些特别的功能：如，热字检查、敏感字检查、批量增加水印等。同时编辑也要完成文章内容的常规信息和高级信息填写，包括发表单篇文章（如图 5-90）、发表多篇文章（如图 5-91）、广告信息的内容管理（如图 5-92、图 5-93）。

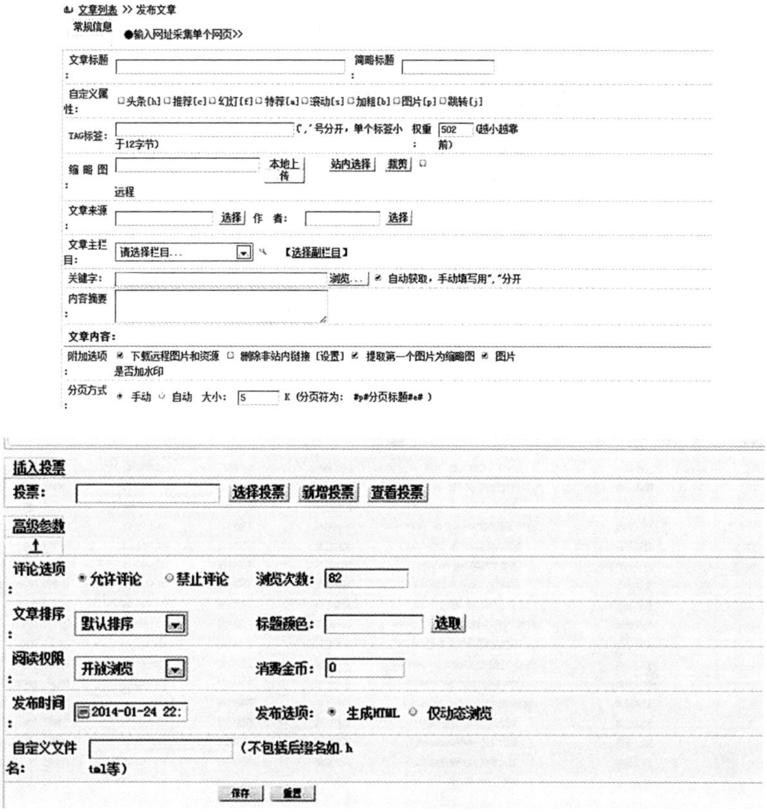

图 5-90　单篇文章的内容管理

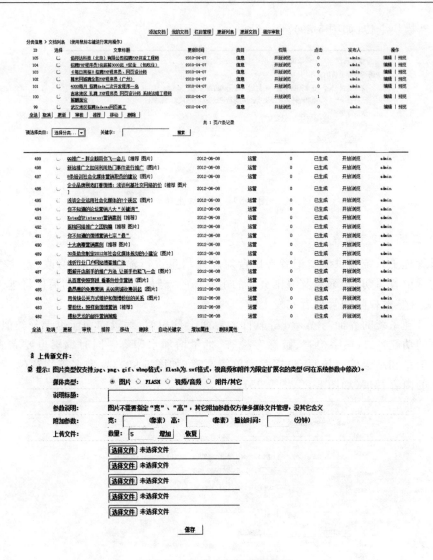

图 5-91　多篇文章的内容管理

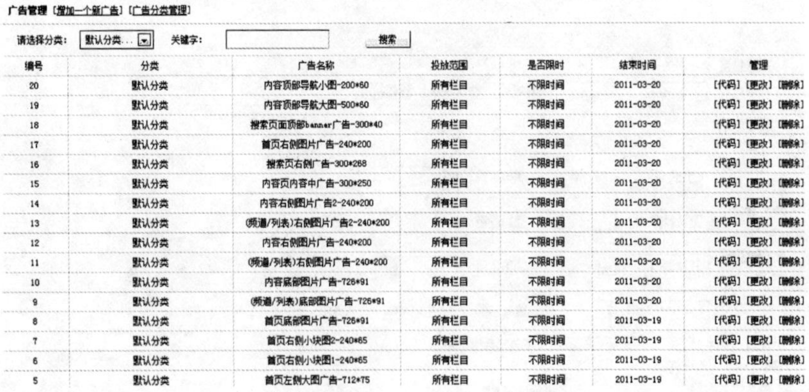

图 5-92　点击广告管理栏目,编辑在此界面可以新建广告,也可以修改、删除已发布的广告

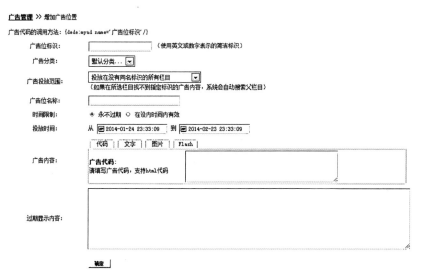

图 5-93 新建一个广告，完成下面的信息填写即可

编辑管理子系统的主要板块有以下几个。

1. 文章管理

系统中的文章管理功能与 Word 相似，其基本功能有：打开，存储，查找，复制文本或对象，剪切文本或对象，粘贴文本或对象，图片编辑，插入表格、超链接、视频、图片等多媒体功能。可以说，文章管理系统功能比较强大，操作也比较方便，这极大地提高了编辑效率。

（1）文章的文本编辑（如图 5-94、图 5-95）。

（2）图片集的编辑（如图 5-96）。

（3）发布之后，后期的管理操作界面（如图 5-97）。

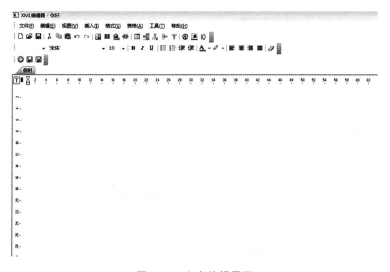

图 5-94 文本编辑界面

图 5-95 文本编辑菜单

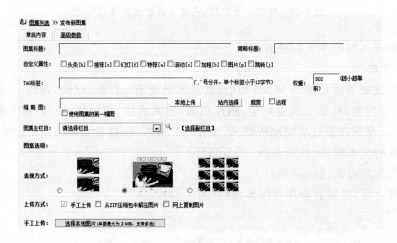

图 5-96 图片集的编辑

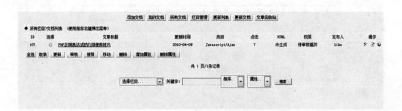

图 5-97 后期的管理操作界面

2. 互动管理

互动管理指对论坛、投票等与网民互动的活动进行管理。在互动管理的过程中,可能会直接面对网友,所以需要注意语气和用语。在管理过程中,要收放适度。对于违反原则的活动,编辑要马上删除;除此之外,编辑要发挥创造力,鼓励网民参与到相关的互动活动中来。在管理后台时,编辑可以采用设置禁用词语、替换词语等手段规范网友的互动(如图 5-98)。

图 5-98　互动管理中设置禁用词语、替换词语等手段

（1）论坛圈子管理。

第一步,点击"圈子管理"。编辑可以对相应的论坛进行关闭、编辑、删除、留言、列表功能（如图 5-99）。

图 5-99　论坛圈子管理

如果要创建一个新的论坛,需要完成基本资料的填写。之后,编辑也可以进行成员管理、留言管理和公告管理（如图 5-100）。

图 5-100　创建一个新的论坛

在成员管理一栏，编辑可以对用户进行移除处理，当然也可以设定管理员（如图5-101）。

图 5-101　成员管理界面

第二步，管理论坛内的内容。对于单篇帖子，编辑可以删除、关闭、加精和置顶（如图5-102）。

图 5-102　管理论坛内容的界面

（2）投票管理。

第一步，点击投票管理栏目。编辑在此界面可以修改、删除已发布投票，也可以新建投票（如图5-103）。

图 5-103　投票管理界面

第二步，点击"增加一组投票"按钮，完成下面的信息填写。完成即可发布（如图5-104）。

图 5-104　增加投票的界面

(3)邮件订阅(如图 5-105)。

图 5-105　邮件订阅界面

3．评论管理

评论管理指对网友的评论进行审查、修改、删除等操作,将违反我国相关法律法规、涉嫌低俗色情的评论进行删除操作。在评论管理功能下,编辑可以删除相同 IP 的所有评论、删除评论以及审核评论(如图 5-106)。

图 5-106　评论管理界面

4．文章审核

文章审核包括两个方面,一个是网站本身发布的文章,另一个是网民发布的文章(如图 5-107)。网站文章的审核在发布之前已经经过了几重审查,所以存在的问题较小。但是如果在发布之后引发了巨大的争议,编辑要对文章进行重新审核,特别是涉及敏感话题的时候。而对于网友发布的文章,审核的难度较大,因为涉及的内容和范围都比较广。但编辑也要严格执行相关的规定,尽可能保证对所有文章进行审核。

图 5-107　文章审核界面

5．文章抓取管理(海量抓取)

网站的内容管理系统有文章的抓取功能,因为网站内大多数新闻都是转载传统媒体的新闻,所以文章抓取系统会每隔一段时间对合作的媒体所发布的文章进行搜索和抓取,确保能在第一时间抓取到最新的新闻并及时发布。由于抓取来源较多,抓取的内容也较多,我们需要对这些信息进行分类管理。文章抓取的主要步骤如下。

第一步,点击采集栏(如图5-108)。

图 5-108　点击采集栏

第二步,点击"增加新节点"之后需要选择内容模型(如图5-109)。

图 5-109　点击"增加新节点"后选择内容模型

第三步,点击"确定"之后,设置基本信息及网址索引页规则(如图5-110)。

第四步,完成信息填写。特别是设置引用的网址以及搜索信息的时间间隔(如图5-111)。

第五步,完成后确定。然后进行测试基本信息及网址索引页规则设置,此时即完成设置(如图5-112)。

图 5-110　设置基本信息及网址索引页规则

图 5-111　设置引用的网址以及搜索信息的时间间隔

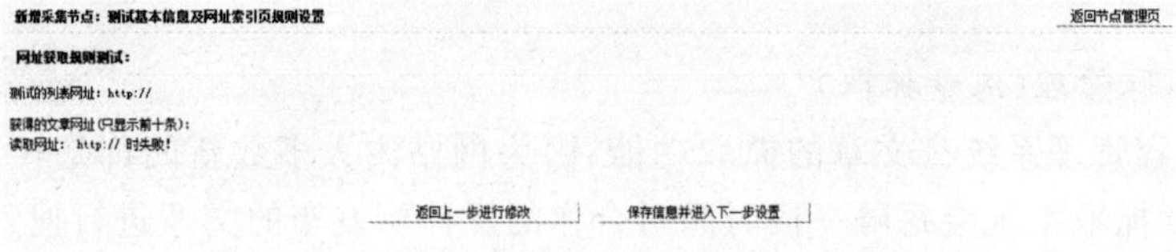

图 5-112　测试基本信息及网址索引页规则设置

在监控采集模式下,编辑可以实时对信息的抓取进行管理。在此页面下,编辑可以管理相关的节点、查看已经下载的信息和导出数据(如图 5-113)。

图 5-113　监控式采集界面

6. 统计分析

统计分析是指对网站内容、发布量、点击量、流量等数量信息进行采集和分析。这些信息能够在一定程度上反映新闻产品的质量,是网站盈利的数据基础,同时也是衡量编辑工作能力的关键数据。

如图 5-114 所示,管理后台就对编辑的绩效进行了统计,包括每季度、当月、近七天和当天的点击量。

图 5-114　统计分析界面

三、内容管理系统的动态页面制作——以帝国 CMS 为例

(1)目标页面:以云图网某页面为制作目标[①](如图 5-115)。注:HTML、CSS 以及 CMS 的安装都不在本教程之内,请自行查阅相关知识。

图 5-115　以云图网某页面为制作目标

(2)准备添加内容模板(如图 5-116)。安装、登录 CMS 之后点击"模板"首选项。在侧边栏选择"管理内容模板"。在出现的新页面上点击右上角的"增加内容模板"选项。

---

① 云图网某页面[EB/OL].[2014-05-20].http://yuntuwang.net/xxt/2014-05-12/1810.html

图 5-116　添加内容模板

（3）设置内容模板的内容，即目标页面的静态部分（如图5-117）。由于云图网是图片网站，因此选择"图片系统模型"。

（4）重点是运用好CMS的优势——用字段调用数据库内容，动态变化的部分只需要用字段代替即可，如标题——[！-title--]，发布时间——[！--newstime]等（如图5-118）。重点是在下方点击"显示模板变量说明"，展开"模板变量说明"面板。找到"字段名"的选项，点击"这里"可查看。把字段名输入到内容模板里即可实现调用数据库内容。

图 5-117　设置内容模板的内容

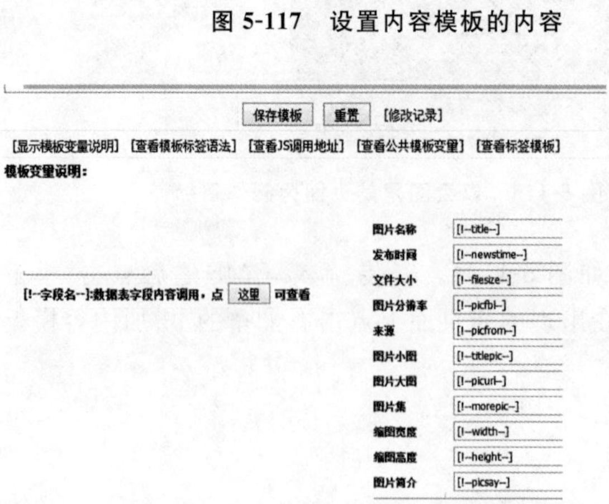

图 5-118　用字段调用数据库内容

（5）内容模板设置好后，就要增加一个栏目存储在这些内容页（如图5-119）。内容页设置好后依次点击：首选项"栏目"——"栏目管理"——"管理栏目"。选择"增加栏目"选项，增加一个可以调用刚才创建模板的栏目。需要注意的是，"是否终极栏目"选项表示终极栏目才可以添加内容，绑定图片系统模型才可以使用图片类型的模板，"所属内容模板"可调用刚才创建的内容模板。

图 5-119　增加栏目以调用内容模板

（6）栏目、内容页都做好了，就可以点击"增加信息"选项，录入相关信息（如图5-120）。

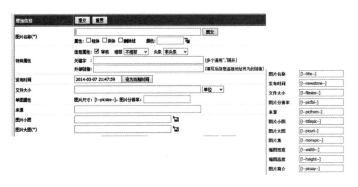

图 5-120　在创建的栏目或内容页中录入信息

（7）根据需要录入目标页面的相关信息，包括标题、关键字、来源、图片（通过上传）、简介等信息（如图5-121）。

图 5-121　根据需要录入相关信息

(8) 完成目标页面的制作。此时,可以发现目标页面动态变化的地方都是刚才设置字段的地方(如图5-122)。

图 5-122　完成目标页面的制作

四、网站内容管理系统的选择要求

目前市面上的网站内容管理系统有很多,我们主要根据下面五条原则来选择系统。[①]

1. 系统是否稳定、快捷

对于新闻媒体而言,他们要与时间赛跑,争取最早发布新闻。因此,内容管理系统首先必须稳定,不能时常出现问题,导致无法发布、修改新闻信息。其次界面设计要简洁、使用要快捷,能让重要的信息在第一时间发布出去。

一个具有稳定性能的信息发布系统应满足以下要求。

(1) 同时允许100个客户端程序运行。

(2) 单篇稿件数据总量不低于10000个汉字。

(3) 单篇稿件的稿件入库、修改、签发时间≤3秒。

(4) 单篇稿件页面合成时间≤6秒。

(5) 稿件列表签发时间≤8秒。

2. 系统是否支持远程编辑

远程编辑对于新闻媒体而言是十分重要的,有时记者在外地采访写稿,如果记者上网就能直接登录系统并在里面写稿的话就能大大节约时间成本。这能提高工作效率,并且使系统的利用率提升,调动所有的力量参与到内容管理系统的编辑和开发。

3. 系统是否支持广告管理

广告管理是指对广告信息进行编辑、修改、更换以及广告位的放置等。不同网站对这一项功能会有不同的需求。但目前新闻网站的收入来源主要是广告收入,因此这项功能就十分必要。

4. 系统编辑功能是否强劲

系统编辑功能要能够不断升级,目前除了最简单的文字编辑外,内容管理系统还必须能

---

① 秦州,王月苏.网络新闻编辑学[M].上海:复旦大学出版社,2007:138—139.

快捷地编辑图片、Flash 动画、视频、超链接等多媒体信息内容。同时还要支持多种网站编辑语言。

5. 系统是否支持 Dreamweaver 及是否有丰富的组件

因为 Dreamweaver 是当今较为主流的网页设计软件,很多模板和网页设计效果都是通过它来完成的,所以网站内容管理系统能否与这个软件相互支持就显得十分重要。目前网站为了迎合受众的需求,在网站的设计方面下足了功夫,希望能够吸引受众的眼球。因此,提供相关高级的组件是十分必要的,这样能更好地实现受众的需求。

第六节 社交媒体编辑与运营管理

近年来,由于微博和微信成为广受网民欢迎的社交媒体,与此同时,通过官方微博、微信公众账号传播出来的虚假新闻、低俗新闻也日益增多。因此,如何管理好官方微博和微信公共账号的新闻传播,塑造和维护好官方微博、微信公众账号的品牌形象,成为目前网络编辑中一项非常重要的工作。

一、媒体官方微博的编辑管理[①]

1. 加强微博矩阵的推广力度

当前很少有媒体在其官网上开设微博专栏,对其旗下的微博进行统计和梳理,方便读者关注。即使是在官方微博上也甚少与旗下的其他微博互动,"各自为政"很难形成合力。相反,国内的门户网站,如新浪、腾讯的新闻频道在这方面做得比较好,在新闻报道后面都附有读者可能感兴趣的微博推荐,力求有更多的读者进入微博平台。国内报纸微博的信息分享功能还没有被充分挖掘。因此,一方面,媒体的官方微博要对媒体矩阵进行推介;另一方面,采编团队要活跃,在新闻报道中表现出专业性,形成自身影响力,然后反哺于母媒体。

《南方日报》在线版的编辑团队,善于在微博上寻找素材,发现微博上流行的各类热点话题,然后汇聚到报纸上加以放大。其作为《南方日报》下的一个版面也在新浪平台上开设了微博,进行各种采访工作。但目前,该团队也存在严重的问题。由于记者资源不足,整个编辑团队仅由两个编辑主导,微博仅被作为采访工具使用,内容单薄且长期无人更新。母媒体《南方日报》对此也没有加以重视和推广,使在线版微博的"粉丝"量一直维持在五十左右,影响力与母媒体不可同日而语,这种情况长久下去也将影响母媒体的品牌形象。

2. 挖掘账号简介的实际功能

国内外媒体在账户简介上都不忘留下官网链接,但这些媒体一般只留下了官网地址和联系方式,账号简介的实际功能还没有被完全发掘出来。最完善的简介一般应首先说明媒体的内容、目标读者以及母媒体的官方网站地址;其次,留下订阅、反馈、报料的联络方式,最好包括电话、邮件、QQ、微博等,便于用户互动。《华盛顿邮报》在这方面做得比较出色,它在说明定位的同时,不忘推广矩阵且在简介中告知"粉丝"互动的途径,甚至还在账号简介中标明该官方微博幕后的管理者是@tjortenzi 和@katierogers。

除此之外,让微博成为记者编辑与用户对话、互动的通道也是一个重要方面。比如在事

---

① 罗昕.新闻网站新媒体创新应用能力评价[M].昆明:云南人民出版社,2013:86—87.

件报道中,应通过微博让用户贡献智慧。比如用微博来征集提问,获取新闻发生地微博网友的支持。在微博中预告即将刊发的重大新闻,推动母媒体销量和网站点击量。记者编辑和媒体微博应该开发私信功能,便于读者爆料。新的产品也可以放到微博平台来测评用户的接受程度。除此之外,还应建立微群,并活跃微博。

3. 保持传统媒体的角色定位

微博很难建立"第二审核"机制,因此建立明确、可操作性强的微博实用指南很重要。传统媒体在微博上应保持专业性、严谨性等角色定位,对虚假、失实等信息进行把关。

当下大部分传统媒体的官方微博仅仅由一个编辑进行操作,而非一个团队,可是网民们仍然会把官方微博发出的声音当作是媒体自己的声音,而非某一个编辑的声音。这就要求他们不可以像一般博主那样随心所欲。随着传统媒体微博的逐步完善,媒体必须对自己的微博进行团队式管理,这不仅涉及媒体自身的利益,如发布和传播新闻信息的权威性及自身公信力的塑造,也涉及对新闻发布"把关"问题等。官方账户发布与回应的任何信息都应体现官方的立场或态度,这就需要谨慎行事,应该组织一个专门管理微博的团队,重视微博平台的作用。

报道的真实性和时效性若不能两全时,不能不加求证而一味地追求时效性。如果是新闻价值很大的消息但无法确定来源而需要发布时,可以采取一些传播技巧,如在发布时附加原帖地址,并用评论性语言将信息的不确定性充分告知读者等。

4. 运用多种适合微博传播的报道方式

善于运用多媒体手段传播多方面的新闻信息。微博传播的内容也不应局限于本媒体所采写的新闻,应重视微博的分享功能,采取主动关注名人、机构组织和其他媒体微博的方式,对符合本媒体报道理念的新闻进行及时的转发,形成影响力的叠加。任何一个媒体的报道范围,都不可能涵盖所有有用、有趣的信息。一些微博运用比较好的媒体经常转发其他媒体信息、私信、传闻等,其容量甚至超过了自身媒体内容的推介。[1]媒体在运用这种微博方式时,信息发布不必拘泥于自有媒体的信息,凡是有趣、有用并且适合微博传播的信息,皆可纳入微博传播的范围,这样可增强微博平台的吸引力。

5. 重视微博的转发与标签功能

传统媒体除了需要在微博上提供分享链接,方便用户转发外,还应充分挖掘微博的信息分享功能,驱动受众主动分享新闻网站内容。为方便微博二次传播,应在报道后提供微博转发的"分享"链接。用户在浏览完新闻后,如果觉得有价值,就可以转发微博,相关信息会按照私人电脑默认的微博账号自动转发,信息分享仅"一键之劳"。

设置标签是国内微博特有的功能,但国内大部分媒体没有发掘标签的功能。标签是微博受众碎片化后的重新聚合。微博系统会根据标签自动将账户推荐给用户。因此,准确、全面地设置微博标签,对用户能否迅速获得认知很重要。《解放日报》《南方都市报》《新京报》等媒体的微博标签都形同虚设。而《南方日报》在这方面相对突出,它给自己贴了"传媒人、生活观点、广州、娱乐、新鲜事、新媒体、即时新闻、突发新闻、广东新闻、广东"等标签,方便用户迅速、全面地获得对该媒体的认知。

---

[1] 廖建国,李畅.传统媒体对微博的运用现状考察[J].编辑之友,2011(5):74—77.

二、媒体微信公众号的编辑管理[①]

（一）媒体微信公众号的基本现状

1. 推送方式

微信公众平台的推送方式一般有三种：主动推送、自主选择推送以及二者结合。主动推送也是强制推送，只要关注了官方微信，就能接受其定时推送的信息。自主选择推送是指官方微信给出"选择菜单"，用户需要回复特定的内容以订阅个性化服务，如果用户不回复，则默认为不订阅，官方微信不会主动推送信息。二者结合的推送形式则指官方微信除了主动推送一定的信息外，用户还可以根据自己的喜好回复选择订阅不同的内容。除此之外，为了更好地为微信用户提供便捷和人性化的推送服务，一些媒体网站还在其推送页面设计了分类导航，用户可以直接像浏览网站一样点击导航项目来获取信息，避免了回复推送的麻烦。

2. 推送内容

从更新速度来看，媒体网站官方微信的信息更新时间分为两种：一种是非定时更新，只要有相关的信息，微信就会即时发布，用户需要被动地等待。另一种是每日定时更新，即固定一个更新消息的时间进行定时推送，大部分网站微信都选择在下午5至7点左右进行消息更新。

从表现形式来看，大多数媒体网站官方微信都是图文组合的形式，根据新闻信息的不同和专题策划，有时采用组合新闻式的排版，有时则是专题性的封面新闻排版。但基本上所有官方微信的内容表现形式都雷同，采用文字和图片的较多，语音较少。

从信息类别看，普遍分为两类，一种是综合新闻类，一种是轻松娱乐类。比较特别的是"国际在线"的官方微信，其推送的内容会根据不同的主题来进行策划，如最近发起的双语问候主题，每日向用户推送的是中英文的问候语句。

3. 在线互动

许多媒体网站在宣传其官方微信时，都会强调其"互动性"，宣传将会利用微信加强网站与网民之间的沟通与交流。浙江在线的"民生帮帮帮"栏目则会在微信上接受用户的新闻报料，并进行线下跟踪和调查，最后会在微信上对用户进行反馈。

值得一提的还有南宁新闻网，其有奖问答活动将活动策划与内容互动融合得非常具有吸引力，结合不同的推送内容主题设置不同的游戏问题，如2013年清明节，其微信与用户进行清明节知识问答，根据用户答案的对错还会回复具有个性化的回答，全部答对后还可进行抽奖。

4. 活动策划

媒体网站利用官方微信进行营销策划已经不是稀罕的事情，而大部分活动策划都表现在将微信打造成一个报料、咨询或者分享的平台。人民网、中国经济网和《新京报》，在两会期间分别策划了三个相似的活动：人民网发起"我有问题问总理"微信征集活动，用户将问题通过语音或文字的方式发送；中国经济网推出"中经在线访谈预告"栏目，微信用户可对感兴趣的嘉宾提出问题或发表意见；《新京报》则是鼓励用户在微信上提问，记者将为用户向人

[①] 罗昕.新闻网站新媒体创新应用能力评价[M].昆明：云南人民出版社，2013：86—87.

大代表求解答。

龙虎网与国际在线网则把微信与分享联系在一起。龙虎网发起"晒我的假期计划"活动，鼓励用户通过语音、图片和文字形式分享假期计划。国际在线则在每个时间段都发起不同主题，如"一天中哪个时间段感觉过得最快""3月8日，你的期待是什么？"等问题，为用户搭建一个"聊天室"，让用户通过微信进行心灵触碰。国际在线还利用微信的图片上传功能发起"手机拍北京"的活动，调动微信用户的参与积极性。

还有一些媒体网站举办抽奖活动，如南宁新闻网的有奖知识问答、舜网的邀请好友关注有福利、中国钢铁新闻网（中国冶金报社）的《国际钢铁情报》一个月赠读活动等。

5. 媒介组合

在微信营销中体现媒介组合的最普遍表现形式，就是推送的信息内容中通过二次页面可以链接到该媒体网站，最具代表性的是搜狐网（搜狐视频），点击详细阅读的页面后可以直接进入观看视频。环球网则有些不同，在其推送的内容中，新闻标题直接就是该新闻的网页链接。

也有些媒体网站采取更为积极主动的做法，将微信与其他媒介有机组合在一起。在龙虎网发起的"晒我的假期计划"活动中，获奖网友的作品将会在《南京手机报》上刊登；天山网会采用网民的报料，并通过调查、采访后在网站进行报道；《扬子晚报》则会及时将网友在微信中的报料同步发布到腾讯微博上。较为突出的还有凤凰网，其将凤凰卫视一档新开播节目"全媒体全时空"的微信公众账号作为公众对新闻热点的观点表达，栏目组通过后台挑选，选择一些微信评论放置在电视栏目《全媒体全时空》中，将电视与微信这两种不同的媒介平台组合起来。

（二）媒体微信公众号的主要问题

1. 信息内容与形式雷同

多数媒体网站在微信上推送的内容都是图文配合的组合型新闻排版或者封面型排版，单调而统一的文字和图片排版容易让受众疲惫，降低接受效果。地方性或专业性网站在微信推送的内容上也并不能够充分体现其特色，创新能力低。而缺乏地域特征的网站，尤其是新闻网站，容易推送相似的新闻内容和话题，迫使用户不得不选择性地删掉一些官方微信的关注。因此，面临着用户选择的激烈竞争环境，媒体网站急需寻找新的信息表现形式和创新的信息内容来抓住用户的关注。

2. 互动服务"货不对板"

有不少媒体网站的官方微信都"承诺"会为用户提供互动服务，通过回复评论、意见建议、吐槽等形式与微信公共账号进行互动交流，如中国经济网官方微信提到可以与平台进行互动，亮出个人对新闻话题的观点，实际上用户回复评论后并没有得到任何"互动"反馈。从笔者的用户体验来看，目前只有金黔在线的官方微信是能够及时回复用户的评论与建议，并给出解决方法。而其他媒体网站的微信要么没有回复，要么就是预先设定好统一回复，缺乏互动性。而缺乏互动性将会降低用户的参与热情，用户黏性和忠诚度也会随之降低，这对微信营销的发展十分不利，因此，媒体网站应注重互动服务的建设。

3. 缺乏整合营销意识

相对微博较为广泛的营销手段，微信推广的特点在于其点对点的精准营销。而这个特点造成了微信账号宣传的"先天性"缺陷。搜索媒体网站的官方微信中发现，许多网站只是在某个网页中提到了它的微信账号,但并没有放在官网上。有些甚至只在一个页面有一小段文字介绍,连二维码的图片都没有,用户很难搜索到相关的账号信息。

之所以出现这样的情况,是由于媒体网站没有充分调动多种媒介进行整合营销。公众账号的推广应该更加给力,公众平台的订阅方式(二维码与 ID 账号)在官网、投放的广告、微博或者实体产品等多渠道上都应该有所体现。媒体网站利用微信公众平台正在尝试多样化的营销手段,但微信营销模式尚未成熟,有创新的营销方式与有效的营利模式也还处在积极的探索中。

三、自媒体的运营管理策略

自媒体是指私人化、平民化、普泛化、自主化的传播者,以现代化、电子化的手段,向不特定的大多数或者特定的单个人传递规范性及非规范性信息的新媒体的总称。以微博、微信、抖音为代表的社交平台,为自媒体的发展提供了强大的基础设施。自媒体的出现,拓展了新闻来源的渠道,表达了"多种声音",分割了受众市场、广告市场,甚至有时挑战了传统媒体的"权威"。当前自媒体的发展现状主要表现为音视频异军突起,内容加速迭代;信息泛滥,优质内容稀缺,自媒体进入"加速淘汰期";内容变现多元化但营利模式受限;从个体运营走向团队、集约化运营,单人作战变为集团作战。在一个内容创业的时代,如何运用好一个成功的自媒体,需要掌握一些基本的运营管理策略。

1. 明确媒介定位

首先要弄清楚我们的媒介定位是什么?媒介定位是新闻编辑学领域传统媒体中的概念,指媒介在研究目标市场竞争环境、研究目标受众需求基础上,根据媒介自身特点和资源条件,确定媒介的经营目标从而达到市场细分化。说得简单一点,媒介定位就是我们要弄清楚我们发布出去的内容是想给哪个群体看的。这其中不仅包括人口统计学特征的划分,还包括受众的兴趣与需求。当然,除了目标受众之外,我们还需要对相关内容目前的市场情况进行调研,了解该类内容的市场前景与市场规模,综合考虑各种因素后再决定自己的账号到底该运营什么内容。

2. 确定运营风格

在确定了媒介定位之后,我们就要根据媒介定位来确定我们账号的运营风格或是特色,即怎样才能让受众很快地记住我们的特征,增强我们的可辨识度以避免被淹没在茫茫自媒体大海之中。通常我们在确定了媒介定位之后,媒介风格就会有一定的选择方向。如面对少年儿童的账号风格就要尽量浅显化、趣味化,避免过于高深的句法与概念;面对中年商务人士,我们就要使文风沉稳下来,避免给人一种轻浮不靠谱的感觉。

3. 坚持正确导向

正确导向是一个自媒体生存的根本。自媒体运营的各个方面、各个环节都要坚持正确的舆论导向。党媒要讲导向,自媒体也要讲导向;新闻报道要讲导向,广告宣传也要讲导向;时政新闻要讲导向,娱乐类、社会类内容也要讲导向;涉及国内的内容要讲导向,涉及国外的内容也要讲导向。坚持正确导向,就是要牢牢把握正确政治方向、舆论导向、价值取向。政治方向上,要在政治意识上保持高站位,紧跟党和政府的思想路线与方针政策。舆论导向上,要在面临社会重大舆情时务必保持冷静,坚持站在理性客观的角度上思考问题,不要发表偏激言论甚至引导普通民众采取对抗态度。价值取向上,要承担社会责任,拒绝传播低俗、猎奇、血腥、色情等低俗内容,坚决抵制价值观出现严重偏差的内容,坚决不造谣的同时也要主动辟谣。另外也要注意隐私保护、人伦情理,如果所发内容带有真实背景,请务必保证内容所涉及的普通人的心理感受,在征得其本人同意之前最好不要公开发布或广泛传播。

4. 精耕内容创作

"内容为王"对一个媒体来说是永远正确的。一个自媒体账号想要长久地运营下去,拥有一个好的内容是非常重要的。优质内容的特质在于如下几点。一要原创,原创是所有优质内容的关键基石,东拼西凑得来的内容不仅没有主心骨,而且一旦被发现将会对该账号及作者产生极为不良的影响,甚至会被永久打上抄袭的烙印。二要专业,专业不仅仅指内容专业,同样带有态度专业的含义。在创作内容时,不仅要对相关领域有较为透彻的了解,不要在一知半解的状态下盲目开始创作,还要拿出新闻人的专业态度来,坚决抵制造谣传谣,拒绝不良低俗内容,时刻用一名新闻工作者的职业态度来面对每一次内容创作。三要信息价值大。当代人都或多或少地带有一定的信息焦虑,鱼龙混杂的信息内容扑面而来,如何选择出有价值的信息就成为每一个人需要面对的问题。好的内容一定要让受众认为它是有价值的。四要注重情感流露。学会抓住受众可能的情感,学会表达自己的情感,利用多种图文音视频的形式来向受众传递高感染力的情感信息,这是一个成功的自媒体账号需要做到的。例如,2019年1月火爆全网的宣传短片《啥是佩奇》,其充分抓住了春节来临之际中国人的思乡之情,同时还突显出了浓浓的城乡差距,令每一个看过该视频的人都能在笑声中默默低下头,联想到自己的爸爸、妈妈、爷爷和奶奶。《啥是佩奇》是一则非常经典的利用情感传播打造爆款内容的案例。

5. 重视渠道营销

重视渠道营销是指善于使用渠道吸粉法,在不同的推广渠道上面进行推广,打造影响力来吸引"粉丝"。渠道吸粉法可以有多种方式,如搜索引擎优化(SEO),在标题中尽量使用流行的关键词以便让搜索引擎搜索呈现出来。

打造自媒体矩阵是渠道营销的重要方式。自媒体矩阵,就是在多个自媒体平台上建立自己的阵地,建立起立体化的触点,随时随地地触达到目标用户,以构成一个完整的无缝连接的闭环,通过功能拆分、消息扩散、集中导流等功能,提升自媒体的声量、可见度和品牌力。如共青团中央在微博、微信公众号、抖音、B站、网易云音乐等几乎所有知名网络平台建立了自己的账号,同时各地方共青团组织同样建立了大量的自媒体账号,在平日的运营中各账号之间积极互动,统一采用"萌系"运营风格,赢得了广大青少年的普遍好评,他们将共青团亲切地称为"团团"。又如小米集团的微博矩阵,其各个业务部门均在微博开设账号,如@小米手机、@MIUI、@小爱同学等,这些账号围绕在@小米公司与@雷军两大公司核心账号周围,有条不紊地承担各自业务的宣传营销工作。

6. 加强社群互动

"社群"在某种意义上可以理解为一种社会关系,包括社群精神与社群情感。我们每个人都是带有情感的社会人,而自媒体时代,只有能与受众产生强烈且持久的情感共鸣,才能够长久地得到受众的支持。"互动"指账号与受众之间的互动行为。通过与受众的高效互动,可以根据受众需求改进运营策略,或是培养用户的忠诚度,就像一位志同道合的朋友一样,引导受众持续关注你的账号,成为你的"死忠粉"。

大家在平时刷微博或是看微信公众号的时候也会注意到,每条内容下的留言与评论同样精彩,有时甚至会比内容本体还要吸引人。充分利用与受众的互动稳定现有"粉丝",持续吸纳新"粉丝",是一个成功的自媒体账号必备的重要功课。例如出生于新加坡现居香港的美食家、专栏作家蔡澜的个人微博账号,就可以充分利用起评论区的互动,形成热点爆款。蔡澜在每年新年来临之际都会开放自己微博的评论功能一个月时间来供网友提问,而自己会做出解答。网友的提问千奇百怪,而蔡澜的回答也妙语连珠,甚至形成了微博中一年一度的热闹事。

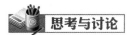

1. 根据网络新闻稿件的选择和审核要求,在综合门户网站或新闻网站上寻找有问题的新闻稿件。

2. 选择报刊上的某篇重要新闻,制作一个符合要求的网络标题或标题群。

3. 拍摄某个事件或活动的新闻图片,用相关图片编辑软件编辑后制作成新闻图片专题。

4. 拍摄某个事件或活动的视频,用相关音视频编辑软件制作一个3～5分钟的新闻视频。

5. 选择报刊的某篇新闻报道,制作一个符合要求的网络动画新闻。

6. 选择某个重要的社会现象、热点话题或事件,制作一个符合要求的数据新闻。

7. 确定自己或小组感兴趣的某个领域或选题,用内容管理系统(CMS)制作一个小型专业网站或网络专题,并能定期更新和管理。

8. 确定自己或小组感兴趣的某个领域或选题,建立一个"官方微博"或"微信公共账号",并能定期更新和管理。

第六章　网络新闻专题策划

网络编辑不能只是新闻信息的"搬运工",还应该发挥网络媒体的优势,成为一个新闻信息的"整合者"。网络编辑的整合能力常常体现了一个编辑和网站新闻传播的核心竞争力。新闻专题策划则是体现网络编辑整合能力的重要标志。

第一节　网络新闻专题的概念与功能

一、网络新闻专题的概念

网络新闻专题指针对某个重大的新闻事件或者活动、现象、问题等,综合运用文字、图片、视频等多媒体表现手段,通过网络从业人员的专门编排和制作,所进行的全方位、多层次、深度性的新闻报道形式。网络新闻专题被认为是网络新闻报道中最具优势的新闻报道形式。

新闻专题兴起于20世纪90年代,在我国,新闻专题在网站上第一次突显,是对1999年澳门回归的报道。在此之前,被称作"第四媒介"的网络媒体还没有尝试过新闻专题的报道方式。[1] 近年来,大至两会、"改革开放40年"等重大的政治经济事件的报道,小至节日、热点社会问题,新闻专题策划的手段都被广泛应用于网络新媒体中,产生了巨大的传播效应。

二、网络新闻专题的功能

1. 设置议程,引导社会舆论

议程设置是指大众传播具有一种为公众设置"议事日程"的功能,传媒的新闻报道和信息传达活动以赋予各种"议题"不同程度的显著性的方式,影响着人们对周围世界的"大事"及其重要性的判断。而网络新闻专题以其跨时空、超文本、多媒体、大容量、双互动等巨大优势,凭借着网络这个大众传播媒介的力量,在新闻报道中起着设置议程、引导社会舆论的作用。

2012年7月21日,四川新闻网推出专题策划"致敬! 7·21暴雨考验下的中国良心"(获第23届中国新闻奖网络专题类二等奖)[2](如图6-1)。此专题以北京遭遇61年不遇的特大暴雨为主题,以大雨中56名积极参与救灾的川籍农民工为主要报道对象,详细地报道了他们在洪水中见义勇为、舍己救人的感人事迹。该专题精心设置了"那一夜,民工兄弟伸出温暖的手"、"那些人,我的家乡在四川"、"那声谢,爱是流动的正能量"等多个子栏题,从各个方面反映出川籍民工的感人精神、被救群众的感激之情、社会各界的感动和感想。专题还特别强调与网友互动,设置了微言大爱、各方评说、心语心愿等互动栏目,用网友们真实的话语不断升华四川人的形象,深度阐述感恩奋进的精神实质,切实起到了引导社会舆论的作用。

2. 集纳信息,加深网民认识

网络新闻专题充分展示了网络媒体的资源整合功能,一个很明显的特点在于题材的多

---

[1] 董天策.网络新闻传播学[M].第三版.福州:福建人民出版社,2009:262.
[2] 致敬!暴雨考验下的中国良心[EB/OL].[2013-12-22]. http://scnews.newssc.org/system/2012/07/28/013586725.shtml

图 6-1 四川新闻网专题策划"致敬！7·21暴雨考验下的中国良心"

样化，我们可以将其比喻为"集装箱"。网络专题的资源整合比传统媒体专题更加宽泛，不仅包括大量的今日事实，还包括大量的昨日背景和明日前景。如新浪财经频道专题"十八届三中全会——改革新起点 打造钻石十年"（如图 6-2），今日事实包括滚动新闻、最新报道、分析评论、意见领袖解读公报、民意调查报告、中国梦·我的梦、外眼看中国、微博热议等栏目，昨日背景包括探寻总书记经济路径、管中窥豹"克强经济学"、历届三中全会我知道等栏目，明日前景包括经济热点前瞻、经济影响等栏目。

图 6-2 新浪专题"十八届三中全会——改革新起点 打造钻石十年"

3. 彰显个性，树立网站权威

网络新闻专题不仅仅在于整合，还要在整合基础上体现原创、彰显个性。不少网站在对新闻资源的整理、归纳、加工以及开发中，融合自身的特点，把新闻报道和自身见解有效地"整合"在一起，在新闻产品的生产过程中贡献新的附加值，彰显了自身的个性。在某种意义上，网络新闻专题就是另一种新闻原创方式。对于同一个报道对象，不同网站在新闻策划加工中表达自己的声音，营造了自身的品牌，树立了网站的权威。

如在十八届三中全会召开期间，新浪、网易、搜狐、腾讯分别对此作了专题报道。但不同的网站呈现出不同的特色。首先，策划主题的侧重点不同。如新浪以"改善生活"为切入点[1]（如图 6-3），网易是以"良政"为切入点[2]（如图 6-4），搜狐以"新期待"为切入点[3]（如图 6-5），腾讯以"攻坚"为切入点[4]（如图 6-6）。其次，不同的专题在栏目设置上也不同，各有自身的特

---

[1] 改革 为了我们希望的生活[EB/OL].[2013-11-25].http://news.sina.com.cn/pc/2013-11-08/326/3060.html
[2] 良政新出 重塑中国[EB/OL].[2013-11-25].http://news.163.com/special/18thszqh/
[3] 改革新期待[EB/OL].[2013-11-25].http://news.sohu.com/s2013/sanzhongquanhui/
[4] 攻坚 研究全面深化改革重大问题[EB/OL].[2013-11-25].http://news.qq.com/zt2013/18szqh/

色。除了传统的文字消息报道、图片视频报道之外,搜狐还设置了"智囊团"栏目,而腾讯则设置了"微博议改革"的栏目,一个重视专业性,一个重视多媒体性。最后,在页面设置方面,新浪相比于另外三家的专题页面更简单时尚,图标展示的方式比单纯的文字标题更吸引受众的眼球,使专题更具有辨识度。

图 6-3　新浪十八届三中全会特别报道"改革 为了我们希望的生活"

图 6-4　网易十八届三中全会召开专题报道"良政新出 重塑中国"

图 6-5　搜狐十八届三中全会特别报道"改革新期待"

图 6-6　腾讯十八届三中全会专题报道"攻坚 研究全面深化改革重大问题"

4. 多媒体报道，体现网络特征

网络新闻专题呈现出多媒体性的特点。R. 托马斯·伯纳教授认为，网络是"一种新型的媒体，但也是一种集纳了其他媒体特点的新形式"，它借助多媒体技术，能对包括语言、文字、声音、图画和影像在内的各种信息做数字化处理。[①] 2013 年 4 月 20 日四川雅安芦山 7 级地震中，凤凰网制作了地震专题（如图 6-7），独创性地设置了直播频道栏目[②]，每 10 秒刷新发布灾区信息，同时配以视频和微博直播，实现了全媒体报道，充分体现了网站的综合协调能力。网站在运用多媒体方式制作专题的过程中，也不断提升它的全媒体报道实力。

图 6-7　凤凰网专题"四川雅安芦山县发生 7.0 级地震"

齐鲁网专题报道"齐鲁正能量之爱心帮农季"[③]（获第 23 届中国新闻奖网络专题类一等奖）（如图 6-8），在采编过程中充分发挥了网站的综合协调能力以及网络新媒体的优势，通过网络平台招募网友组成爱心帮农团，并派出采访团一同深入多个滞销农产品地区，零距离接触当地政府和农民，报道帮农实况，分别就山楂、苹果、萝卜、白菜等产品滞销开展系列宣传报道，通过媒体报道、专家支招、网友支招等手段，与山东电视台农科频道联动报道，形成较大宣传声势。该专题充分运用 Flash 技术，电视与网络联动视频报道成为亮点，综合大量原创文字、图片、音视频、微博等多媒体手段和消息、访谈、评论等多种新闻体裁，采用记者、网友共同记录和参与的形式，全景展示爱心帮农活动的开展过程。专题还开辟了"网上菜市场""助销顾问团"等互动形式，体现出网络媒体优势。

---

① 董天策. 网络新闻传播学[M]. 第三版. 福州：福建人民出版社，2009：262.
② 四川雅安芦山县发生 7.0 级地震[EB/OL]. [2013-12-21]. http://news.ifeng.com/mainland/special/lushan-dizhen/zhibo.shtml#
③ 齐鲁正能量之爱心帮农季[EB/OL]. [2014-03-20]. http://www.iqilu.com/html/zt/shandong/bnj/

图 6-8 齐鲁网专题报道"齐鲁正能量之爱心帮农季"

第二节 网络新闻专题的类型

根据不同的角度,专题可以分为不同的类型。根据报道领域,专题可分为"财经""科技""教育"等不同类型;根据编辑方式,可分为采访型专题和编辑型专题;根据报道态度,可分为客观性专题和主观性专题;根据更新程度,可分为动态型专题和静态型专题。① 根据专题的属性,可分为四种:人物类专题、事件类专题、主题类专题和话题类专题。

一、人物类专题

人物类专题是以人物为报道对象的专题。这类专题着重于对人物对象全方位、多方面的报道。在通常情况下,人物类专题选择的对象可结合当前热点事件中的人物,或者是某个著名人物在某个时间节点中的报道,或在某个特别时间节点对相关人物的集中报道,如光明网在中华人民共和国成立 70 周年之际推出了"时代楷模"系列人物专题,其中《'时代楷模'其美多吉》通过楷模风采、先进事迹、视频报道和热议反响等四个专栏讲述了承担川藏邮路甘孜到德格段邮运任务的邮车驾驶员——其美多吉爱岗敬业的事迹(如图 6-9)。

图 6-9 光明网人物专题《'时代楷模'其美多吉》

---

① 赵丹. 网络编辑实务[M]. 杭州:浙江工商大学出版社,2010:44.

二、事件类专题

事件类专题是指针对某个新闻事件来展开报道，一般针对突发事件或热点事件，可分为自然性重大突发事件和社会性重大突发事件。这类专题的新闻性较强，在策划上是被动的，持续周期由新闻事件的历程决定。这类专题需要对新闻事件进行纵深挖掘，根据新闻事件的发展历程及时对专题信息进行跟踪和报道，考虑受众对于事件的信息需求，满足他们"未知而欲知"的需要。此类专题的突发性强，因此在选题上不用花费多大的工夫，但是对于事件的报道较非事件性的报道更注重新闻性、及时性。如2013年12月26日上午，日本首相安倍晋三参拜靖国神社这个政治事件发生后，凤凰网在当天及时发布了"安倍悍然参拜靖国神社"专题[①]（如图6-10）。

图6-10　凤凰网专题"安倍悍然参拜靖国神社"

三、主题类专题

主题类专题一般是对可预见的活动进行的专题策划，如全国人民代表大会、党代会、重大纪念活动、重要节假日、重大体育赛事（奥运会、足球世界杯、世锦赛等）。如2009年适逢中华人民共和国六十华诞之际，21CN推出的"大国册"专题（如图6-11），对中华人民共和国成立六十周年进行各方面的回顾，专题制作充满历史的厚重感，分为"国""家""人""物""志"五个部分对伟大祖国进行讴歌。[②]

图6-11　21CN网专题"大国册"

---

① 安倍悍然参拜靖国神社[EB/OL].[2013-12-26].http://news.ifeng.com/world/special/anbejingguo/
② 大国册[EB/OL].[2013-12-20].http://www.21cn.com/weekly/daguoce/china.html

四、话题类专题

此类专题一般针对时效性不强但社会关注度比较高的话题,如养老、房价、计划生育、就业、移民等。对于话题类专题而言,首先必须重视和坚持专题传递网民最关注的信息。此类专题一般都和国计民生紧密相关,因此备受重视。另外,要注意体现此类话题的争议性,注意表达多方的声音,不能只做"一言堂",要更注重设置网友反馈的专栏,及时与网友进行互动,为网友的讨论与意见发表提供平台。如对于"单独二胎"这个热门时政话题的专题制作,网易制作了"中国放开'单独'二胎"专题[①](如图 6-12),从计划生育政策大事年表、开放单独二胎影响、各地开放二胎时间表等方面,为网民提供了全面的信息。

图 6-12 网易专题"中国放开'单独'二胎"

第三节 网络新闻专题的组织方式

网络新闻专题的网页比普通新闻的网页要复杂,它由背景、字符、线条、表格、色彩、图片、动画、音频和视频等基本元素和网络技术手段中的链接、动态更新等共同构成。网络专题的组成元素多样带来组织方式的多样。目前比较普遍使用的组织方式有 Flash 幻灯整合、菜单整合、时间线、新闻地图等。

一、Flash 幻灯整合

Flash 是一款主要用于制作网络动画的软件,从 2001 年千龙网推出的第一期《Flash7 日》起,Flash 技术开始广泛应用于一些网络专题的报道中。使用 Flash 技术制作的新闻报道方式被称为"Flash 新闻",许多人将 Flash 新闻狭义地理解为是卡通新闻或动漫新闻。实际上,Flash 新闻是融合文字、图片、音频、动画、视频等多媒体元素的具有交互功能的网络新闻。它具有多媒体性、交互性、娱乐性、趣味性、易得性、真实现场性的特点。通过 Flash 技术,可以让静态的画面在网络上鲜活起来,而其夸张变形的制作方式,也给受众带来不同于严肃的传统新闻的娱乐趣味。同时,Flash 技术是一种流形式的传播技术,采用矢量图的形式,容量小,无论是缩小还是放大都不会失真,更便于受众的观看和传播。

与新闻图片不同的是,Flash 幻灯是对多张静态的新闻图片进行处理,并和动画结合产生模拟运动效果,对静态图像用阿拉伯数字或几张新闻图片的小图来标序,每隔几秒就按照顺序从一张图片变化成另一张图片,如此循环往复,并且在图片下方写有文字信息,文字在

---

① 中国放开"单独"二胎[EB/OL].[2014-04-05].http://news.163.com/special/ertai

Flash 幻灯中的主要作用是提示关键性信息。这种传播方式在很多大型网站上都在应用。相对于 Flash"短片"来说,其技术门槛相对较低,制作过程相对简单,质量相对较高。与视频相比,它在采集上更方便,而且一些具有强烈视觉冲击力的图片更便于传达瞬间的效果,在目前的宽带下也更容易传输。

Flash 幻灯整合是早期应用于网络新闻专题组织方式之一。它的传播优势主要是:突出和强调重要新闻;新闻网站导航功能;利用蒙太奇手法,对大量图片进行处理,突出新闻事件。[①] 在 2013 年 11 月 10 日,新浪新闻中心在台风"海燕"来袭的新闻专题中,就运用了 Flash 幻灯整合技术(如图 6-13)。[②]

图 6-13　新浪网专题"台风'海燕'来袭"

二、菜单整合

菜单整合是网络新闻专题的一种有机整合方式,通过菜单的设置,可以将原本分散的内容通过某条线索进行整合,并通过菜单对新闻专题中的消息报道、图片等素材进行导航,菜单整合包括导航和栏目的设计两种。

导航是网络新闻专题最基本的组织形式,将网站内容进行规划整理后,制作成导航菜单。通过链接方式把"菜单"直接嵌入文本中,通过关键词、主题将文本的不同部分链接起来,使信息通过交互式来访问。用户单击菜单中加以标注的一些特殊关键词,就能打开另一

[①] 兰志荣.网络新闻传播中 Flash 幻灯的传播优势[J].湖南大众传媒职业技术学院学报,2009(1):62—63.
[②] 台风"海燕"来袭[EB/OL].[2014-02-20].http://news.sina.com.cn/w/z/haiyan2013/

个文本或图像,如新浪网专题"邵逸夫去世"的菜单栏(如图6-14),就分为"滚动""新闻动态""图集汇总""视频追踪""微博悼念""各方评论""网友留言"七个部分[①],对专题内容进行划分和导航。

图6-14　新浪网专题"邵逸夫去世"

栏目的设计包括资讯性栏目、多媒体栏目、互动性栏目、背景资料性栏目等,通过不同类型的栏目设置对专题内容进行不同方面的划分。资讯性栏目一般是对专题的内容进行概括性的介绍;多媒体栏目则是刊登图片、视频、音频等多媒体信息,使专题的内容更加丰富生动;互动性栏目则一般是指留言、投票等受众反馈信息栏目;而背景资料性栏目所登载的是与新闻专题相关的资料,这种资料与新闻专题的主要内容相比,相关度较低,一般都是起补充中心主题的作用。如上述"邵逸夫去世"的专题中,共分为"电视之王""影业大亨""大慈善家""家庭与生活""网友热议"五个不同类型的栏目,对专题内容进行了有条理的划分。

三、时间线

时间线是将多个素材组合起来的一种方式,将各种内容按照时间顺序组织起来,通过时间线,将各种复杂的线索进行整理,使受众可以对新闻事件,特别是持续时间较长的过程性新闻事件有一个清楚的认识,对事件的前因后果做明确的时间性介绍。如凤凰网关于"浙江张氏叔侄冤案"的新闻专题报道[②]中(如图6-15),用时间线图解张氏叔侄十年的厄运,受众在经过阅读时间线后,就可对张氏叔侄冤案的来龙去脉有一个清晰的认识。

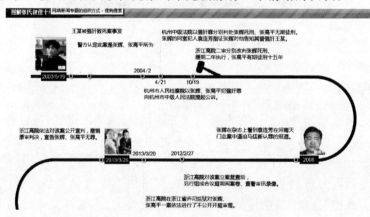

图6-15　凤凰网专题"浙江张氏叔侄冤案"

---

① 邵逸夫去世[EB/OL].[2014-03-25]. http://ent.sina.com.cn/f/v/syfqs/.
② 浙江张氏叔侄冤案[EB/OL].[2014-04-12]. http://news.ifeng.com/mainland/special/zhangshiyuanan/.

四、新闻地图

新闻地图是大数据时代的新型新闻报道方式。数据新闻学被认为是计算传播学的一个具体应用,通过挖掘和展示数据背后的关联和模式,以及丰富的、具有互动性的可视化呈现方式,数据新闻学成为新闻学的新疆域和应用范例,并作为一门新的新闻分支进入主流媒体。比如,在2009年4月猪流感疫情暴发时,每天都有从各地传来的最新数据,《卫报》网站的数据博客设计了一张猪流感疫情互动地图(如图6-16),在一张世界地图上展示世界各国的疫情。

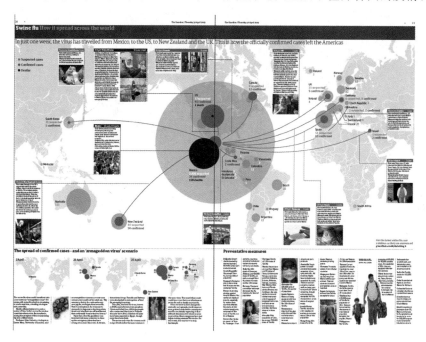

图6-16 《卫报》网站的猪流感疫情互动地图

目前,在网络新闻专题的报道中,使用地图将复杂数据可视化已经成为一种被广泛使用的专题组织方式。新闻地图最早起源于马科斯·韦斯坎普(Marcos Weskamp,现任Flipboard的总设计师)在2004年设立的互动新闻门户,该门户使用树映射的方法将谷歌新闻聚合的实时新闻数据进行可视化,页面采用Flash构建。与大多数新闻聚合站点堆砌的列表排列形式不同,新闻地图采用了一种信息视觉化的手法将新闻展现出来。正如其名,它像一张新闻地图,极具视觉冲击力。[①] 新闻地图具有高效、可读性、视觉化效果强的特点,在当今的"读图时代"受到受众的一致好评。2010年10月23日《卫报》刊登了一则伊拉克战争日志。其使用维基解密的数据,借用谷歌地图提供的免费软件Google Fushion制作了一幅点图(Dot Map),将伊拉克战争中所有的人员伤亡情况标注于地图之上。此则新闻刊登后在英国引起了震动。从这份伊拉克战争日志使用的点图中可以看出战争伤亡十分惨烈(如图6-17)。

[①] 李希光,张小娅.大数据时代的新闻学[J].新闻传播,2013(1):7—11.

图 6-17 《卫报》"伊拉克战争日志"点图

应该看到,一个出色的网络新闻专题,一般都会综合运用上述四种组织方式,使新闻报道方式更加多元化,更具创新性、可读性。

第四节 网络新闻专题的策划方案

网络新闻专题是一个系统性的工程,对于这样的一个工程而言,策划显得尤为重要。网络新闻专题策划方案主要包括六个方面:主题的选择和确定,界定报道范围和重点,明确报道的规模和进程,拟定发稿计划和报道的表现形式,对报道的侧重点进行人力配置和运行机制的确定。只有经过精心的准备和策划,才能做出有深度、有内涵、可读性强的专题。

为使读者对网络新闻专题方案的操作有更直观的感受,我们以 2012 年 11 月人民网专题"中国共产党第十八次全国代表大会"(获第 23 届中国新闻奖一等奖)为例作具体阐述。该专题综合运用了各种手段,通过图文、音视频、直播、网络访谈、论坛、微博、博客、聊吧、短信、彩信、手机报等二十余种形式对中国共产党第十八次全国代表大会的盛况进行了全面深入的报道。

一、选题、主题的确定

选题在网络新闻专题的策划中起到了"龙头"的核心作用。一个好的选题,会直接决定专题的意义和价值。就新闻题材的类型而言,大致可以划分为三类:重大题材的硬新闻、趣味性更强的软新闻以及专业性题材。在进行专题的选题时,一般要注意以下几个方面。

1. 新闻性

新闻性是选题的生命力所在,在确定选题时,必须结合新闻价值判断对选题进行分析,选取新闻性更强、价值更高的内容进行策划。

2. 真实性

真实性是指事实真实，在选题的过程中，要反复多次验证选题的真实性，确保报道内容是真实可信的，如果主题是虚假的，那么整个专题就会因缺乏新闻事实根据而无法立足。

3. 网站定位

在确定选题前，必须要考虑所登载的网站的风格，结合网站一贯的报道风格对专题进行规划设置。网站的定位也是专题策划应考虑的重要因素之一。

4. 受众定位

选题的内容是否具有吸引力是选题判断的另一个考虑因素之一。只有对受众有用的信息才能引起他们的阅读兴趣。

5. 主题新而深

有价值、有吸引力的选题确定后，还要挖掘出新颖、高远而独到深刻的主题。只有超越别人的主题才能给网民留下深刻的印象，产生余音缭绕、掩卷长思而回味无穷的境界。

在上述例子中，专题选取了中国共产党第十八次全国代表大会作为报道的主题。中国共产党第十八次全国代表大会是典型的重大题材硬新闻，在新闻价值上拥有不可置疑的重要性，但在选题之后，也应对专题的报道方式进行构思。

二、报道的范围和重点

确定报道的选题后，接下来就要界定报道的范围和重点。新闻报道范围指新闻报道面的确定，如报道局部、个体还是全局、整体。新闻报道重点指报道对象中最重要的内容或主题。

专题的内容具有复杂性的特点，我们既要做到全面，但是也不能全部"一刀切"，在划分报道范围的基础上，对报道的内容进行详略的划分，通过典型来反映整体。

一般的新闻事件都有自己的典型人物、典型时刻以及典型瞬间，对于信息量巨大的专题，做到全部内容的详细报道是不现实的。在进行专题的策划时，可以通过对典型的描述来反映一个人或者是一个群体对全局的影响，突出重点内容以实现专题策划的目的。

在上述的范例专题中，专题发布了人民网前方记者的原创文字稿两百余篇，拍摄图片两千余张，视频报道近二十条，完成新闻发布会、开幕式、贵州团组开放日直播。在会议开始前，记者组重点抓住网友关注的热点人物和团组，及时发出报道，成为互联网上这次会议报道的权威甚至独家来源。

三、报道的规模与进程

在确定了选题的主要内容后，要根据内容考虑专题的规模和进程。报道规模是报道的时间、空间与人力三方面因素的组合。报道进程指报道全过程中对时段的分割与安排。"简单式的新闻专题包括最新动态、背景材料、试听内容、互动交流等部分。如果规模不大，就可以做成单页式，把所有的内容集中放在上面；如果规模较大，可以先建立一个自己的小系统，就是网页的微缩版。编辑人员可以根据专题的内容确定报道的规模。"[1]

大众媒体具有"议程设置"的功能，专题所持续的时间一般较长，事件历经开始、高潮、结束全过程，因此在专题报道中，编辑要根据事件的发展阶段决定报道的进程，并随着事件的

---

[1] 董天策.网络新闻传播学[M].第三版.福州：福建人民出版社，2009：286.

发展及时更新专题内容,提供新鲜的信息。

人民网推出中国共产党第十八次全国代表大会多版本、全媒体报道专题,通过图文、音视频、直播、网络访谈、论坛、微博、博客、聊吧、短信、彩信、手机报等二十余种形式,建设权威的信息发布平台、有效的舆论引导平台、广泛的网友互动平台和全媒体报道合作平台,立体化、多方位、全媒体形态展现此次大会的盛况。

专题创新编排了"焦点版""现场版""深度版""高清版""访谈版""互动版""微博版""手机版""资料版""多语种版"十大板块,组成强大的报道矩阵。

四、报道的发稿计划

发稿计划指对报道进程中各阶段刊出新闻稿件的统筹规划,包括确定报道的选题、内容、体裁、篇幅、作者、页面位置、刊出时间、多媒体、互动手段等。只有制订了详细的发稿计划,才能做好每日的内容更新,保证报道的有序性、整体性、全面性、多样性。

在中国共产党第十八次全国代表大会期间,人民网充分发挥了它的资源优势,在专题中共刊发文字稿件 4900 余篇、图片 2700 余幅、音视频 500 余条;原创比例超过 70%。其中,中文、外文各语种共发表文字稿件 800 余篇、图片 800 余幅、视频 100 余条。组织相关访谈 116 场,嘉宾 124 人,编发网友评论文章 110 多篇。开设"寄语十八大 对党说句心里话""喜迎十八大党代会知识有奖竞答""网民观摩团""我的十年"征文等十多个互动栏目,截至 2012 年 11 月 13 日,网友在各平台上发表的留言、微博、帖文等超过 160 万条,规模巨大。同时针对每日的新情况,开设现场版,及时更新会议的最新消息。

五、专题的表现形式和报道方式

1. 专题的表现形式

专题报道的一大特色在于,能综合运用文字、音频、视频等多媒体技术。根据专题的内容,我们可以选择不同的表现形式。如对于现场的快讯可采用文字消息的报道,对于会议的全过程,可以利用视频形式进行报道,对于现场的典型瞬间,则可采取图片新闻的报道形式,强调视觉化。

网络专题中的图片可以用静止的方式显现,也可用 Flash 幻灯整合的方式连续播出,而音频方式则可播出采访录音、背景音乐等音频素材,以丰富专题内容。视频素材也可加入专题的报道中,在使用视频素材时,应当精挑细选,将最有代表性、最有说服力的内容放到专题里面。除了常用的表现方式外,我们也可选用新闻漫画、时间轴、新闻地图等新颖的表现方式,使报道出新、出彩。

人民网在中国共产党第十八次全国代表大会的专题报道中,专题页面使用的"屏幕适配"和"延时滚动"等最新网页技术,是在国内重大主题报道中首次采用的。网民可以在不同版本之间自由切换,新颖的视觉效果令人耳目一新。专题突出"全媒体"特色,引入了"时间轴""图片瀑布流""全景360"等新潮表现形式,通过对图片、视频的编辑和加工,使党代会变得更加亲近和亲切。专题推出后,因其新颖的编排和独特的用户体验,而受到了网民特别是年轻网民的好评。

2. 专题的报道方式

网络新闻专题可谓是"鸿篇巨制",可以采取的报道方式多种多样。主要的报道方式有以下几种。

（1）集中式报道：短期内组织大规模、多篇幅的稿件集中于一定的版面，形成较大声势，具有强烈、醒目的效果（多用于重大活动、重大事件、重大问题的报道）。

（2）系列式报道：着重于报道事物各个侧面的稿件，集不同角度的报道为一体，达成报道的深度和广度，具有启迪性（多用于一些较复杂的事件或问题的报道）。

（3）组合式报道：集中一组稿件反映同一时间、不同地点的同类情况，或同一主题、不同门类的情况，形成较大的报道规模（多用于报道面较宽、报道对象较多的报道）。

（4）连续式报道：紧跟事件或问题的发展变化进行追踪，连续发出报道，反映其全过程，取得及时、深入、扣人心弦的报道效果（多用于预见性、突发性事件的报道）。

（5）网民参与式报道：吸引读者参与、评论新闻报道活动，网民的活动与意见构成报道的主要内容之一。

（6）媒介介入式报道：新闻记者主动参与组织报道对象，成为其中的重要角色。这种报道方式一定要防范"策划新闻"导致的虚假新闻、失实新闻。

（7）媒介联动式报道：与其他新闻媒介共同进行同一主题的报道，实现资源共享、优势互补，扩大传播效果。如人民网在中国共产党第十八次全国代表大会专题策划中，与中央人民广播电台"中国之声"（FM106.1）"此时此刻"栏目合作，并与北京卫视合作开办了"解读十八大"专家访谈电视栏目。

六、组织结构和流程管理

组织结构指根据报道的内容和进程安排组织采编力量而成立的临时性机构。组织机构的原则是扁平性、人才优势互补、能够团结合作。采编流程管理指根据报道的时效需要、内容特点等安排工作流程，加强采编各个环节的监督和管理（统筹、分工、落实、监督、调整、评价、奖惩等）。采编流程管理原则应为明确岗位责任、简化稿件流程、有效进行监督、实施奖惩措施。

此外，新闻专题策划的实施中还应根据具体情况加以一定的调控。新闻专题策划的调控指在实施策划方案的过程中不断接受信息反馈，并根据客观情况的变化修正原先的方案，确保新闻传播活动取得理想的效果。这种信息反馈包括报道者的信息反馈（记者、通讯员、作者）、报道对象的信息反馈（被采访者、被报道者）、有关部门与主管单位的信息反馈、网民的信息反馈。策划方案的修正包括修正报道思路（报道选题的改变、报道态度的改变）、调整报道内容、调整报道规模、改变报道方式、调整组织结构和流程管理等。一般来说，这种修正应该是小修小补，不宜大修大补，否则脱离已有的策划主题和方向，势必导致策划方案的失效。

第五节 网络新闻专题的策划要点

网络新闻专题头绪繁多，资源繁杂，需要有的放矢、有条不紊。总体来说，网络新闻专题策划需要注意主题内容和表现形式两大方面的要求。

一、主题内容的要求

1. 选题新颖有创意

选题要紧跟热点话题，也可以挖掘冰点话题。每个选题都应该有新意，形成鲜明的个性特色,避免和已经出现的其他网站新闻专题重复雷同。只有选题新颖才能引起受众的兴趣,增强其阅读积极性。对于一些老生常谈却又十分重要的关系国计民生的话题,在专题的设置中更要选择好的切入点,做到"老树发新枝"。如每年春运,都是一个让编辑们又爱又恨的题目,其中涉及的乡愁、返程等诸多因素都可以作为报道的切入点,但春运每年都有,再多的角度也会有穷尽的一天。在编辑选题普遍"黔驴技穷"的时刻,2014年搜狐网的春运专题却别出心裁地制作了"女神伴你回家路"特别报道①(如图6-18)。从1月24日起至大年三十,搜狐推出独家报道"女神伴你回家路"系列,12位女星组团来袭"语"你畅聊,让你回家的路不再孤单。软专题切入硬话题,使该报道更具趣味性和生动性。

图6-18 搜狐网春运专题"女神伴你回家路"

2. 主题鲜明突出

一个好的选题策划必须有自己的个性,有自己的思考、见解和视角,不能人云亦云或者模棱两可,这样制作出来的专题才能在网民中留下鲜明的印象。通过新闻专题的编辑,网站可以在传统的采访资料整合中发出自己的"声音"。网络专题的制作强调个性化,强调网站自身的特色。特色鲜明突出的专题除了灵感的迸发之外,也要注意在日常工作中借鉴积累,从而转化成自己的特色,让受众通过"特色"记住专题。

"深化改革"是十八届三中全会的主题词。如何突显"改革"一词的意义,各大网站可谓绞尽脑汁。搜狐在"那些改变我们生活的《决定》"②这个专题中(如图6-19),表现出了自身的思考和独特的见解。它独具慧眼地通过解读会议中颁布的《决定》,通过图解方式梳理出了与老百姓密切相关的14个关键词:计生("单独"能生二胎了)、劳教(劳教制度废除了)、央企(国企利润30%用于民生了)、反腐(纪检双重领导体制出举措了)、资本(非公经济地位提高了)、垄断(水气油电有望降价了)、三农(农村土地自由流转了)、汇率(人民币汇率更市场化

---

① 女神伴你回家路[EB/OL].[2014-03-10]. http://news.sohu.com/s2014/nvshen/
② 那些改变我们生活的《决定》[EB/OL].[2013-12-10]. http://news.sohu.com/s2013/yingxiang/? 390457742

了)、行政(政府办事不再那么慢了)、科教(科研更加年轻化了)、楼市(房产税加快立法了)、司法(打官司更加公正了)、医疗(挂号难有望改善了)、环保(绿色GDP更加看重了)。该专题化繁为简,通俗易懂,以小见大,折射全局,重点突出地阐述了会议所倡导的深化改革精神。

图 6-19　搜狐专题"那些改变我们生活的《决定》"

3. 材料客观全面

网络专题尽管包容性大,但还是有限度的。在专题内容选择上要注意以下一些相关事项。

(1) 要选择真实性的材料。真实是材料的生命。在选择时,不仅要注重事实真实,同时也要注重材料的真实。真实性是专题的基础。

(2) 要选择权威性的材料。如:党和政府的红头文件、法律法规、研究机构报告、专家学者观点等。在专题的栏目中,不少具有争议性的专题都会设置专家的观点或者看法一栏,引用权威人士的观点对专题的材料进行佐证或者补充,使专题更全面、更客观、更准确。这类材料更多的是用于一些重大的新闻事件。

(3) 要选择原创性的材料。网络专题的独特性,在于它的内容。一般来说,原创性的内容越多,独特性就越突出。策划者要充分利用自己的优势,多刊发有原创性的内容。原创的内容越多,越能证明专题思考的全面性以及深入性,而原创内容也能充分体现网站与众不同的特点,彰显其独特性。2013年的清明节,凤凰网文化频道推出清明节独家策划——"送行者"[①](如图6-20),对中国殡仪馆做了真实的影像记录,让遗体整容师、火化工等工作人员出镜讲述,首次独家向网民展示了这个神秘群体的工作真相。该策划专题在其他网站专题还拘泥于悼念先人、网上寄哀思等传统内容报道中独树一帜,原创的材料获得了众多网民的青睐。

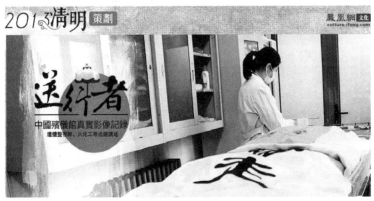

图 6-20　凤凰网清明节专题策划"送行者"

---

① 送行者[EB/OL].[2014-04-10]. http://culture.ifeng.com/jieri/special/2013qingming/

（4）要选择正反两方面的材料。在进行材料的选择时，要注意让受众听到"两种声音"，既要有正面的材料，也要有反面的材料；既要有有利的材料，也要有不利的材料；既要有优势的材料，也要有劣势的材料，注重报道的客观性、全面性。如网易新闻频道专题"撒切尔夫人逝世"①（如图6-21），对于人物评价的材料选择既选取了正面，也选取了反面，"铁娘子传奇"和"撒切尔的反对者"两个栏目并行，充分注重了人物评价的两面性，展示了人物的立体化形象。

图6-21　网易新闻频道专题"撒切尔夫人逝世"

4. 栏目设置合理

网络专题栏目是网络专题的主要框架，栏目的设定要从主题内容出发。栏目设置要合理恰当。专题包含的基本项目是前言区、焦点区、导语区、数据区、互动区、直播区，基本栏目包括滚动新闻、图集、访谈、视频报道、评论、媒体报道、在线调查、背景资料、数据解读、专题内搜索、网民互动等。

（1）专题前言区。一般来说，并不是所有的专题都需要前言区。前言区一般在专题显著位置对专题涉及的内容进行解析，解析内容可以陈述事件发展，可以对事件进行点评等。如在搜狐喜迎2014马年农历春节的专题策划"2014马年网络大过年"②中（如图6-22），就在专题的前言中对本次专题策划活动进行简介，让受众在专题阅读前就做到"心中有数"。

图6-22　搜狐春节专题"2014马年网络大过年"

（2）专题焦点区。专题第一屏一般统称专题焦点区，包括焦点图、实时更新的资讯以及

---

① 撒切尔夫人去世[EB/OL].[2014-04-10]. http://news.163.com/special/thatcher/saqieerqushi.html
② 2014马年网络大过年[EB/OL].[2014-03-10]. http://news.sohu.com/s2014/jiawuma/? 393505540

相关资料。焦点图采用 Flash 轮播效果，一般放置 4～6 张图片，图片选择可以按照事件发展的顺序进行，也可以按照重要程度进行。图片要有代表性，要有冲击力、美观、清晰、明亮。如搜狐"十八届三中全会专题策划"的焦点区，从左到右依次为焦点图、实时更新的资讯以及相关背景资料[①]。

（3）专题导语区。在一个网络新闻专题中，通常会根据内容划分为几个栏目，而在每个栏目进行具体内容阐述前，一般都会通过导语区进行引导和划分。导语区的新闻编排直接影响着用户对报道对象的理解。一般新闻编排方法有如下几种。

① 按事件进展的时间顺序编排（多用于突发事件类选题）。2007 年 2 月，在电视剧《红楼梦》中扮演林黛玉的演员陈晓旭抛弃亿万家产，剃度出家。面对这一突发事件，新浪网推出专题"陈晓旭：黛玉遁入空门"（如图 6-23），从其剃度出家的原因、经过、结果方面展示了陈晓旭剃度出家这一事件的全过程，让网民读来感觉脉络清晰。

② 按重要程度递减顺序编排（多用于话题、现象、问题类选题）。在搜狐新闻专题"霾"[②]中（如图 6-24），按照事件不同方面的重要程度递减顺序进行栏目的内容编排。专题导语共分为"危害：中国每一分钟就有 1 人死于肺癌""探究：谁制造了十面'霾'伏""寻找城市中的那方净土""他山之石：伦敦如何告别'雾都'""小贴士：雾天雨雪天行车安全指南"等多个栏目，对受众的专题阅读进行"议程设置"。

图 6-23　新浪网专题"陈晓旭：黛玉遁入空门"

图 6-24　搜狐新闻专题"霾"

---

① 2013 十八届三中全会解读[EB/OL].[2014-03-10]. http://business.sohu.com/s2013/18shqh/
② 霾[EB/OL].[2014-03-10]. http://news.sohu.com/s2013/5542/s367087872/367087872

③ 有争议点新闻事件,按各方观点顺序编排。2008年汶川地震时,当地中学教师"范跑跑"在课堂上不顾学生安危,只身一人率先跑出教室。作为教师他的行为引发国内各方的广泛讨论。新浪专题"范跑跑:本能遭遇道德拷问"(如图6-25),从"两难:跑不跑是个问题""交锋:范跑跑凭啥不能跑""反思:范跑跑踩了哪根红线"。其中"交锋"这个板块,又分为"倒范派:诚实而不知耻就没救了""挺范派:宁要真小人,不要伪君子""中间派:喊一嗓子就跑这是正常反应"三个争议的派别。"反思"这个板块又分为"知识分子放炮要不要负责""批倒批臭算不算本事""炒掉范跑跑能解决啥问题"三个有争议性的议题。

图6-25 新浪专题"范跑跑:本能遭遇道德拷问"

(4) 专题数据区。复杂性专题需要数据库配合,用来整合报道的各种资源。数据库资源包括图片库、视频资料库、新闻搜索库等。复杂性专题中文字、图片、视频、数据等内容庞杂,为了方便网民找到所需要的资料,充分利用数据库便于检索的性能,把相同属性的资料进行归类,既有助于阅读的愉悦,也有助于资料的保存性。

随着大数据时代的到来,整合各种数据库中的资料,用数据图表的形式简洁清晰地展示庞大复杂的信息即"数据新闻",成为当今网络新闻专题策划中经常用到的手段。搜狐新闻频道"数字之道"栏目,自称"这不是数字游戏,不是国民经济报告,也不是什么深奥道理。在这个现代社会,你可以不爱数学,但你一定要会看图算账。有图有真相,数字不说谎"。网易新闻频道"数读"栏目,也自称"在这里,我们用数据说话,提供轻量化的阅读体验"。如网易"中共十八大"专题报道中,通过"数据图表"以时间轴的形式对"反腐十年"进行了全面的整合,建立了"反腐十年"数据库(如图6-26)。

(5) 专题互动区。网络专题常用互动手段,包括访谈、调查、博客、微博、微信、论坛、评论、跟帖等。互动手段是网络专题的重要组成部分,既有助于激发网民的参与积极性,也能展示多方面立体的观点。在当今,除了传统的评论区外,越来越多的专题采用微博、微信评论等新媒体互动方式,参与的受众也越来越多,网络专题更具有多媒体、多平台性。如在腾讯十八届三中全会专题报道"攻坚 研究全面深化改革重大问题"[①]中,就设置了一个"微博议改革"的栏目,通过腾讯微博的热门话题设置与网民及时进行互动讨论。

---

① 攻坚 研究全面深化改革重大问题[EB/OL].[2013-11-25].http://news.qq.com/zt2013/18szqh/

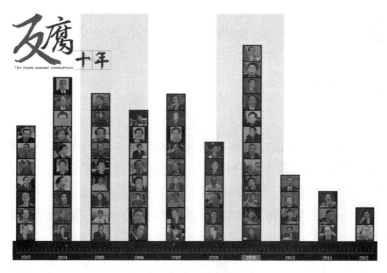

图 6-26　网易"中共十八大"专题报道"反腐十年"栏目

（6）网络直播区。网络直播一般在重要活动或赛事中才会使用，一般涉及直播场地环境、直播视频拍摄、直播图片拍摄、直播文字录入和整理、专访、互动等环节。[①]

网络直播时应注意以下几点。

一要提前取得直播所需的相关材料，并确认直播场地条件。与主办方联系，尽可能获得与直播有关的第一手新闻材料，确认直播场地条件，尤其是网络条件（能否保证直播所需的带宽、信号等是关键）。

二在直播现场，在保证直播视频流畅传送的同时，要做好视频的压制，保证直播结束后视频资料能回传到服务器，保证视频的点播。

三在直播期间，确保文字录入直播顺利进行，在与网民互动的同时，要管理好网民的发帖内容，防止语言暴力、垃圾广告等不良信息的出现（如图6-27）。

图 6-27　新浪某体育比赛直播互动中出现的垃圾广告信息

---

① 郭春燕.网络媒体策划[M].北京：中央广播电视大学出版社，2009：96—99.

四是现场编辑要做好图片拍摄工作,及时回传后方整理发布。

五是利用在现场的有利条件,事先草拟好提纲,做好现场专访工作,给后方回传有价值的新闻稿件。

二、表现形式的要求

1. 充分运用多媒体技术

多媒体性是网络新闻专题的特点之一,在专题的制作中,要充分运用多媒体技术,及时掌握最新的新媒体技术应用,使专题的科技含量更高,可读性更强。多媒体技术的综合运用,有助于网络专题内容进行更加有效的传播,如上述提到的数据新闻、图表新闻等。新浪专题"美国波士顿马拉松恐怖袭击"①(如图6-28),就利用了地图新闻的技术,使信息在可视化中更容易被受众吸收。

图6-28 新浪专题"美国波士顿马拉松恐怖袭击"

2. 页面的美工设计、风格契合主题,赏心悦目

专题的页面设置是一个创造性的工作,是除了内容整合之外的另一个能体现网站自主创造性的要素。页面的设置要遵循美学的规律和原则,同时应该结合网站的特色以及专题的内容特点,用独特的设计展现出专题的风格。在不同网站的专题设置中,新浪网的专题更显简约典雅,以图示为主、文字为辅的页面设置方式让人读起来更加轻松。如在专题"2013诺贝尔奖"②中(如图6-29),以时间轴作为栏目设置的标准,以获奖人员图片展示为主,配以简单的文字介绍,页面设置简单大方,避免了因文字过多所导致的受众注意力分散。

---

① 美国波士顿马拉松恐怖袭击[EB/OL].[2014-03-10]. http://news.sina.com.cn/z/mgbsdmlsqdbz/
② 2013诺贝尔奖[EB/OL].[2014-03-10]. http://news.sina.com.cn/w/z/2013nobel/

图 6-29　新浪网专题"2013 诺贝尔奖"

3. 层次结构清晰、衔接自然流畅

专题首页的结构选择要遵循层次清晰的原则,衔接要自然流畅,避免因内容分散所造成的阅读时的艰涩之感。这就需要注重网络专题的首页设计。一般来说,网络专题首页都是信息密集展示型首页,少量专题会借鉴传统报纸杂志的封面设计方式,呈现简要而显著的信息。网络专题首页设计有较多的版式或模块,可根据不同报道对象采取合适的版式。

从重庆"8·10"持枪抢劫杀人案发,到犯罪嫌疑人周克华被重庆警方击毙,华龙网迅速推出新闻专题"周克华被击毙"(获第 23 届中国新闻奖网络专题类二等奖)(如图 6-30)。专题按照新闻信息的重要性逐步递减的顺序,细分为动态要闻、周克华简介、新闻发布会、案情回放、8 年犯案、媒体报道等板块,以图、文、音视频形态,对周克华其人、8 年作案、案件动态进行了大量的搜罗,并运用 Flash、三维地图标注、漫画图解、高清组图、视角周刊等方式,对其作案、潜逃、抓捕等过程进行模拟还原。网友读过该专题后对案情一目了然。

图 6-30　华龙网专题"周克华被击毙"

思考与讨论

1. 针对某一重大活动、新闻事件或热点话题,试比较不同网站专题策划的优缺点。
2. 自主选题,撰写一篇不少于 1000 字的网络新闻专题策划方案。

第七章 新闻网站流量管理

如何让新闻网站的新闻在海量信息中突显出来并被网民注意到,是网络新闻从业人员制作新闻时必须考虑的重要因素。与传统新闻相比,网络新闻更需要通过推广营销来赢得网民的关注和新闻的影响。

一般来说,网站推广是网站流量管理的重要手段。网站推广的直接目标就是给网站带来流量,目的就是提高网站的知名度和曝光率。因而,只要是能够带来网站流量的方法都算是网站推广方法,但并非所有网站推广方法都能带来高质量的流量即有效流量。

●●●● 第一节 流量概念与管理原则 ●●●●

一、流量的概念

网站流量(Traffic)指网站的访问量,是用来描述访问一个网站的用户数量以及用户所浏览的页面数量的指标。常用的统计指标包括独立访问者数量(Unique Visitors);页面浏览数(Page Views);重复访问者数量(Repeat Visitors);每个访问者的页面浏览数(Page Views Per User);某些具体文件/页面的统计指标,如页面显示次数、文件下载次数等;用户在网站的平均停留时间,等等。流量是衡量一个网站价值大小的重要因素。

二、流量的重要性

流量就是网络中的货币。网站流量越大,就越容易达到既定目标,如赢利、传播观点、与其他人联系互动等。因此,网站流量的重要性不言而喻。一般来说,网站流量的重要性主要表现在以下几个方面。

1. 推动网站推广

没有流量,就很难开展网站的推广工作。换句话说,有了流量,就可以对网站推广产生积极的影响。反过来,一个网站越善于推广营销,就越能产生更大的流量。一个网站的价值可以通过流量的多少来体现,流量和推广是一对完美的合作伙伴,它们之间互为促进。

2. 实现网站盈利

一个商场如果没有什么人流量,说明生意不景气。只有购物的人川流不息,商场才有盈利的可能。对于一个网站而言也是如此,如果没有流量,就无法产生盈利的可能。传统报纸的新闻放在自己的官方新闻网站上没有什么人来看,但是放在新浪网却可能为成千上万的网民看见,产生巨大的盈利价值,关键在于新浪网的人流量很大,自然产生很大的流量,从而为广告商所青睐。

3. 促进网站发展

流量是网站发展的前提。网站想有所发展,就必须有一定的流量。一个网站的发展是离不开流量的大力支持的。只有很多人在你的网站上穿梭来往才能产生人气,依靠人气产生口碑,进而产生对网站的黏附。网站的生存和发展是依赖于流量的。没有一定的流量作为基础,就无法在市场中形成自己的核心竞争力。

三、流量管理的原则

1. 了解网民心理特征

网民主要的心理特征有:自我表演(披露)、社交分享、情感宣泄、逆反调侃、群体盲从、猎奇偷窥、娱乐消遣等心理偏向。了解网民的心理特征,对于网络新闻的编辑和流量管理具有指导意义。

通过对新浪新闻排行榜以及新浪各频道新闻访问流量的分析,发现在社会娱乐新闻中,主题包括"泄密""内幕""揭秘""性感""组图""芳心""变性人""强奸""绑架""外遇""仇富"等关键词的标题,容易产生较大的访问流量,这表明网络新闻受众具有一定的心理偏好。此外,长期跟踪一个网站的新闻流量结构,不难了解受众的这些心理将影响他们对网络新闻的选择。新浪还发现,网友还具有以下一些基本特性:关注重大、突发、新奇事件;最初上网并非有特定目的;缺乏耐心;浏览页面多于仔细阅读;对简洁页面的喜好胜于花哨页面;对名人"隐私"相关内容存在猎奇心;标题有助于页面浏览率。[①]

2. 防止恶意哗众取宠

要注意处理好网络新闻的"软""硬"关系。由于网民的心理特征,网络新闻的"软"是比较明显的。在网站发展初期,这类"软新闻"占的比重还比较大。但对于一个成熟品牌和有社会责任感的网站来说,没有必要一味迎合网民这种"求软"心理来提高流量。新浪网认为,"硬新闻"永远是主流媒体的标志性核心产品,应该以"硬"为主,"软"只是一种佐料,只是气氛上的调剂,比如新浪网新闻的版面位置处理,相对"软"的社会新闻居于各类新闻的最下端,便于读者在阅读完各类"硬新闻"后舒缓情绪。[②] 然而,有些地方新闻网站却反向其道,将社会新闻、八卦新闻放在网站首页首屏最显著位置,试图迎合网民低级趣味来提高流量,这种做法不仅有辱传统媒体官方网站的权威,而且严重影响着网站自身的可持续发展和品牌建设。

第二节 新闻网站流量统计工具

新闻网站流量统计需要专业的分析工具或软件。因此,近年来 Web 分析优化领域受到越来越广泛的关注,各种 Web 分析工具也应运而生,如 Google Analytics、量子恒道统计(前身为雅虎统计)、百度统计等,这些都是分析与流量相关的众多影响因素的重要工具。

一、Google Analytics

Google Analytics 是市面上功能最为强大的网站分析解决方案之一,可用于收集、浏览、分析网站流量数据。通过向页面内嵌入 Java Script 代码,网站管理者可以了解到哪些是最常被浏览的网页、平均页面访问量、访客停留时间、哪些广告更加吸引访客等信息。Google Analytics 协助网站管理者从使用者角度评估网站设计方案、掌握访问者需求、发现网站存

---

① 陈彤,曾祥雪.新浪之道[M].福州:福建人民出版社,2005:221—222.
② 同上书,第251页。

在的问题,以此来改善网站设计品质,提高访问者满意度。

(一) Google Analytics 的注册与设置[①]

1. 注册账户

要注册新账户,先访问 Google Analytics 网站。点击"使用 Google Analytics"按钮并按照屏幕上显示的说明进行操作。

2. 设置账户媒体资源

Google Analytics 非常灵活,可以支持不同的账户配置,但账户的设置会影响报告中的数据显示方式。若要对账户的设置进行规划,请参阅官方网站有关账户、用户、媒体资源和视图概述中的相应文章。

如果要设置 Google Analytics 来跟踪应用,需参阅移动应用分析设置最佳做法。

3. 设置跟踪代码

在网站或移动应用中添加 Google Analytics 跟踪 ID 和代码,以便收集使用数据并将其发送至指定 Google Analytics 账户。使用者可以在同一个账户中跟踪多个媒体资源,但每个媒体资源必须单独设置。设置网络跟踪与设置移动应用跟踪需遵循不同的流程操作。

完成设置后,返回此帮助中心并详细了解如何管理账户、使用报告以及将 Google Analytics 关联至 AdWords(搜索引擎谷歌的关键词竞价广告,也称为"赞助商链接",位于谷歌页面搜索结果页右侧或上方)。

将 Google Analytics 与 AdWords 账户关联在一起,Google Analytics 会自动跟踪 AdWords 广告所带来的访问者的行为。利用这些数据,不但能评估 AdWords 预算的投资回报率,还可以就如何改进 AdWords 账户做出明智的决策。

(二) Google Analytics 的主要功能[②]

1. 内容分析

内容报告可帮助了解网站的哪些部分效果理想、哪些页面最受欢迎,并据此为客户营造更佳的体验。

2. 社交分析

网络是一个社交场所,而 Google Analytics 可衡量社交媒体计划的成效。可以分析访问者如何与网站上的分享功能(如 Google+1 按钮)进行互动,如何在不同的社交平台上使用内容。

3. 移动分析

Google Analytics 可帮助衡量移动世界对网站业务的影响。除此之外,如果网站开发了移动应用,Google Analytics 还能提供适用于 iOS 和 Android 的软件开发套件,帮助评估如何使用自己的应用。

4. 转化分析

利用 Google Analytics 丰富的分析功能,可确定网站吸引了多少客户、销量有多高以及用户如何与网站互动。

---

① 具体操作使用可登录 Google Analytics 官方网页。
② Google Analytics 功能[EB/OL].[2014-04-13]. http://www.google.com/analytics/features/

5. 广告分析

广告分析可了解网站的社交广告、移动广告、搜索广告和展示广告的效果,以最大限度地发挥广告的作用。将网站活动与营销广告系列进行关联,掌握全面的信息并优化广告效果。

二、量子恒道网站统计

量子恒道网站统计是一套免费的网站流量统计分析系统,为用户提供网站流量监控、统计、分析等专业服务,可以帮助用户对大量数据进行统计分析,发现用户访问网站的行为规律,并结合网络营销策略,提供运营、广告投放、市场推广等决策依据。

（一）量子恒道网站统计的注册与设置①

（1）使用量子 ID 及密码登录统计系统。如果还没有量子 ID,请进入官方网站注册（http://www.linezing.com/register.php）。

（2）单击"添加网站",进入添加页面,填写正确的站点名称及正确格式的 url 地址、联系邮箱,并选择站点类型。

（3）选择数据"是否公开"。如果选择公开,则对应的该统计网站的"综合报告"数据将被公开。

填写"查看账户"。如果希望其他用户可以查看到全部的报表信息,又不希望对方使用网站的账号登录修改或管理内容,可以在这里输入对方量子邮箱地址,对方就可以使用自己的量子 ID 登录查看数据报表信息。

（4）根据需要选择统计标识（如图 7-1）。

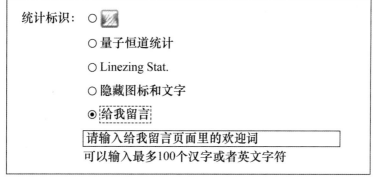

图 7-1　根据需要选择统计标识

选择"待定",则安装统计代码之后,在网站相应位置会显示一个量子恒道网站统计图片标识。

选择"linezing! Stat.",则安装统计代码之后,在网站相应位置显示英文 linezing! Stat。

选择"隐藏图标和文字"。选择安装统计代码之后,在投放统计代码的页面上将不会出

---

① 如何使用量子恒道网站统计？［EB/OL］.［2014-04-13］.http://www.linezing.com/help/stat_guide.html

现量子恒道网站统计的图标和问题,但是统计数据不会受到影响。

选择"给我留言",则安装统计代码之后,在网站相应位置显示"给我留言"字样,并可以享用量子恒道网站统计为其提供的免费留言功能,访问者可以在此平台留言。

(5) 同意服务条款,点击"提交"后,进入"获取统计代码"页。

选择"复制代码":将此框内代码复制到网站的页面即可实现统计功能。

选择"复制图片代码":将此框内图片地址复制到网站的页面即可实现统计功能。此功能适用于不支持 Javascript 的站点,如个人空间、Blog、B2B 个人店铺、Bbs 等站点(如图7-2)。

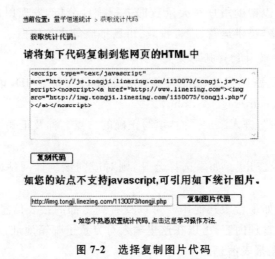

图 7-2　选择复制图片代码

(6) 将上步操作复制的代码嵌入网站相应页面,应注意代码的正确性。

(7) 全部操作完成后,使用者可以随时登录统计查询页面,点击"详细数据"可查看流量状况及分析报表。

(二) 量子恒道网站统计的主要功能[①]

1. 综合报告功能分析

综合报告功能分析从当日至前 30 日内的 PV(页面浏览数)、UV(独立用户访问量)、IP 数据及其变化趋势。

对于"网站流量"数据中的"今日""昨日此时"和"预计今日"部分中的数据,系统每分钟自动进行更新,帮助使用者实时了解站点流量数据。

对于"网站流量"数据中的"最高记录"部分中的数据,系统每日自动进行更新,为使用者掌握站点流量趋势提供直观信息。

"在线人数"按照分钟展示网站新增在线人数,并且可以查看到最近 5 分钟、10 分钟和 15 分钟的在线人数情况。

"昨日访客黏度指标"提供前一天主要用户黏度数据,昨日回头客总量、回头率、平均停留时间及平均访问页数可轻松查看。

2. 访客记录

最近访客记录功能,可以对访问用户的情况及行为进行分析,页面上可显示最多 150 条

---

① 各个指标的主要功能参考官方网站 http://www.linezing.com/help/stat_guide.html. [2014-05-21].

的最近访客信息。最近访客记录分析的内容包括：访问时间、IP地址、来源地区、来源网址、访问网址等。

3. 时段分析

时段分析功能采取每小时独立去重方法，可以按照使用者的需要选择日期，对24小时内PV、UV、IP数据及变化趋势进行分析，系统会每分钟对该数据进行更新。

时段分析功能分为以下两部分。

(1) 单日流量：可以分析某一天各小时内的PV、UV、IP数据及变化情况。

(2) 多日流量对比：可以分别分析对比选定日期内PV、UV、IP流量变化情况，目前最多可以同时对四天的数据以小时为单位进行对比。

4. 每日分析

每日分析功能可以按照使用者选择的时间，对于本周、上周、本月、上月或任意时间，用户每日访问网站的状况及用户行为进行分析，系统每分钟对数据进行更新。每日分析可使使用者简单、直接地了解站点一定时期内的流量和用户情况。

每日分析包含以下几个部分。

(1) 每日流量：分析当日及30日内PV、UV、IP的数据及变化。

(2) 访客平均停留时间：针对用户行为分析，分析选定时间内访客平均停留时间。

(3) 访客平均访问页数：针对用户行为分析，分析选定时间内访客平均访问页数。

(4) 访客构成：分析访客来源构成(分为直接输入、搜索引擎导入、其他来源导入)。

(5) IP构成：分析访客IP构成比例(分为直接输入、搜索引擎导入、其他来源导入)。

5. 搜索引擎分析

搜索引擎分析功能可以按照使用者选定的时间段，对于各个指定搜索引擎带来访问量(PV)的变化及趋势进行分析，系统会每分钟对该数据进行更新。目前统计系统支持量子、百度、谷歌、搜搜、搜狗等14个不同搜索引擎的数据显示。

搜索引擎分析包含以下两个部分。

(1) 各搜索引擎流量：可以分别查看各搜索引擎某一时间段内导入流量的数据，及占总流量的比例分析，同时提供各搜索引擎带来流量的单词平均访问页数和时间，为使用者更好地针对各搜索引擎进行推广提供依据。

(2) 指定搜索引擎流量趋势：可以选择分析某个搜索引擎，在一定时间段内各天带来的流量数据，及在该时间段内各天流量所占比例。

6. IP来源分析

IP来源分析功能可以记录并分析访问网站的IP信息，记录各IP访问的PV，此功能可以帮助使用者更深入地分析来源IP所对应用户的访问行为，及时发现异常或恶意访问的IP。同时，使用者可以通过点击页面显示的IP地址查询出该IP所对应的地区名称，以针对不同地区的用户做更有效的推广。目前此功能支持前100的来源IP分析，系统每小时对数据进行更新。

7. 关键词分析

关键词分析功能可以按照使用者选择的时间段，对由各搜索引擎关键词导入的流量及趋势进行分析，系统会每分钟对该数据进行更新。目前量子恒道网站统计支持包括量子、百度、谷歌、搜搜、搜狗等共计14个搜索引擎。

该功能包含以下两个部分。

(1) 各关键词流量。可以分别对各关键词由各搜索引擎导入的流量进行分析,目前可以显示搜索数量最多的前 100 个关键词的相关信息。

(2) 指定关键词流量趋势。可以分析某个指定关键词由搜索引擎导入的流量信息。

8. 访问来源分析

访问来源分析功能可按照不同时间段,对基于不同来源的用户行为数据进行分析提炼,以深度考量来源网站的质量和价值,系统每小时对数据进行更新。

该功能包含以下两个部分。

(1) 各访问来源流量。针对所有用户访问来源,对 PV、UV、IP、平均访问时间、平均访问页数等用户行为特点进行分析,同时可以显示各来源占总来源的数据比例。

(2) 指定访问来源流量。针对选择的来源分析该来源带来的流量趋势,同时对用户行为特点进行分析。

9. 访问地区分析

访问地区分析功能是对不同来源地区的用户行为数据进行分析提炼,深度考量不同区域的用户质量和价值,使用者可以按照不同时间段查询数据,同时系统会每小时对该数据进行更新。

该功能包含以下两个部分。

(1) 各访问地区流量。支持国家、地区及中国各省、自治区、直辖市、特别行政区内城市数据查询,可以对各地区导入流量比例、用户行为特点进行分析,同时可以提供各地区导入流量占总流量的比例。

(2) 指定访问地区流量。可以选择分析各个地区在不同时间段内分别带来的流量趋势和用户行为特点。

10. 被访页面分析

被访页面分析功能可以按照不同时间段,分别对站内被访问页面流量及趋势进行分析,系统会每小时对该数据进行更新。

该功能包含以下两个部分。

(1) 被访页面流量。用来分析站内被访页面流量比例,并按流量大小排序,目前报表中可显示被访最多的 100 个页面信息。

(2) 指定被访页面流量趋势。可以通过输入希望查询的被访页面地址方式,按时间分析该页面流量变化趋势。

11. 客户端分析

客户端分析功能可以帮助使用者分析访问网站用户的客户端情况,以便帮助使用者更有针对性地设计网站,系统每分钟对数据进行更新。

具体分析用户操作系统、颜色、分辨率、语言、浏览器内核、浏览器、JVM 是否开启、Flash 版本号、Alexa 工具条等。根据需要时间段可以选择今天、昨天、前天或任意一天。

12. 详细来源分析

详细来源分析功能可以帮助使用者查询最近访问网站的具体来源网址,此功能可以帮助使用者深入分析网站被访情况。目前此功能支持前 100 的查询,同时系统每小时对数据进行更新。

三、百度统计

基于百度强大的技术实力,百度统计提供了丰富的数据指标,系统稳定、功能强大且操作简易。

1. 百度统计的注册与设置[①]

(1) 注册百度统计账户。登录百度统计官网,注册账户(如图 7-3)。

图 7-3 登录百度统计官网,注册账户

(2) 新增网站。点击"新增网站"按钮,填写网站域名(如图 7-4)。

图 7-4 新增网站设置

(3) 获取代码。进入"代码获取"页面,复制代码(如图 7-5)。

图 7-5 获取代码

(4) 安装代码。将代码安装在添加的域名下,安装完毕,即可使用。如果是百度推广客户,则直接在推广后台开启百度统计即可,无须再注册百度统计账户。

---

① 百度统计软件的具体操作使用可参考官方网站 http://tongji.baidu.com/web/welcome/login.[2014-05-21].

2. 百度统计的主要功能

目前百度统计提供的主要功能包括：趋势分析、来源分析、页面分析、访客分析、定制分析和优化分析等。

（1）趋势分析。"趋势分析"是指一段时间内网民对被统计网站的访问情况。可以实时查询访客信息以及访客进入网站入口页面与最后停留页面，还可以查询当日和前日以及30天内的访问 IP 数量信息等。了解趋势动态，可以让使用者更加精确地了解访客喜欢哪些页面，不喜欢哪些，还可以让使用者了解网站每天的流量 IP 数量。对搜索引擎优化者而言，通过百度统计的"趋势分析"，可以了解推广活动或网站改善的效果，为搜索引擎优化的整体效果做基本评估。

（2）来源分析。"来源分析"的主要功能是分析网站上流量的来源分布情况，比如全部来源、搜索引擎、搜索词、外部链接等。搜索引擎优化者可以通过百度统计的"来源分析"报告，了解哪些来源给网站带来更多有效的访客，从而合理规划搜索引擎优化关键词、网络推广方案、推广渠道等实施细节。

（3）页面分析。"页面分析"就是访客对被统计网站的各个页面的访问情况，包括受访页面、受访域名、最常访问、入口页面、退出页面、页面点击图、页面上下游等详细统计报告。搜索引擎优化者可以通过此报告了解访客最关心或最不关心的网站内容，从而有针对性地优化网站页面以及推广侧重点。

（4）访客分析。同 Google 分析中的"访问者"类似，百度统计中的"访客分析"也是统计访客对网站的访问情况、忠诚度等信息，包括地域分布、新老访客、访客属性（年龄等）、访问页数、访问时长、网络提供商、浏览器、操作系统、分辨率等报告。"访客分析"中的"地域分布"一项，详细记录访客的地域分布，对很多有明显地域特征的网站，比如地方性的论坛来说，这个报告是非常有用的。搜索引擎优化者通过"访客分析"报告，可以了解访客对网站的黏度，尤其在对网站内容改进之后，可以通过此报告了解网站吸引力是否有所提升。

（5）定制分析。定制分析包括转化路径、指定广告跟踪、事件跟踪、自定义变量等。管理者可以根据网站页面情况而定。如果网站页面比较多，想了解各个页面详细状况的话，就可以通过定制分析功能进行页面设置。这种定制分析具有目标的针对性和个性化，适合某些特殊要求的统计。

（6）优化分析。有 SEO（搜索引擎优化）建议系统会从网站 URL 和页面内容两个方面来检查网站对百度搜索引擎的友好程度。对网站 URL 的检查主要从网站 URL 的长度和静态页参数上进行分析，给出建议。页面内容上，主要从 Meta 信息、图片 Alt 信息、Frame 信息以及 Flash 文字信息的完整程度上来进行检测，给出需要进行优化的链接。[①]

搜索词排名报告会跟踪设置的搜索词，给出其在百度搜索中和百度指数中的排名，帮助使用者更好地优化推广效果。百度索引量、网站速度诊断、升降榜、外链分析、抓取异常等方面的信息，可以让使用者知道如何正确优化网站排名，少走弯路。

（7）其他常用工具。"百度收录量查询"对搜索引擎优化者来说是最有用的工具之一，是查询百度收录某网站页面数量的最准确的工具之一。要使用这个功能，搜索引擎优化者

---

① 百度统计六大功能 助力站长进行网站分析［EB/OL］.［2014-03-20］. http：//www.chinaz.com/web/2013/0618/306322.shtml

需要在网站页面上安装百度统计代码,产生流量数据之后,即可查询百度收录量数据。百度收录量数据每周更新一次,不同站点的更新日期可能不同。如果出现收录量数据与"site"查询结果数差异较大的情况,说明网站本身及内容可能存在问题。[1]

"百度搜索风云榜"也是一个搜索引擎优化者经常使用的工具。这个风云榜提供一定时间段内在百度搜索中最为热门的关键词,利用这些热门关键词,搜索引擎优化者可以吸引非常多的流量。

"百度指数"是一个用于反映关键词在过去30天内的网络曝光率及用户关注度的工具,它能形象地反映该关键词每天的变化趋势。"百度指数"是以百度网页搜索和百度新闻搜索为基础的免费数据分析服务,用于反映不同关键词在过去一段时间里的"用户关注度"和"媒体关注度"。搜索引擎优化者可以通过百度指数发现、共享和挖掘互联网上最有价值的信息和资讯,直接、客观地反映社会热点、网民的兴趣与需求。

"百度数据研究中心"其实就是以百度用户为基础的网络行业权威的数据研究机构,通过为各行业、企业提供优质的数据产品和咨询服务,提高客户的品牌传播效果。

第三节 新闻网站流量的统计指标

一、访问量/独立用户访问量

1. 访问量[2]

网站访问量是通过网页点击的次数来反映访问的多少。访问量是网站价值的重要衡量指标,访问量的高低很大程度上代表了网站的用户量大小与喜好程度,从而决定了网站的价值。

通常衡量访问量的指标是 IP 访问量和 PV(Page View)访问量。IP 访问量是指一天内有多少独立 IP 地址访问过网站,PV 访问量是指一天内网站有多少页面被访问过。通常 IP 访问量大致代表了网站用户的多少,虽然即使同一个 IP 地址下有时可能有多个用户访问过;而 PV 访问量则在一定程度上说明了网站对用户的黏性有多大,如果 PV 访问量大,说明用户愿意访问网站的页面多,反映出网站内容丰富,对用户是有价值的。

2. 独立用户访问量(UV)[3]

独立用户访问量简称 UV(Unique Visitor),是网站流量统计分析中的一个重要数据,并且与网页浏览数分析之间有密切的关系。独立用户访问量描述了网站访问者的总体状况,指在一定统计周期内访问网站的数量(如每天、每月),每一个固定的访问者只代表一个唯一的用户,无论他访问这个网站多少次。独立访问者越多,说明网站推广越有效,因此是最有说服力的评价指标之一。相对于页面浏览数统计指标,网站独立用户访问量更能体现网站推广的效果。

---

[1] 如何正确使用百度统计来进行搜索引擎优化[EB/OL].[2014-03-20]. http://www.3lian.com/edu/2013/08-27/92384.html

[2] IP 访问量与 PV 访问量[EB/OL].[2014-03-20]. http://www.liuliangbao.cn/liuliang.htm?id=106

[3] 冯英健.网站流量统计指标及其网络营销含义:独立访问者数量分析[EB/OL].[2014-03-20]. http://www.marketingman.net/zhuanti/traffic/5309.htm

网站流量排名通常都是依据独立用户访问量,如调查公司 Media Metrix 和 Nielsen/NetRatings 对美国最大的 50 家网站的访问排名统计就是以独立用户访问量为依据,统计周期为一个月,无论用户在一个月内访问网站多少次,都被记录为一个独立用户。不过需要说明的是,由于不同调查机构对统计指标的定义和调查方法不同,对同一网站监测得出的数字并不一致。

二、页面浏览数/平均页面浏览数

1. 页面浏览数(Page Views)

页面浏览数或网页访问量,指在一定统计周期内所有访问者浏览的网页数量,常被作为网站流量统计的重要指标。如果一个访问者浏览同一个网页三次,那么这个网页的浏览数就计算为三个。

页面浏览数对网站推广营销分析主要有下列四个方面的意义。①

(1) 页面浏览数量历史数据及网站发展阶段特征对比分析。一段时期的页面浏览数历史数据与网站所处发展阶段的流量有一定的关系。当网站处于初期阶段,网站页面浏览数处于明显上升趋势。如果网站处于稳定阶段,页面浏览数应该相对稳定或有一定波动,但如果数据表明页面浏览数在持续下滑,则很可能反映出网站出现了某种问题。

(2) 分析页面浏览数变化周期。当网站处于相对稳定阶段,网站访问量会表现出周期性的规律,比如在每个星期一到星期四,访问量明显高于星期五到星期天,而在同一天中,上午 10 点和下午 3 点可能是网站访问的高峰。掌握了这些规律之后,可以充分利用用户的访问特点,在访问高峰到来之前推出最新的内容,这样便于最大限度地提高网站信息传递的效果。

(3) 通过每个访问者的页面浏览数变化趋势分析网站访问量的实际增长。对每个访问者的页面浏览数变化趋势进行分析时,如果发现这一数据基本保持稳定,那么当与网站页面浏览数进行对比分析时,页面浏览数的变化趋势就反映了网站总体访问量的变化。如果平均页面浏览数有较大变化,那么只有对网站独立用户数、网页浏览数等指标进行比较分析,才能发现网站访问量变化的真正趋势。因为如果每个用户平均页面浏览数增加,即使独立用户数量没有增长,同样会使总的页面浏览数增加。

(4) 通过各个栏目(频道)页面浏览数的比例分析重要信息是否被用户关注。通过 AL-EXA 全球网站排名系统,可以看到一些网站各个栏目首页访问量占网站总访问量的比例,这一信息对于选择网络广告投放在哪个频道具有一定的参考价值。通过对各个栏目页面浏览数比例进行分析,可以看出用户对哪些信息比较关注,也可以获悉有多大比例的用户会访问网站首页,这些数据对于各个重要网页的重点推广具有重要意义。

2. 平均页面浏览数(Page Views Per User)

平均页面浏览数,指的是在一定时间内全部页面浏览数与所有访问者相除的结果,即一个用户浏览的网页数量。这一指标表明了访问者对网站内容或者产品信息感兴趣的程度,也就是常说的网站"黏性"。比如,如果大多数访问者的页面浏览数仅为一个网页,表明用户

---

① 冯英健. 网站流量统计指标及其网络营销含义:网站页面浏览数分析[EB/OL]. [2014-03-20]. http://www.marketingman.net/zhuanti/traffic/5308.htm

对网站显然没有多大兴趣,这样的访问者通常也不会成为有价值的用户。但应注意的是,由于各个网站设计的原则不同,对页面浏览数的定义不统一,同样也会造成每个访问者的页面浏览数指标在不同网站之间的可比性较低。

三、页面浏览时间

页面浏览时间,也叫页面停留时间,是显示访问者在某个特定网页或某组网页上所花费的时间。在 Google Analytics 上,页面浏览时间的统计方法是通过访问网页的时间戳来计算的,简单地说就是通过用户访问后的初始时间减去用户访问前的初始时间。例如,用户访问网页 A,然后访问了网页 B,然后离开了网站,用网页 B 的时间戳减去网页 A 的时间戳就可以计算出用户在网页 A 上的停留时间。

用户在一个页面上停留的时间长短,可以反映出用户对于这个页面的喜欢程度,它对于页面的排名有相当大的影响。事实上,很多网络工作者所做的很多优化工作都是在增加用户在页面上停留的时间,比如丰富页面的内容、更合理地规划页面、增加一些图片说明等。理论上来说,用户在某个页面停留的时间越长就会对这个页面的排名越有帮助。但在实际当中,这个停留时间也不是优化到最长就最好。因为从全局来看,用户在某个页面上停留的时间越长,那么在其他页面上停留的可能性就会减少,所以从整个网站的排名来说,用户在页面上停留的时间是需要更合理的规划。最理想的规划是,不要让用户在任何页面停留的时间超过网站的首页,根据关键词的重要性来优化用户在页面上停留的时间。①

四、访问深度

访问深度指在一个计算周期内,每个访问次数给统计对象所带来的页面浏览量的均值,统计周期通常为一个月。计算方法为:访问深度＝页面浏览量/访问次数。假如用户一次访问了某个网站首页后又浏览了两个页面离开网站,另一次用户访问了网站首页后又浏览三个页面离开网站。那么在这个统计周期内,有 2 个访次,页面浏览量分别为 3 和 4,那么访问深度＝页面浏览量(3＋4)/访次 2＝3.5(页/次)。

网站不应该只看重每天的流量有多少、用户有多少。增加用户对网站的访问深度,激发用户对网站的兴趣才是粘住用户最根本的方法。而且提高用户的访问深度还可以反映网站用户体验的效果如何。影响访问深度的因素有以下几个。

1. 高质量的内容

内容高质量包括两方面,一是内容对用户来说是具有价值的,二是内容具有原创性。

2. 相关推荐内容

网站要注重相关内容的推荐,如其他用户热访的内容、点击排行、分享排行、观看排行、置顶内容等。

3. 多媒体内容

网页上黑压压的一大片文字,让读者产生审美疲劳。要多制作多媒体的内容,不仅具有文字的深度,还有图片的冲击和音视频的形象。

---

① 能反映出网站用户体验的四个方面[EB/OL].[2014-03-20]. http://www.chinaz.com/web/2012/0809/268321.shtm

4. 清晰的页面结构

清晰的页面结构包括网站内容分类名称、标题含义明确易懂，内容板块和页面交互逻辑关系清楚、条理分明，用户很容易找到自己想要的内容。

五、弹出率

弹出率（Bounce Rate）是指用户来到网站，只看了一个网页就离开的比例。弹出率是网站能否满足用户需求的重要指标。如果用户来到网站，大部分只打开第一个网页，再也没有点击其他链接看其他网页就离开，说明用户在网页上没有找到他想要的信息，网站或者易用性很差，或者内容很不相关，无法吸引用户继续看其他页面。要控制用户的弹出率，需要在内容质量、页面设计、关键词设置等方面下工夫。

第四节 提高新闻网站流量的方法

一、社交媒体推广

社交媒体是为了帮助人们建立社会性网络而推出的互联网应用服务，包括社交网站、微博、微信、博客、论坛、即时通信（如 QQ 和 MSN）、播客等，其主要作用是为一群拥有相同兴趣与活动的人建立在线社区。社交网络为信息的交流与分享提供了新的途径，逐渐成为信息传播的重要平台。2009 年 3 月，美国互联网流量检测机构 Nielsen 发布报告称，社交网络登录人数多达全球互联网用户的三分之二，成为全球第四大受欢迎的互联网服务（其他为搜索引擎、门户网站、电子邮件）。在运用社交媒体推广时，要注意如下关键因素：互动共享、实时更新、内容新颖、多平台多渠道、多媒体等。

2009 年以来各大综合门户网站都推出了微博系统，尤其是新浪微博人气最旺，如果能利用好微博的话，对于提高新闻网站的流量会有很大的帮助。将新浪微博分享按钮嵌入网站里，访客点击它就能将网页转发到新浪微博，分享给他们的"粉丝"，增加网站的访问流量。新浪微博的分享按钮，还支持转发页面上的图片、音视频、显示转发数等功能，拥有更好的转发体验。

二、新闻热门事件推广

所谓热门事件，是指新近发生的、具有一定影响力的、能够吸引人关注搜索的事件。网站从业人员应学会通过借势"热门事件"而造势。新闻网站借助热点事件营销的主要方法有：要有公众可参与的"事件"，通过各种社交媒体进行互动交流；要学会有效"嫁接"，在网络新闻报道或专题策划中依傍当前的一些热点事件；要在短时间内整合各种资源，热点事件一般生命周期较短，新闻网站应该迅速及时推出原创报道或评论，甚至第一时间推出网络新闻专题策划。

三、网站内部资源推广[①]

从网站内部推广的表现形式划分,内部资源推广可分为三类:内容资源推广、广告资源推广和链接资源推广。它们有各自的网络推广价值和特点。

1. 内容资源推广

一个网站中可能含有众多网页,其中有些网页可能是最重要的,比如当前重点推广的产品、最重要的新闻等,因此对这些内容页面应该比普通网页更为重视。在网页标题策划、内容摘要、关键词设计、内容写作及版面设计等方面应该更加专业,从而为用户提供更有价值的信息。同时,重要内容页面可作为重要关键词词库的"着陆页",在下面的"页面推广专区"及"站内链接"中我们会做重点介绍。除了重点网页之外,还可以根据需要开设专题,将一系列相关话题的页面组成一个专题页面。

2. 广告资源推广

每个网页都是一个网络广告资源,可以合理利用网页的广告区域为自己的产品进行重点推广。网页顶端 banner、右侧图片或者文字广告等形式最为常见。在浏览门户网站新闻内容网页时,如果留意一下就会发现,除了正文区域,通常在右侧、下方还有一些相关的图片或者文字连接,其中主要是广告内容。事实上,一般商业网站模板设计中,通常将正文区域、网页模板顶部和导航等公共区域之外的位置称为"推广区",以明确这些属于内容页面的推广专区。

3. 链接资源推广

网站链接包括站内链接和站外链接。站内链接的主要形式比较广泛,导航菜单、站内文章列表等所包含的超级链接都可以认为是内部链接。不过,作为网站内部推广形式的站内链接,特指网站首页或者栏目首页的重点推荐、网页正文内容中的关键词链接、内容页面推广专区的推广内容等。站内关键词链接在为用户提供站内信息引导的同时,也对网站的搜索引擎优化发挥了明显的作用。

站外链接的主要形式包括:网站首页专门规划的互换链接(友情链接)区域、网页内容正文中的相关关键词链接、内容页面推广区的文字链接等。其中互换链接是为了采用互换资源推广而设计的,用于与其他网站进行链接;正文中的链接通常是把相关内容链接到可靠的信息源网站,或者本网站相关业务的网站/网页;内容页面推广区的外部链接则用于对本网站的其他相关业务进行推广。

四、免费内容推广

免费内容和收费内容成为新闻网站主要的赢利模式。与当前欧美国家正在逐步探索的付费墙(Paywall)完全相反,一些新闻网站正在逐步加大网络新闻信息的免费开放,通过免费内容赢得更多网民的关注。对于享受惯了免费的网民来说,网上新闻信息免费的网站更容易达成一种接受心理期待,而不是因收费而带来的抵触心理。当然,提供免费新闻信息的网站,仍然需要提供高质量的新闻信息,只有这样才能获取网民更多的页面浏览时间和深度访问等。

[①] 冯英健.实用网络营销教程[M].北京:清华大学出版社,2012:84.

> **阅读材料**

华盛顿邮报网站的内容推广策略[①]

华盛顿邮报网站(WashingtonPost.com)上的文章一般免费展示两周，两周之后就进入历史档案文库，访问者需要注册登录后才能访问。现在，为了增加网站访问量和获得更多网络广告收入，华盛顿邮报网站改变经营策略，将网站上的文章免费展示时间从过去的两周时间延长到60天。

这一转变是考虑到博客、搜索引擎抓取数据和RSS普及的原因，这些当前流行的新兴网络应用都要求网站上的新信息长时间公之于众从而充分发挥这些新技术的优势。

华盛顿邮报网站的执行编辑吉姆·布兰迪(Jim Brady)说：过去，网站文章在发布14天之后就不能公开访问的确给我们造成很多麻烦。

现在，华盛顿邮报网站上的博客文章RSS订阅和搜索引擎检索结果都直接为网站带来更多直达文章页面的访问量。

华盛顿邮报网站上大约一半的流量直接来自内容文章页面浏览。吉姆·布兰迪说，无论访问者通过首页还是内容页面造访，我们都很高兴，毕竟网站的访问量增长模式已经变了。实际上，华盛顿邮报网站开放文章这一策略是大环境影响下的必然选择。当前，由于传统印刷媒体的广告正在被网络媒体瓜分并且这一趋势呈增长态势，这就要求网络媒体在内容量上保持跟进以适应网络广告发布的需求。很多大型网站发布商如Houston Chronicle的Chron.com和Toronto Star的the star.com都已经积极采纳网站内容推广策略，顺应潮流取消或降低了只有注册才能获取网站内容的人为障碍，因为这会严重降低网站访问量。

目前许多以高质量内容见长的网站如市场调研公司eMarketer等纷纷延长用户免费阅读文章内容的时间，甚至完全取消阅读权限的限制。由此可以看出很多网站已经认识到网站信息公众化对网站推广运营的价值。所以说，可以通过让用户注册的方式，将他们需要的信息与他们共享，这样，在共享的同时可以利用他们带来的流量对网站进行更加丰富的推广。

五、搜索引擎推广[②]

通过搜索引擎带来的访问量通常占总访问量较大的比重，而且通过搜索引擎检索来到网站的访问者往往更具有商业价值。因此，搜索引擎是目前各大网站最常见的网络推广方式之一。搜索引擎推广有以下五个基本要素。

1. 选择专业的网站平台

必须有发布信息的网站载体，即在网站结构、网页布局、网站技术等方面符合搜索引擎的检索规律，让搜索引擎可以发现网页并抓取相应的信息。

[①] 薛小伟.简析华盛顿邮报的网站内容推广策略[EB/OL].[2014-03-20].http://abc.wm23.com/xuexiaowei/266478.html

[②] 冯英健.实用网络营销教程[M].北京：清华大学出版社,2012：88—90.

2. 构建网页信息源

搜索引擎的搜索结果来源于所收录的网站信息,每个网页均构成了搜索引擎的信息源,但并不是任何一个网页都会被搜索引擎收录,只有符合搜索引擎收录规则的网页才能被收录。如网页含有一定的文字信息量、网页标题与网页内容有一定的相关性、网页 URL 层次比较合理、网站内部链接关系适当等。这些都是在制定网站内容策略时需要考虑的问题。

3. 网页内容被搜索引擎收录

符合前述条件的网站,在向搜索引擎提交之后,通常可以获得搜索引擎自动收录,而提交新网站的方法包括直接向搜索引擎提交网站首页地址,以及通过其他网站链接的方式(当然前提是这些网站已被搜索引擎收录)。有些网站包含大量的网页内容,但并非每个网页都可以被搜索引擎收录,为了实现最佳的搜索引擎推广效果,还需要设计合理的网站地图、产品分类目录、网站内容列表等。

4. 获得有利的搜索结果排名位置

用户通常只关注结果中排名前 3 页的信息,尤其首页前几位的内容,这就意味着仅仅获得搜索引擎收录是不够的,还需要使自己网站的信息比同类信息更有优势,在大量的信息中占据有利位置。这就是搜索引擎优化所关注的主要内容。

搜索引擎优化在技术上主要应遵循如下原则:内容更新速度快;内容高质量(原创性、权威性、有价值);网站结构尽量避免采用框架结构,导航条尽量不用 Flash 按钮;每个页面都要根据具体内容选择有针对性的标题和富有特色的描述;做好页面关键词的分析和选择工作;增加外部链接;等等。

5. 实现顾客价值

通过点击搜索结果中的网页标题链接,引导用户来到网站获取详细的信息。而将潜在客户带入网站,只是实现了网站推广的第一步,网站能否将访问者转化为最终的用户,还取决于网站是否为用户提供了他所需要的价值,如有效的内容、服务、产品等。因此,网站的搜索引擎营销策略必须以实现顾客价值为前提,实现顾客价值是实现搜索引擎推广的根本目标。

六、电子邮件推广[1]

电子邮件推广的常用方法包括电子刊物、会员通讯、专业服务商的电子邮件广告等。电子邮件营销按照是否经过用户许可来划分,可分为许可 E-mail 营销和未经许可的 E-mail 营销。一般来说,许可营销比传统的推广方式或未经许可的 E-mail 营销具有明显的优势,比如可以减少广告对用户的滋扰、增加潜在客户定位的准确度、增强与客户的关系、提高品牌忠诚度等。

许可 E-mail 营销所应用的用户电子邮件地址资源的所有形式,可以分为内部列表 E-mail 营销和外部列表 E-mail 营销,或简称内部列表和外部列表。内部列表也就是通常所说的邮件列表,是利用网站的注册用户资料开展 E-mail 营销的方式,常见的形式如新闻邮件、会员通信、电子刊物等。外部列表 E-mail 营销则是利用专业服务商的用户电子邮件地址来开展 E-mail 营销,也就是以电子邮件广告的形式向服务商的用户发送信息。

---

[1] 冯英健. E-mail 营销[M]. 北京:机械工业出版社,2003.

七、病毒性营销推广

病毒性营销(Viral Marketing)利用的是用户口碑传播的原理。在互联网上,这种"口碑传播"更为方便,可以像病毒一样迅速蔓延,因此病毒性营销成为一种高效的信息传播方式,而且,由于这种传播是用户之间自发进行的,因此是几乎不需要费用的网络营销手段。

病毒性营销方法实质上是在为用户提供有价值的免费服务的同时,附加上一定的推广信息,常用的传播媒介包括免费软件、免费视频、免费贺卡、免费邮箱、免费即时聊天工具、社交网站、官方微博、官方微信公共账号等。

美国电子商务顾问拉尔夫·威尔逊(Ralph F. Wilson)博士将一个有效的病毒性营销战略的基本要素归纳为六个方面:① 提供有价值的产品或服务;② 提供无须努力的向他人传递信息的方式;③ 信息传递范围很容易从小规模向大规模扩散;④ 利用公众的积极性和行为进行信息传播;⑤ 利用现有的通信网络进行信息传播;⑥ 利用别人的资源进行信息传播。

除了上述常见的网站推广方法之外,还有一些网站推广方法,如网络广告、软文推广、有奖竞赛以及传统媒体宣传等。随着信息技术的进一步发展,相信会有更多的网站推广方法孕育而生。网站推广方法不是相互独立的,常常是将几种方法混合起来使用。新闻网站特别是综合门户网站的推广是个系统工程,而不是一般网站推广方法的简单应用,网站推广策略要综合考虑各种相关因素,根据网站内部的资源条件和外部的经营环境来制定,并且对网站推广的各个环节、各个阶段的发展状况进行有效的控制和管理,通过开展多层次、多样化和立体式的网站推广,努力把自己的网站和产品及服务推荐给尽可能多的用户和潜在用户,从而为自己创造更好的社会效益和经济效益。

思考与讨论

1. 使用某个 Web 分析工具,分析某新闻网站在流量统计上的一些相关指标。
2. 尝试为自己写的某篇新闻报道进行网络推广营销,以提高流量和传播效果。

第八章　网络新闻网页设计

作为新闻信息的新型载体,新闻网页凭借其技术化的手段对传统纸质页面的板式设计做了大幅度的更新。在版面功能、版面空间、编排手段、版面结构与原则、设计方式与理念等方面,新闻网页具有更加强的灵活性以及创新性。在网络新闻网页设计的过程中,我们既需要参照原有的报纸版面原则进行设计,又要根据网络载体的特性进行优化改良。

主页是指网站内对新闻标题、图片等内容进行聚合以实现目录导读作用的网页,一般情况下包含网站级、频道级、专题级等级别。呈现具体的新闻内容的单独页面一般称为内容页。

由于网络新闻网页在版面上具有无限扩展性,目前主流的新闻网站都是采用各个级别的主页来呈现新闻标题或简短的摘要,极少出现新闻内容直接呈现在网络主页上的情况。因此在本章内容中,网站内容的构成、版式、设计原则与步骤等主要都是针对各个级别的主页来讨论的。

第一节　网络新闻网页的构成

跟传统报纸页面一样,网络新闻网页也是用一定的空间来展示内容的。根据不同网页页面的构造以及不同网络新闻网页的作用,我们将网络新闻网页的构成从网页构成要素到网站整体结构分为四个层面,从微观到宏观来考察网络新闻网页的构成。

一、页面的构成要素

新闻网页占据一定的空间,由各种基本构成要素来呈现文字、图片、标题等各种内容。网站设计的要素比报纸版面设计的要素更丰富,不仅包含了常见的文字、点线、图标和色彩等,还能够运用音视频、超链接、活动组件和表单等对页面进行构建。这些网络元素的运用能够大大增强网络新闻网页的吸引力。

1. 字体、字号

字体是影响文字内容以及读者情感的一个最基础而重要的渠道。所有文字都需要通过字体来对内容进行呈现,因此相比其他的构成要素,字体更能对读者产生影响。作为传承中华五千年历史的产物,中文文字以不同的字体形态展现了不同时代的历史面貌与风格,不同字体的选择能对读者的情感产生无形而又明显的影响。

一般来说,在报刊和新闻网页上常用的字体包括宋体、黑体和楷体。辅助的字体则包括仿宋、幼圆、隶书等。

(1) 宋体。宋体端庄、清秀,横平竖直,笔画粗细适中,易于阅读。在传统媒体中,大部分的正文内容都是以宋体呈现的。正常情况下,网页页面内容也基本上都是以宋体呈现的。这既因为宋体能够使得内容易读性高,避免读者长时间阅读产生疲倦感的作用,又遵循了中文读者的长期习惯。

(2) 黑体。黑体笔画厚重,横竖工整严谨,字形方正,常常在新闻标题上使用。黑体具有规整、大气的形象,在标题中使用能够给读者以重要、关键的印象。而在正文中使用黑体则容易使得读者感觉过于沉重。如人民网新闻《习近平念两副春联向党外人士贺新春》中的新闻标题(如图 8-1)。

习近平念两副春联向党外人士贺新春
[习近平向全军老同志祝贺新春] [首都各民族人士迎春茶话会在北京举行] [专题:2014新春大拜年] [更多头条]

图 8-1 黑体字的新闻标题

(3) 楷体。楷体笔画灵活洒脱,类似于手写字体,常常应用在导读、注释、图片说明、札记、作者名字职务等内容上。楷体能够带给读者以轻松、愉快的心理体验。如新华网新闻《习近平念两副春联向党外人士贺新春》中的新闻图片说明①(如图 8-2)。

1月22日,习近平、俞正声、张高丽等在北京人民大会堂同党外人士欢聚一堂,共迎新春。 新华社记者鞠鹏摄

图 8-2 楷体字新闻图片说明

尽管以上三种字体的使用已经形成规律,但在网络新闻页面中,这样的规律在一定程度上被打破了。例如,在标题上,网络新闻的处理手法就与传统报纸版面的处理方式有较大的不同。这是因为网络新闻网页涵盖的内容越来越多,致使许多报纸版面无法呈现的内容板块需要以字体去区分。但是需要注意的是,很多非缺省字体在没有安装该字体的用户的浏览器中是显示不出来的,如的确需要使用,则应该用字体做成图片嵌入。

网络新闻页面的字体编辑应遵循量体裁衣、照顾阅读习惯的原则,根据字体形态的感官形象和文章内容来使用各种字体,既不要乱用怪异字体也不要墨守成规。

对于字号的选择,网络新闻网页更少通过字号大小进行对新闻内容或标题的突出或弱化。大部分的文章正文都选用五号字体,而标题则往往选用三号到五号的字号。另外,在网络新闻实际操作中较为特别的是,在完善的网站编辑管理系统中标题字号的选择往往是由该条新闻出现的板块位置来决定的,通常并不需要编辑对标题进行手动的选择或修改。

2. 点、线

点和线是网页设计中使用得较多的一种编排手法。点和线可以起到隔断分区、视觉引导、着重加强等作用,因此只有合理地运用点和线作为页面装饰的元素才能设计出美观优秀的版面。

一般来说,线条分为两种:直线和曲线。直线的艺术效果是笔直、硬朗、整齐、规则,可以形成图形的轮廓。直线的适用性较强,无论是正式严肃还是轻松诙谐的页面主题都可以尝试使用。而曲线的艺术效果是跳跃、活泼、轻松、动感,可以引导视觉方向,适用于青春活泼的主题。

除了形状以外,线条的粗细、长短和颜色等都会对线条的效果产生影响。

点在网页上的使用较少,一般用做着重标志或者视觉引导的标志。例如凤凰网首页频

---

① 习近平念两副春联向党外人士贺新春[EB/OL].[2014-02-01]. http://news.xinhuanet.com/politics/2014-01/23/c_119105189.htm

道,就将"点"作为标题的项目符号对各个标题进行视觉引导,用线条对各栏目进行隔开区分(如图8-3)。

图8-3 凤凰网首页中的点和线

3. 色彩

一个新闻页面首先能给人的印象就是颜色的使用与搭配。网民在阅读网页时首先感知的就是网站大体的色彩色调,接下来才会对视觉化内容(如图标、图片等)进行分析,最后才读取文字所传达的新闻内容。相衬的配色能使整个网页赏心悦目。网页不同于印刷品,往往能在版面的任何要素中使用不同的颜色。所以在色彩的使用上,一般需要遵循色彩搭配的具体原则。

每种颜色都有色泽、饱和度和明暗度等数值,颜色又按冷暖分为暖色、冷色和中间色等。其实颜色本身并没有冷暖之分,只是人类根据生活经验对日常所接触到的颜色做了粗略的区分。而每种颜色都在人们的心目中存在一定的心理印象,因此我们可以通过视觉心理学的方法对网页所要传达的印象进行合理的调整。

新闻网页一个主要目的是传递新闻信息,使其具有权威性和信服性,因此切忌在同一个页面中使用过多种类的颜色,以免导致网民阅读时视觉上的错乱和主题理解上的迷惑。

不同的颜色作为主调会对网站的形象产生非常大的影响。一般来说,我国的新闻网站多采用红色、灰色、蓝色等作为主色调。红色是一种强有力的色彩,在中国代表着权利、喜庆、重要等意思;灰色代表客观、冷静、真实等意思;蓝色代表理性、深度、和平的意思。这些颜色都非常符合一个有影响力的新闻网站的定位和需求。一般来说,绿色、橙色等较为活泼、轻佻的颜色就较少为新闻网站所使用。

视觉心理学以及色彩都具有非常深厚的基础知识,一般新闻网站都有专门的美术编辑、美工或设计师对网站的色彩进行合理规划。

4. 图表

图表是新闻中非常重要的元素。在传统新闻报纸中,图表承担着印证现场、丰富细节、活跃版面等多种功能。从专职图片编辑岗位的设立来看,图表的重要性就可见一斑。

而新闻网站则比传统媒体更早进入"读图时代"。新闻网页的空间无限性以及对图片展示的便利性,让网络新闻图片的使用率远高于传统媒体。例如网易、腾讯等网站都开通了专门的图片新闻频道。

一般来说,网页使用的图片文件格式为 gif、jp(e)g 和 png 三种。gif 格式常用于动态图片,具有无损压缩的特点,其缺点是文件较大;jp(e)g 是最常用的照片格式,能广泛支持网络标准;png 是无损压缩的图片格式之一,但不支持动画格式。

在新闻网页中,表格的出现也非常频繁。数据新闻作为新闻网页上的重要表现形式,很多情况下都需要灵活应用表格。目前大量的数据都可以从网络上搜索到,而使用表格对新闻进行阐述的时候,往往都会设置数据来源的超链接,让读者能够通过超链接来查看完整的数据。

同时,图片和表格的融合体——信息图(Infograph)在近年来也非常流行。信息图是通过视觉化的手段将数据信息用图形与数字结合起来以达到信息传播目的的图片。

5. 音视频

新闻网页中的音视频是网络媒体整合广播电视媒体的产物。因为音视频的整合,网络新闻网页才从"报纸网络版"的范围实现了自我突破,形成新闻载体意义上的"多媒体"。

视频由于同时带有动态画面以及声音,因此一般不设置在主页面上,而且不自动播放。视频组件在开始播放之前类似于一张图片,其作用是调节版面视觉观感。

与视频相比,音频在传播效果上来说具有较大的劣势,且目前的宽带一般足以支撑视频新闻的播放,因此音频在网络新闻网页上的使用较少。人民网、红河网等曾经也有专门的音频新闻栏目,但相继停止更新了。

就视频内容来说,视频粗略可分为以下几类:

(1) 电视新闻视频。网络新闻网页中的电视新闻视频指由专业的电视媒体摄制的,已经或者正在、即将在正式电视媒体播出的新闻视频。这种视频一般出现于有电视台背景的网站。此类视频需按照传统电视新闻制作的流程进行制作,只是在网站上重复利用素材。如,腾讯多媒体新闻《外交部回应安倍呼吁中日对话:中国领导人很忙》嵌入央视国际频道的新闻视频(如图 8-4)。[①]

(2) 自制新闻视频。网络新闻网页中的自制新闻视频指由网站相关团队制作的具有新闻信息的视频。这类新闻视频制作的自由度较大,既可以做成新闻节目的形式,也可以做成专题采访的形式等。由于在视频策划制作之时就充分考虑到投放的地点和受众问题,因此该类视频针对性较强,一般较容易受到网民的欢迎。很多媒体网站特别是综合门户商业网站已原创制作了不少新闻视频节目。

(3) 自制动画视频。自制动画视频也是新闻网站非常热门的一种视频类型。因为它不一定基于新近发生的事实并全部采用动画手段,因此与自制新闻视频略有不同。这种视频一般是由专门的动画视频工作室或者网站的动画团队制作的,由于形式新颖、内容信息量大,因而受到广大网民的追捧。

---

① 外交部回应安倍呼吁中日对话:中国领导人很忙[EB/OL].[2014-02-02]. http://news.qq.com/a/20140123/019840.htm

图 8-4　多媒体新闻中的电视新闻视频

6. 超链接

超链接是网络新闻网页区别于新闻报纸的最大区别。超链接是连接到更广阔空间的一把钥匙,通过超链接读者可以查找和阅读更多的内容。它无助于提交版面的视觉效果,但却是在真真切切地拓展版面的容量。

在视觉上,一般当鼠标移到某个超链接的时候,鼠标指针往往会变成手指形状而且链接会显示下划线并变色。

7. 表单

表单是网络新闻中数据新闻的真实体现。表单后台一般是一个关于访问量或点击量的计算器,而表单可以将数据结果实时地展示在页面上(如图 8-5)。表单在版面上既是动态的,又能充当一定的导航栏作用。这是传统新闻媒体无法做到的功能。

二、网页的表格式布局

报纸页面的布局从报纸出现至今,经历了直列式、咬合式的变化,形成了模块化的布局。

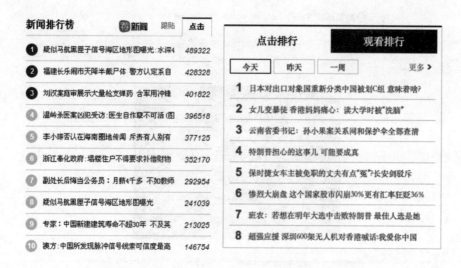

图 8-5　表单上的新闻排行榜类型

模块化的布局便于读者分辨阅读并易于编辑、修改、更换内容,因而被完胜性地使用于咬合式布局的晚报中。网络新闻网页可以实时更新版面以及信息量大的特征,更是要求使用短平快的表格式(模块化)布局。

在接下来的内容会讲到,网站页面的构建主要是用〈table〉(表格)标签来构建的,实际上整个网页就是一个把边框线隐藏了的表格。我们通过将文字、图片填入表格中来实现呈现的效果。在使用 HTML 语言进行网络新闻页面设计的时候,若使用旧式的咬合式反而会大大增加工作难度,同时也难以满足网民的阅读需求。网页的表格式(模块化)主要表现为块、栏、屏。

1. 块

根据呈现内容类别的不同,网络新闻页面往往会划为多个"块"。一般而言,通过点、线或无形的边界形成的四方块,由于边缘清楚、易于区别且版式轻松美观,受到了绝大部分网站的欢迎。这也是都市报和绝大多数网站的"模块化"特点的主要表现。

2. 栏

每个首页的版面都可以分为多个竖栏,用以限制文字横向长度以减少阅读困难,也可以起到隔断版面空间、增加版面空间感和变化感的作用。目前主流的新闻网站都采用 2 栏或 3 栏的设计,一般少于报纸的 4 至 8 栏,而且常常出现变栏、合栏、破栏的情况。这首先是因为电脑或电子终端屏幕较报纸版面小,其次是因为网络新闻网页比报纸版面更为活跃和灵活。

此外,在版式设计的时候,栏和栏之间的距离不能太近,以免造成整个版面的压迫感和阅读的疲倦感。

3. 屏

与传统的报纸不同,网络新闻网页的可视范围并不是整个页面,而是电脑的一屏。一屏指各种电脑或电子终端的显示屏所能显示的最大可视面积。这个面积不是一成不变的,而是在不断变化的。在互联网刚诞生的 20 世纪 90 年代,由于网络速度和屏幕分辨率等软硬件的原因,一屏的面积一般为 640×480 像素。而随着软硬件技术的进步,分辨率也不断升级为 800×600、1024×768、1280×1024 甚至更高。

屏是网络新闻版面阅读的基本单位,网民通过移动、阅读某一屏的内容来获取信息。大部分的网站都会采用多屏设计,并在首屏的位置加强颜色、文字、线条等设计元素以吸引读者。

三、页面的区域划分

页面的区域划分主要是要区分版面模块的内容功能,头区、导航区、内容区和尾区都是直接作用于读者的区域划分,分别呈现不同的内容信息。

1. 头区

传统报纸有报头报眼,网络新闻网页也需要有一个相应的区域来表明网站的标识以及其他必要信息。一般网站首页头区的信息包括网站的 Logo、网址、标语口号等。

除了这些最基本的信息,各种网站的头区设置也各有不同。各个网站可以选择设置搜索引擎、合作网站链接、天气资讯、广告甚至导航区(如图 8-6、图 8-7)。

图 8-6　南都网首页头区(含有天气资讯、搜索、传播平台)

图 8-7　大洋网首页头区(含有广告招商信息、文字版本、网站链接等)

2. 导航区

导航区是对整个网站的频道首页(或二级首页)进行展示和导览的区域。网站首页导航区一般设置为横式结构并置于头区下方(如图 8-8)。一些频道较少的网页也会将网站首页导航区与头区结合,以达到结合区视觉平衡的效果(如图 8-9)。而在频道层面,除了在顶部设置横式导航区外,还可以在页面两侧设置竖式的导航区。

图 8-8　南都网首页导航区

图 8-9　光明网首页导航区(与头区结合样式)

3. 内容区

内容区是承担网页具体信息内容的区域,是新闻网页最重要和最基本的区域。上文所提到的多栏分布主要就是指内容区的栏数。

主页内容区主要用于设置文章标题、图片或动画视频等,以及划分专栏。合理运用点、线、颜色和组件等构成要素可使内容得到合理布局。

4. 尾区

尾区是指内容区之下排列在整个网页最下方的区域,一般承担着介绍网站具体信息、提供网站注册或认证信息、声明版权以及发布合作网站链接等功能。读者可以通过这些信息了解该网站的具体信息或进行意见的反馈。此外,网易等部分网站还在尾区设置了导航区,也可以为阅读完前面内容的读者提供进一步的信息引导。

四、网站立体结构

由于网页具有近乎无限的空间拓展性,所以信息传递往往可以通过链接一个页面中的某个标题或关键词来实现。而如何对网站的页面进行组织也是考验一个网页专业性的重要体现。主要组成网站结构的单位有网站首页、频道首页、栏目(专题)首页和内容页等。首页的设计一般遵循由首屏到尾屏、高级首页到低级别首页逐渐减弱的规律。

(一)网站结构的组成单位

1. 网站首页

网站首页是一个网站形象最突出的体现,是一个网站的封面。网站首页是整个网站主要概况的体现,类似于都市报的导读页。它既需要有意识地突出网站近期的热点、重点内容,又需要对网站内各部分内容进行合理的曝光和导流。

由于网站打开的第一个页面往往就是主页,读者对网站首页的印象和感官对接下来的浏览和阅读起到非常大的作用,因此,网站首页通常都是采用最具冲击力的色彩搭配和简单明晰的排版结构来吸引读者的。

2. 频道首页

频道首页是指综合性新闻网站内的新闻分类的聚合页面。一般来说,新闻网站会按照不同的新闻分类和形式进行分类。比如央视网就将其网站分为时政、国内、国际、经济、军事、历史、法制、社会、台湾、娱乐、视频、图片、图解、专题、评论、论坛和天气等多个频道。而具有强大的网络新闻传播功能的商业网站更会按照网民的需求来进行分类,如新浪网将新闻设为一个单独的频道,其他财经、科技、体育等的频道也会有相应类目的频道新闻。

作为大型的通讯社,中新网还有许多分站和支社遍布各地,它们也在同一个域名下建起了相应的网页。根据域名和内容判断,这一类的网页也应属频道(二级)首页。

3. 栏目(专题)首页

频道之内的信息聚合一般分为两种类型:栏目和专题。因此频道之下的级别也一般分为栏目首页和专题首页。由于报纸缺少信息之间的沟通以及受版面空间的限制,新闻栏目较少出现在报纸上。网络新闻栏目是网络新闻的特色,它利用了互联网搜集信息的便捷性以及与读者的交互性,充分发挥网站近乎无限的空间优势而设置了一批非常有影响力的栏目,故其首页的设计非常精美。

4. 内容页

网站最基础的单位是呈现文章的内容页。在整个网站的设计中,内容页其实是其中最简单的页面。除了头区、导航区和尾区与其他首页之外,内容区一般就是简单的文字版面,便于网民阅读。内容页切忌设计繁杂,影响阅读。

(二)网站的主要结构形式

网站结构主要是网站内容级别、重要性的逻辑框架以及层级关系。整体来说,网站都是遵循树状式原则进行结构设计的。一般的网站都采取"网站首页—频道首页—栏目(专题)首页—内容页"的样式。对于新闻网站来说,近年来蛛网状的组织形态也越来越受欢迎。

1. 树状式结构

树状式结构,就像一棵倒置的树一样,从网站首页向下逐渐分岔,先后经过频道首页、栏目首页到内容页,一级一级层次分明,同级之间相互独立,互不交叉(如图8-10)。树状式结构具有非常清晰的层次结构,具有稳定性强、逻辑性强的特点。树状结构将所有的内容一一评定级别与重要性,按照不同的特征分门别类,然后进行组织。

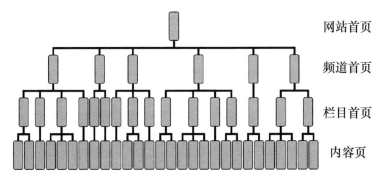

图 8-10　网络内容的树状式结构

不过,网站内容信息种类和数量繁多,就算按照一定的规律分门别类也会有很多分支。如果全网站都采用该种结构,就会显得拘谨烦琐。由于新闻内容只出现在固定的位置,并具有由上至下的唯一路径,读者需要花费大量的时间、精力去按类别寻找所需信息。

2. 蛛网式结构

蛛网式结构没有明确的中心和结构,往往是通过关键词或者新闻各要素的标签联系起来的(如图8-11)。读者可以通过网络特有的超链接来跳到其他类别的相关新闻,而且这样的路径往往是存在无数条的。基本上每个页面都有清晰的导航标识或者明确的链接,所以读者可以跳转到另外的页面。同一个页面的访问,可以经由不同的途径到达,网页之间是相互连通的。

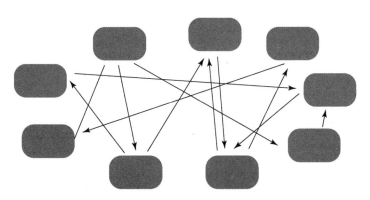

图 8-11　网络内容的蛛网式结构

蛛网式结构需要在网站建设时有意识地设置相关信息导航区或超链接区并内置分析代码。但过多地使用蛛网式结构也会造成读者在信息海洋中"迷路"的情况。

一般情况下,网站都是将树状式和蛛网式结构混合使用的,互相取长补短地去管理主页和内容页之间的不同阅读需求。在主页层面上各大网站都偏向于使用树状式结构来管理。

而在内容页的层面上,大部分的内容通过树状式设计后往往也会再添加蛛网状的设计样式。蛛网状的设计样式可以将文章相关的内容组织起来并加以推送,实现报纸所无法实现的用户定制内容。

树状式和蛛网式这两种结构方式,在网站建设中通常是混合使用的,仅使用纯粹单一结构的网站是很少的。

除了树状式和蛛网式以外,还有线性结构和表格结构。在线性结构中,网页之间的关系为顺序的线性排列,依次递进,直去直回。在网站的整体骨架中,一般不采用这种模式,因为网页连通的路径过分单一。但在局部结构中,这种方式经常可见。表格结构的页面关系其实是树状结构和线性结构的混合。它既有层级的特征,又有线性的脉络。网页之间按照一定的规律进行连接,看上去有些呆板。不过,这种结构兼具有层级和线性的特点,因而可以成为设计者构思和组织网站内容的好帮手。①

第二节 网络新闻网页的主要版式

新闻页面与报纸页面一样,每种新闻媒体都有不同的定位以及不同的受众群体,相应地也应该采用不同的网站整体的版式布局以适应自身的信息处理方式。版式并没有优劣之分,而是如何更适应媒体本身的定位以提供更好的服务。

相对于传统报纸版面来说,网络新闻页面版式更具有长期性。由于网站结构更改的复杂性,一般网页版面是不会频繁进行整体更换的,一般仅仅是周期性地对版式细节做出调整。当然就小规模的调整来说,网络新闻页面通过调整字体、字号、颜色、图片等方式来维持网络时代读者对网站的新鲜感。

一、综合型版面

综合型的版面内容多,不刻意强调内容的主次之分。综合型版面被商业门户网站广泛采用(如图 8-12)。综合型版面可处理的稿件类型丰富且信息量大,稿件的重要性相对差别较小,一般不会对某一部分内容做特别的着重处理,而是注重整个版面的全面性和时新性。这种版式凭借着模块化的编辑模式,可以迅速对新闻信息进行处理发布,甚至完全实现智能自动抓取和信息发布的效果。

综合型版面在编排的时候需要注意模块式编排的原则,合理安排版面的各项内容。在编辑的时候应注意版面的平衡和均匀,并需要将同类或相近的新闻放在同一个板块之内。

二、重点型版面

重点型版面有意强调页面的某个局部,一般有一至两个重点放置在页面的显要位置。读者在阅读这类版面的时候,注意力往往首先集中在版面的重点之中。传统媒体特别是党报的新闻网站会较多地采用重点型版面对当天的重要内容进行着重处理,特别是关于领导人或者重大事项的新闻消息。

---

① 邓炘炘.网络新闻编辑[M].北京:中国广播电视出版社,2005:93.

图 8-12　新浪网新闻频道首页的综合式版面

重点型版面设计会对当天的重点稿件加以强势的处理。例如从新华网和人民网的版面布局中可以看到,两家网站都采用了长栏和破栏的栏块处理,配合较大的字号对当天重点的文章题目进行强势处理(如图 8-13),甚至在左边配以相关大图片、视频(如图 8-14)。一般来说,如果全版只有一个重点,则可以安排在上半版中间的地方。而如果全版多于一个重点,则可以将重点分开布局,采取对称的版式以免互相弱化重点效果。

图 8-13　新华网首页的重点式版面

图 8-14　人民网首页的重点式版面

三、T型版面

T型版面是指在版式设计上在页面顶部和左边或者右边设置固定的导航链接或者板块链接，版面右下方或左下方设置正文的内容（如图8-15）。这样的版式层次分明、脉络清晰，一般用于较为严谨的网页。

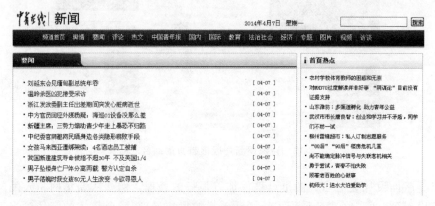

图 8-15　中青在线新闻频道要闻栏目的 T 型版式

四、门型版面

门型版面是从 T 型版面发展而来的，在 T 型版面的基础上在另外一侧添加另外一个固定的板块。门型版面继承了 T 型版面层次清晰的优点，并在视觉重量上能够更加平衡。

对于搜狐网这种信息资讯较多的网站，门型布局能够在正文内容两侧设置不同的导航区域，在横向的类型区分以及纵向的区域区分上都能够很好地兼顾。如果采用其他的版式则较难清晰地展现该频道众多而细致的分类（如图 8-16）。

图 8-16　搜狐网体育频道的门型版式

五、自由式版面

自由式版面是最具有网络特色的一种版式,完全不受信息板块规划的限制,可以运用海报、视频、动画等多种方式对主题进行阐述。自由式版面的版式活泼生动,易于吸引读者的注意力。

一般来说,自由式版面较少应用于各新闻网站首页。由于这类网页需要耗费大量的人力、物力对版面进行策划、设计以及制作,一般有可能会应用于各个网站的年终策划或者重大事件的专题策划等重点项目中。如腾讯新闻年终策划"童话2013",从"吃""住""爱""性""霾""国""家"等方面,以孩子的眼光来看待2013年发生的重要事情或变化。专题版式设计自由,不拘一格,以绿色生态的画面为布景,以动画为主要形式,嵌入儿童访谈的视频,让人在童真中感受到2013年这些新闻所反映问题的严肃性或重要性(如图8-17)。

图8-17 腾讯新闻年终策划"童话2013"

第三节 网络新闻网页设计原则

网络新闻网页的设计原则既复杂又简单。复杂的地方在于,作为新闻网页,网络新闻的设计既需要遵循新闻版面设计的主要原则,又要根据网络页面的特点对新闻网页进行设计。而简单的地方在于,网络时代很多规则都不复存在,只需围绕着更好地提供信息、服务读者即可。

一、版面简洁

当今社会信息技术高速发展,相应而来的是过度泛滥的信息资源。人们逐渐开始对繁复的信息感到头疼和反感。近些年来,在多个领域不断兴起的极简主义风格就是对繁复拥挤现象的反击和矫正。

就像现在很多人很难接受密密麻麻的报纸版式一样,人们对版式复杂的网络页面会感到更加反感。版面简洁越来越成为新闻网页乃至绝大部分网页设计的基本要求。大部分版式都注重对版式版面模块的区分,并且在板块之间留出足够的呼吸空间,以增加网站的亲和力。

二、重点突出

面对突如其来的信息洪流,人们往往会不知所措,而人类对信息的需求又是不断增长的。一个优秀的新闻网页在做到版面清新简洁之余,更要能满足读者对新闻信息的需求。

网络编辑往往需要合理评估新闻的重要性并对不同重要程度的新闻做好分级处理。一般来说，除了在版面位置上对新闻进行分级处理，还可以通过字体、颜色、图片、视觉引导线等方式突出新闻的重要程度。

三、重头轻尾

在很多情况下，新闻网页传达出的第一印象决定了网民是否会继续阅读网页，因此前面数屏的设计非常重要。首屏最重要的作用之一就是能够引起读者的兴趣，同时能够将最重要的信息呈现在读者面前。在设计网站页面的时候，一定要注意前几屏的设计。

读者经过前几屏的浏览后，对于网页中后部分，一般是带有某种目的性去寻找信息的。因此网站在中后部分应当减少带有设计感的元素，转而使用规整合理的分类来呈现不同的信息。

四、视觉平衡

在视觉感官中，人总是会对自己所见到的物体进行重心的判断。人总是喜欢稳定、平衡的状态，因此一个重心平衡的物体肯定会比不平衡的物体更加受到人们的欢迎。人们一般认为黑色就代表了重量，物体越是深色重量就越大。因此在版面中，如果某个地方的字体较为密集，那么人们就认为这部分较重。

在每一屏的版面中，策划设计的时候都应该考虑各个部分和板块的视觉重量。我们可以通过调整文字的字体、粗细、字号和密度，合理地将平面视觉重量较为对称地安排妥当，避免让读者产生由于视觉失重而潜意识地产生的焦虑感。

五、颜色和谐

颜色是版面设计中读者最先感知到的元素之一。各种颜色之间的关系可以分为同类色、邻近色、对比色、互补色等四大类，分别对应不同颜色之间的配合与运用。好的颜色搭配能够起到非常美妙的整体感官效果。在采用多种颜色时，必须注意它们的关系与配合，利用明暗、深浅等的方式对版面进行合理的布局。

此外，网页一般都有一个主色调，色彩通常不超过三种，以形成自身独特的品牌风格。

六、流量优化

在信息加载方式上，阅读报纸和阅读网络新闻网页存在很大的不同。在人们购买报纸的时候，新闻信息就已经通过印刷的方式加载到报纸上。而阅读网页的时候是在人们选择某个页面之后，页面信息才进行加载的。网民在时间等待上的焦虑感是很强烈的，所谓的"八秒定律"就是指用户在访问一个网站时如果等待信息加载的时间超过8秒，那么他们中有70%的人会选择放弃访问。

在制作网络新闻页面的时候，一定要注意网络流量的优化。在保证质量的前提下采用轻量化的网站结构、压缩后的照片、合理运用超链接等都会对减少新闻网页加载时间有帮助。如果是新闻图集等以视觉质量取胜的网页的话，则可以采取先加载整体框架，然后设置进度条等提示控件来保证用户的使用体验。

七、避免串题

避免串题是传统报纸版面的基本要求。传统报纸版面上的串题是指相邻两条新闻的标题在水平位置上比较接近,有可能会造成标题串连产生混淆甚至误读的情况。由于传统报纸越来越放弃咬合式版面而采用模块化版面,串题的情况越来越容易发生。而在诞生伊始就采用模块化编辑的新闻网页中,串题的情况更容易发生。

为了防止串题,网络新闻网页除了直接移动版面位置之外,还可以仿照传统报纸的方法对标题的字体、字号等进行处理。同时,在新闻网页设计中,我们还可以采用在标题前添加项目符号、添加隔断线等方法避免串题。

第四节 网络新闻网页设计步骤

用来设计网站的软件有很多,包括 Adobe Dreamweaver,Adobe Fireworks,Adobe Flash,SharePoint Designer 等。Adobe Dreamweaver 由于具有良好支持中文、输出类型多样、模板数量多、支持第三方软件等特征,成为网页设计者的首选工具。本节选用人民网时政频道"时事解读"栏目的某页面作为范例(图 8-18),使用 Creative Cloud 软件演示该目标网页的制作过程,从而掌握新闻网页的基本操作步骤。

图 8-18 人民网时政频道"时事观察"栏目某页面

一、创建文件

1. 首先打开 Adobe Dreamweaver，屏幕上出现有选择页面，分为"打开最近的项目""新建""主要功能"等栏目（如图 8-19）。

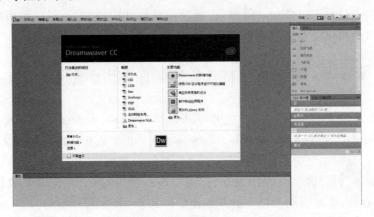

图 8-19　创建文件

2. 进行新闻网页设计，我们选择新建一个流体格式布局（如图 8-20）。

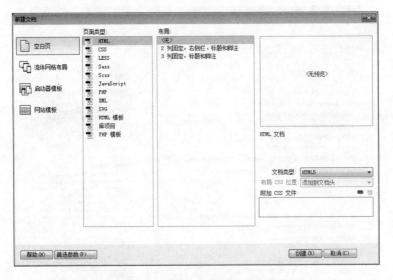

图 8-20　新建一个流体格式布局

3. 在弹出的新建文档页面中，选择空白页—HTML 方式新建文档。网站页面结构可采用 2 列（如图 8-21）和 3 列（如图 8-22）布局方式。

在布局方式上采用 2 列固定的"┐式"布局方式。接下来只需要对布局框架进行调整和内容修改即可。

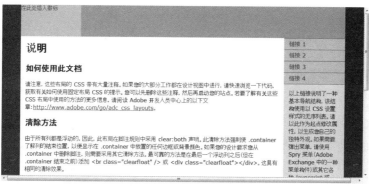

图 8-21　2 列页面结构

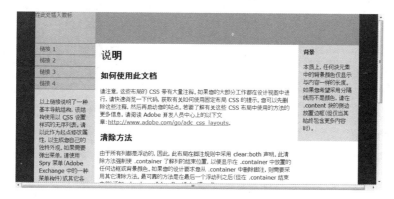

图 8-22　3 列页面结构

小提示：

在屏幕的左上方有"代码""设计"和"拆分"三个按钮，分别对应的是全屏显示代码、全屏显示设计，以及代码与设计框各显示一半。

根据需要，可以使用除了"设计"方式以外的"代码"或"拆分"方式对该部分进行修改。使用"设计"页面或"代码"页面是网页设计的两大思路。在网页设计中，均可以使用这两种思路来对任何控件进行调整或设置。因此，需要灵活地掌握这两种手法的运用。在拆分页面中，只要在设计页面单次点击组件即可在代码页面追踪到该组件的代码（如图 8-23）。

图 8-23　组件与代码

二、修改内容

1. 修改页面的头区

(1) 在页面最顶部,可以看到页面里包含两个不同级别的导航栏。先点击 Logo 的图标,选定 Logo 的区域,然后使用键盘的方向键"←"(左键)来移动光标。当光标在 Logo 左侧显示出来后,使用"插入"功能,选择"结构"的菜单之后,再选择"页眉"(如图 8-24)。

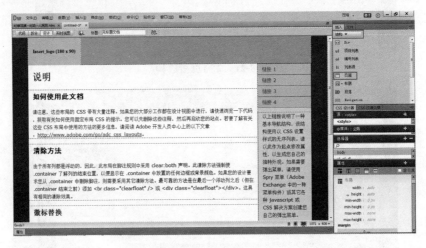

图 8-24　插入页眉

(2) 在点击页眉之后会弹出一个"插入 Header"窗口,选择插入"在插入点",class 一项选择"container",ID 留空即可点击确认(如图 8-25)。

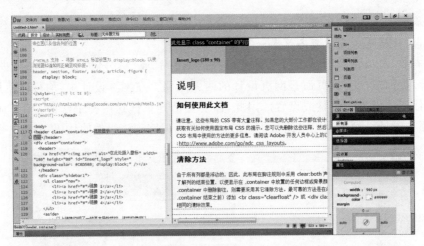

图 8-25　插入页眉

(3) 把光标移到最上面一行后,可以通过超链接的功能设置链接(如图 8-26)。

根据所演示的目标网页,在文本处填入"首页",在链接处填入"http://www.people.com.cn/"即可。

图 8-26　设置超链接

在"设计"窗口中,也可以使用代码来设置超链接。若要更改链接框的内容,可以通过更改〈a href="#"〉标签中的"#"号来输入链接地址,通过更改〈a href="#"〉链接 1〈/a〉中间的"链接 1"文字来输入需要显示的名称。

例如,可以通过更改〈li〉〈a href="http://www.people.com.cn/"〉首页〈/a〉〈/li〉为〈li〉〈a href="http://www.xinhuanet.com/"〉新华网〈/a〉〈/li〉来实现超链接的更改。更改完毕,当用户在页面点击"新华网"这一组件的时候,整个页面将跳转到 http://www.xinhuanet.com/这个网址。其他的超链接更改步骤相似,同时还可以通过代码的复制删改来实现组件内容的数量控制。

相应地,可以用相似的方法补充完头区其他的超链接按钮(如图 8-27)。

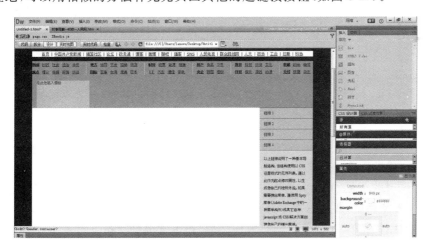

图 8-27　页眉与导航区设置

如果更改 Logo,只需在设计页面双击放置 Logo 的窗格即可弹出选择图像源文件的窗口,选择相应图片的路径即可更换。如果图像大小不恰当,还可以点击图片右下方三个黑点进行调整(如图 8-28)。

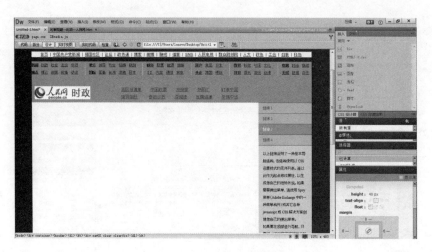

图 8-28　更换 Logo 效果

2. 对右侧的部分进行调整

（1）在"拆分"视图中双击该控件以对该控件的代码进行定位，将其删除即可（如图 8-29）。

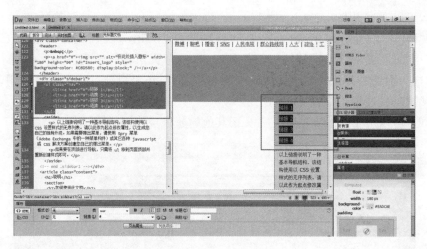

图 8-29　删除导航按钮

删除之后则按照超链接的设置方式对原网页的内容进行设计即可。

（2）对于"热点专题"部分，可以通过"插入—常用—图片"功能，在侧栏内插入图片（如图 8-30）。插入图片后，双击图片并打开页面下部的属性框（或在菜单栏的"窗口—属性"中打开）。在其中的"链接"一项输入网络地址之后，在正常浏览状态下点击图片即可跳转到图片所设置的链接。

小提示：

现在一般的网页使用的都是图文混排的形式，正常情况下混排阐述同一事件的图片和标题的链接都是一样的。在制作的时候可以根据不同的需求，对标题、图片、导语等内容设置超链接。

图 8-30 插入图片与超链接

3. 修改左下方的内容区

在完成导航区与侧栏后,按照上文提到的超链接设置方法,设置好主要内容栏中的内容即可。此外,在静态页面中,可以通过输入纯文本来显示页数。

需要注意的是,这一网页的主要内容栏比较简单。很多新闻网页的主要内容栏会非常重视图片、线条、动画等元素的设置。建议在该区域尝试用图文混合的形式进行网页制作。

小提示:

和普通的文字编辑软件一样,Adobe Dreamweaver 也提供字体格式的修改。修改文字的时候点击菜单栏的"窗口—属性",窗口下面会出现一个属性窗口,在这里直接修改文字属性即可(如图 8-31)。

图 8-31 在属性窗口修改文字属性

4. 尾区设置

最后,打开"设计"视图在网页的尾区用纯文本填上相关的版权、许可资料等信息,整个页面的基本编辑工作就完成了。

5. 调整美化

最后的调整美化阶段主要是通过"实时视图"这一功能进行调试。调试方法应遵循前文的相关原则和技巧。在本次调整过程中,重点在于版式的合理、字体与图片的大小恰当、超链接的正常使用和颜色的和谐搭配等方面,达到美观性和实用性即可。

6. 保存调试

在完成各项工作之后,点击菜单栏中的文件中的保存全部,选择保存的文件名和路径即可(如图 8-32)。

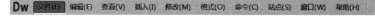

图 8-32 保存文件

全部保存后,使用一般浏览器打开所保存的html文件即可浏览。

思考与讨论

1. 浏览各大新闻网站的页面版式设计,寻找较为典型的案例进行分析,指出其优秀(或失败)之处。

2. 对某个新闻事件或话题进行专题策划,并按照页面版式设计的原则与步骤,自行建立一个新闻专题网站。

第九章 新闻资讯类 App 制作

当前,网民使用手机 App 成为一种时尚。艾媒咨询(iiMedia Research)数据显示,2013年年底中国手机新闻客户端用户规模达到 3.44 亿,同比增长 48.3%,环比增长 9.2%。手机新闻客户端在中国手机网民中的渗透率达到 60.4%。[①] 随着手机网络技术的发展、流量资费的降低,新闻资讯类 App 更加快捷、方便,频道更加多样化,内容更加广泛,使得多媒体能够全方位地展示新闻资讯。手机新闻客户端成为继报纸、广播、电视和网络之后的一种新媒体,俗称"第五媒体"。

第一节 新闻资讯类 App 的发展现状

App 即 Application 的简写,因此被称为应用。新闻资讯类 App 是一种手机应用,提供新闻资讯、报纸订阅、休闲、服务等,在重大事件发生时以推送的方式直接向用户推荐,可满足用户多层次需求。

一、新闻资讯类 App 的运营主体

目前的新闻资讯类 App 运营主体主要分为四类。

1. 传统媒体集团

传统媒体发展新闻资讯类 App 有三种路径选择。一是独立 App,即由媒体自己开发、运营的 App,将母体的内容及品牌迁移到移动端,借此实现自身的移动化转型。二是入驻 App 平台,借助 App 开放平台来发展自己的 App,比如央视新闻、参考消息等,其通过入驻搜狐新闻 App 来实现自己的移动化生存。三是微信公众账号模式。随着微信用户数的增长,微信已成为 App 世界的"强应用"与"日常应用",媒体借助这一平台来传播自身内容与品牌也是一个不错选择。

与商业门户网站新闻资讯类 App 相比,传统媒体的新闻资讯类 App 总体水平落后,主要在于:原创内容少,像新闻网站一样依附于传统媒体报道;对移动用户的日常习惯(如用户浏览时间)关注不足,信息的更新、推送明显滞后;对移动用户的消费体验关注不足,在阅读模式、夜间模式、字号选择、横竖屏显示等功能上缺乏充分开发;对移动用户的参与动机关注不足,没有重视 UGC(用户创造内容)以增强用户对应用的黏度。

2. 综合门户网站

相对于传统媒体,门户网站的新闻资讯类 App 明显更受受众青睐。艾媒咨询数据显示,2013 年中国手机新闻客户端活跃用户分布方面,搜狐新闻客户端、腾讯新闻客户端、网易新闻客户端分居前三位,活跃用户占比分别为 31.2%、29.4% 和 27.6%。[②]

[①] 2013 年中国手机新闻客户端市场研究报告[EB/OL].[2014-03-10]. http://www.iimedia.cn/37080.html
[②] 同上。

网易新闻客户端的特色在于,在各大门户网站中最先涉足手机新闻 App,用"无跟帖不新闻"的产品策略赢得了一定的用户覆盖量和使用黏度,善于将社会热点新闻与已有的强大评论系统结合起来,突显网站"有态度的新闻门户"的定位。

腾讯新闻客户端的特色在于,平台资源和内容的开放性互动分享。其新闻客户端的先天优势是横跨多个平台:用户可将自己感兴趣的新闻或者评论分享至微信、朋友圈、QQ 空间、腾讯微博、新浪微博等五大平台,因而腾讯新闻客户端实现了"直播＋分享＋视听"全媒体的开放平台功能,并具有"秒级响应、海量、精准、社交化、互动性"的产品特色。

搜狐新闻客户端的特色在于,响应网站口号"搜狐新闻先知道",注重引入 UGC 模式,即充分利用自媒体以及微博热点话题等内容。其商业构想是通过聚合内容变身为"内容经纪人",并采用新的内容收费方式。①

3. 垂直媒体

相比四大门户在移动互联网领域的风光无限,垂直媒体则相对显得中规中矩。垂直媒体内容更专业、更具体、更有深度,内容非快消品,所以不太适合普通用户阅读。由于垂直媒体信息的局限性,一般安装量也都不高。

反过来,正是由于垂直媒体的专业性特点,虽然读者数量不能与四大门户相比,但读者的平均"质量"要高于四大门户。下载"汽车之家"的,多是对汽车感兴趣或是近期有买车想法的人;下载"亿邦""派代"的,多是电商行业从业人员;下载"中关村在线"的,多是数码爱好者或有购买数码产品需求的人。另外,四大门户网站也看到了垂直媒体的市场价值,陆续推出了垂直类的新闻 App,如搜狐 IT、新浪财经、网易汽车等,形成了新闻产品矩阵建设,力图多方位覆盖用户。

4. 第三方平台

一些依托新闻内容而生的新闻聚合类 App 也应运而生,并取得了不错的发展势态。目前百度新闻、中搜搜悦、今日头条、鲜果联播、VIVA 畅读、ZAKER、Flipboard 等平台都取得了不错的成绩。

艾媒咨询数据显示,在 2013 年中国手机新闻客户端用户满意度方面,今日头条继续以 9.22 分高居第一,百度新闻跃居第二位,搜狐新闻排名第三。网易、新浪、腾讯三大门户网站的新闻客户端满意度相对较低。②

今日头条 App 是利用算法进行新闻适位推送的 App,与其他 App 新闻头条有编辑定义的模式不同,"今日头条"App 的"头条"是由每一个用户自行定义的,即"你关心的才是头条"。在内容方面,它聚合了各网站的新闻报道、微博名人的犀利评论与网友的精彩跟帖;在形式方面,它可以非常便捷地与朋友们实时分享批次收藏的文章和发表的评论(如图 9-1)。

---

① 李晶.门户巨头博弈新闻 App[N].经济观察报,2013-05-18.
② 2013 年中国手机新闻客户端市场研究报告[EB/OL].[2014-03-10].http://www.iimedia.cn/37080.html

图 9-1 今日头条

二、新闻资讯类 App 的主要问题

2011 年 2 月，世界上首个针对平板电脑开发的新闻 App——The Daily 诞生，这种新的新闻传播形式被寄予厚望，随后各个新闻媒体开始效仿 The Daily 推出自己的 App，但是 2012 年 12 月 15 日，The Daily 在其创办 22 个月后宣布因巨额亏损停刊。美国著名商业杂志《福布斯》(Forbes)在评论 The Daily 的消亡时这样说道："除了纸质版本变成彻底的数字版本之外，其他的内容基本没有改变——高成本制作、内容收费、广告、内容封闭、观点不详"，这或许是新闻 App 战略中应该注意的问题。

1. 内容同质化程度高

新闻资讯类 App 一般都设有新闻资讯、用户评论、专属订阅、分享收藏、相关微博、相关视频、相关资讯、有问必答、百科知识、语音评论等栏目，不同的 App 之间内容同质化程度很高。不同的 App 存在相同入口、相同样貌的状况，在商业模式、差异化内容、品牌塑造方面的创新能力较弱。

2. 页面编排设计缺乏

编排设计是突显自身独特性、规避同质化的有效手段之一。当前不少新闻资讯类 App 首页设计上一般都采用"大图片（或视频）新闻＋标题新闻"的结构形式，在重复着以往千报一面的老路。如何迅速在这种新的传播媒介上树立起别人不可替代的传播风格，是各营运主体必须考虑的重要问题。

3. 用户体验考虑不足

The Daily 的失败原因之一就是忽略了受众对于移动互联网平台的新闻需求。据悉，每期 The Daily 的内容量动辄几百兆，有的甚至超过了 1G，这让订阅用户在下载时苦不堪言。因此，App 必须基于移动互联网平台进行交互设计，流量、网速都应该是重要考虑的因素。另外，The Daily 在阅读模式、夜间模式、字号选择、横竖屏显示等功能开发上总体还不够深入。

三、新闻资讯类 App 的发展建议

我国新闻资讯类 App 还处于发展阶段，并没有运营主体最初鼓吹的那样完美，在发展路径上还需要重视如下几点。

1. 强化差异化内容

目前大多数传统媒体 App 并未整合 UGC 和 PGC（专业人士生产内容），只是将自己母体资源照搬到移动端，这样会影响到内容信源的多元性。高质量的新闻内容在日新月异的新媒体变革面前仍然是前提条件。各运营主体应努力提供自己原创的高质量新闻内容。此外，策划组织一些 App 用户的专属活动，也是提高用户黏性的重要手段。原创的高质量新闻也是实现付费墙这种赢利模式的基础。编辑稿件时也要惜字如金，要做有营养的新闻。为了避免出错，在编辑时一般经过"选稿—编稿—组版—下发"几个步骤。

2. 注重新闻编排设计

不同的传播媒介有不同的传播呈现形式。新闻资讯类 App 在形式呈现方面应注重简洁、夺目、稳定、亲和。一方面要以艺术设计理论、社会心理理论和人机交互设计理论作为 App 界面设计的基本理论，另一方面要在 App 界面视觉设计中遵循一些基本原则，如简化性、一致性、均衡性、统一性等原则。菜单操作、文本、按钮、各种栏、控件、对话框、列表等功能设计都要符合用户需求。同时，一些新闻资讯类 App 在设计上也要和母媒体的编辑方针相对应，体现母媒体的传播风格，避免"用多种声音说话"，影响母媒体的整体品牌塑造。

3. 重视用户消费体验

App 在某种程度上是一个"用户管理平台"，可以通过它建立起与用户的情感链接。注重用户的使用简易舒适性，以及参与分享性、个性化推送等互动手段。增加多触点外链，将新闻 App 与其他产品 App 捆绑，例如网易新闻和网易云音乐、网易有道词典等产品捆绑。巧妙利用新旧媒体互推，给用户提供实用性的消费体验，例如湖南卫视"天天向上"有一期节目 What is App 曾介绍过天气预报的墨迹天气、查询航班的非常准、用照片记录旅行的 Camera 360 等 App，这些 App 都瞬间火爆起来，迅速挤进 App 排行榜前十名。

第二节　新闻资讯类 App 的主要版式

App 版式是否具有良好的交互体验和方便用户阅读使用，是决定能否提升用户的忠诚度和活跃度的关键。这也是 App 新闻与 PC 端网页新闻的差别之处。

一、幻灯片头条的重点式版面

幻灯片头条是最常用、最常规的版式。一般来说，这种版式就是把几张最新鲜、重要的新闻大图片形成幻灯片以吸引读者眼光，然后再是一些小图文组成的各种形态的列表式新闻。幻灯片头条处于页面最显著的位置，大多数置于页面上半部分，也有位于页面的左上角（如央视新闻 App）。各种列表式新闻排版既有简单的文字标题排列（如图 9-2），也有题图＋文字标题的排列（如图 9-3、图 9-4），也有关键词的陈列（如图 9-5）等。幻灯片头条这种版式的好处是适于突出重大新闻。滚动性的幻灯片也给版式带来动感，缺点是流量多，图片打开慢，有时影响用户的消费体验。

第九章·新闻资讯类App制作

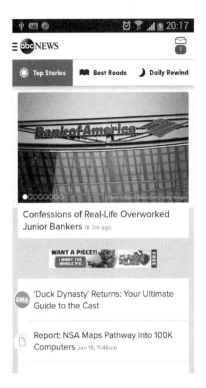

图 9-2　ABC 新闻 App

图 9-3　凤凰新闻 App

图 9-4　央视新闻 App

图 9-5　人民日报新闻 App

二、图文结合的齐列式版面

这种版式是以图片结合文字的表现方式展示最新近的新闻,一般来说新闻之间没有主次之分,所占版面位置大小大致均等(如图9-6、图9-7、图9-8、图9-9)。这种图文结合的版式会让版面比较直观、生动,能让用户以最快速度获得比较全面的新闻信息。但是相对于幻灯片头条版式来说,重点不够突出,在没有WiFi的情况下打开使用的流量比较多。

三、新闻分类的点状式版面

这种版式的作用主要是先对新闻进行分类,让用户先选择自己关注的领域,再点击关键词进行了解。通常这种版式的App的新闻分类都可以按照用户需求来排列。用户可以按照自己的喜爱对新闻进行分类排列(如图9-10、图9-11、图9-12、图9-13)。这种版式的优点很突出,就是可以方便用户按照自己的兴趣去阅读新闻,但是也可能会因为读者归类缺少或者归类失误,而导致读者与某些重要新闻失之交臂。

四、直接引用报刊的版式

这种版式就是直接把报纸的版面完全复制到新闻App上(如图9-14、图9-15)。这种App通常是传统报业为了参与新媒介,在新媒介上占一席之地而制作的。总体来说,这种版式不需要什么设计,只是传统媒体数字化转型、全媒体战略或媒介融合的一部分,起着"跑马圈地"的角色。这种新闻App的优点在于,阅读App如同阅读报刊一般,有完整的版面。但是流量多、下载慢、阅读困难,并没有App新闻快速简易阅读的优势。

图9-6　BBC NEWS App

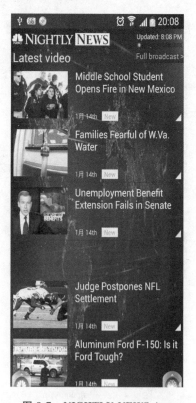

图9-7　NIGHTLY NEWS App

图 9-8　今日头条 App

图 9-9　南方周末 App

图 9-10　NHK App

图 9-11　ZAKER App

图 9-12　路透中文新闻 App

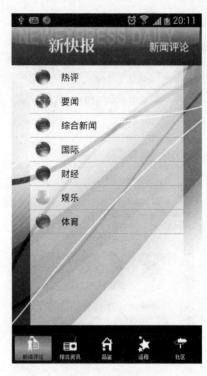

图 9-13　新快报 App

图 9-14　澳门日报 App

图 9-15　南方都市报 App

第三节　新闻资讯类 App 页面的构成元素

新闻资讯类 App 的页面在构成上主要分为启动页、首页和内容页三个部分。

一、启动页

心理学上的"七秒钟理论",就是说人与人见面前七秒钟所形成的印象决定了你对这个人的第一印象。在移动端应用中,从用户点击图标那一瞬间到用户进入主界面这段过程同样也决定了用户对该应用的第一印象。如何让用户产生好感并快速熟悉应用是这一阶段应重点考虑的。它决定了用户能否快速认可该应用的价值、掌握该应用的使用方法等。这一过程可以被称为"应用的黄金七秒"。而这个过程主要是通过启动页来完成的。

启动页指当应用程序被用户打开时,在程序启动过程中被用户所看到的过渡页面(或动画)。启动页的作用是,促使用户对应用程序快速启动并立即投入使用的感知度。在启动页的选择和设计上,可以从以下几点考虑:采用简洁、清爽的界面,以舒缓用户急躁的心情(如图9-16);使用情境化的场景,让用户融入其中;直接明了的品牌宣传,让用户潜意识中快速熟记(如图 9-17);使用触动情感的画面、故事情节或活动(如图 9-18、图 9-19),让用户产生情感共鸣和消费黏性。

图 9-16　ABC 新闻 App 启动页　　　　图 9-17　南方周末 App 启动页

图 9-18　央视新闻 App 启动页　　　　图 9-19　新浪新闻 App 启动页

二、首页

对于新闻阅读类 App 而言，首页是用户阅读的主要入口，如何划分与利用其界面布局，需要开发者进行深入的思考。现阶段移动终端用户的使用习惯是由对传统互联网的认知加上传统手机的使用习惯迁移构成的，而传统手机的使用特点是快速、直接、目的明确。所以，在 5.0 英寸左右的可视区域中，开发者需要确保核心信息出现在热点区域内，这样用户就能利用短暂的碎片时间浏览到最重要的新闻内容。

目前，无论是国内还是国外主要的新闻 App，首页的设计基本上是前面提到的两种版式，一是以幻灯片或大图片、大标题为主（如图 9-20、图 9-21）的重点式版面，二是以新闻列表出现的齐列式版面。首页设计通常都简洁明了，让人一目了然，可以迅速得到最新、最重大的新闻消息。

三、内容页

除了首页，在 App 新闻的阅读中最重要的版面就是内容页了。当首页的一则新闻吸引用户把它点开之后，它能否如期盼的那样让用户得到全面而生动的消息，这就是内容页的任务。相对于台式电脑新闻网页的密集性，新闻 App 网页版面显得非常清晰、简洁，让人一目了然。

以几个国内外著名的新闻 App 为例，可以看出，它们的内容页方面都是各有特色的。国外的新闻 App 倾向于文字讲解，再稍加图片，这样便于快速打开、节省流量并且获得更多详细内容,但长篇的新闻稿看起来比较费力(如图 9-22、图 9-23)。国内的新闻 App 相对倾向于图文结合,甚至是图多于文字,再加上视频讲解,视觉效果更为突出,但是在没有 WiFi 的情况下浏览速度较慢且耗费流量(如图 9-24、图 9-25)。

图 9-20　CNN 新闻 App

图 9-21　搜狐新闻 App

图 9-22　美国时代周刊 App 内容页

图 9-23　BBC 新闻 App 内容页

图 9-24　网易新闻 App 内容页

图 9-25　人民日报 App 内容页

第四节　新闻资讯类 App 的网页制作

一、新闻资讯类 App 制作介绍

应用程序所有制作过程分成"创意—规划—材料的调查—创意草图—制作—测试和修正—应用程序上传"这七个阶段。开发环境分为 iOS 和 Android 等，不同的环境开发需要用到的开发工具也不同。

iOS 应用程序编程是以"Objective-C"的编程语言制作而成的。Objective-C 是编程语言，用它来开发 iOS 应用程序很难，所以现在已经有事先提供制作好的一些解决怎样表示 iPhone 画面、怎样发出声音、怎样控制 iOS 硬件等问题的 SDK（Software Development Kit）。在苹果提供的开发工具 Xcode 上设置 SDK 就可以正式开始制作 App 了。

Android 应用程序编程是 Google 开发的智能专用 OS，可用 OOP（Object-Oriented Programming，面向对象编程）Java 语言开发。

二、新闻资讯类 App 的网页制作步骤

因为编程语言及某些开发工具实在难懂而难以大众化，所以现在已经新开发了很多简易制作 App 的软件，如 Appmakr、AppCan、AppBook 等，以及很多网页版的应用平台，例如

应用公园、安米网、简网、追信魔盒等 App 自建平台,无须下载客户端,只需要注册,短短几分钟就可以完成一个简易的应用程序制作。我们仅需要对 App 有初步了解,即可利用它们制作出属于我们自己的新闻 App。

下面以应用公园平台为例,简易地展示 App 新闻的制作。

(1) 打开应用公园网页,注册后点击"开始制作",即可出现如图 9-26 所示的窗口。

图 9-26　注册后出现的窗口

(2) 制作窗口有三种模式,选择自由模式,点击"立即制作"(如图 9-27)。

图 9-27　制作窗口的三种模式

(3) 填写应用名称,上传已经设计好的图标及启动页(如图 9-28)。

图 9-28　填写应用名称,上传已经设计好的图标及启动页

（4）点击新建页面（如图9-29）。

图 9-29　点击新建页面

（5）把新建网页命名为首页（如图9-30）。

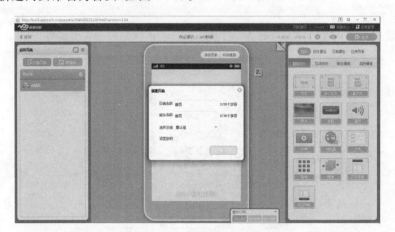

图 9-30　把新建网页命名为首页

（6）点"历史导航"，把它拖到手机屏幕上端（如图9-31）。

图 9-31　点"历史导航"，把它拖到手机屏幕上端

(7) 设置红色框里内容,即可出现屏幕的效果(如图9-32)。

图 9-32　设置红色框里内容

(8) 点击控件,选择"按钮",将它拖拉到图片显示位置(如图9-33)。

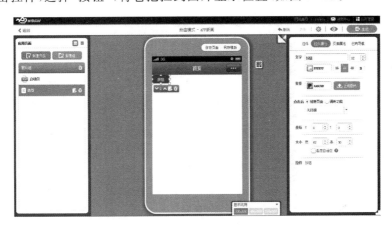

图 9-33　点击控件,选择"按钮",将它拖拉到图片显示位置

(9) 设置红色框里的内容,即可出现图片总的效果(如图9-34)。

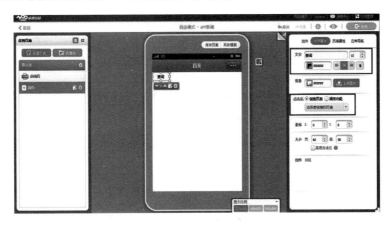

图 9-34　设置红色框里的内容

（10）将第一个制作完成的按钮进行复制，移动后修改文字即可出现如图9-35所示的效果。

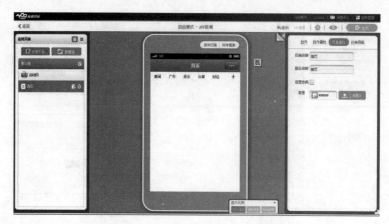

图 9-35　将第一个制作完成的按钮进行复制，移动后修改文字即可出现如图所示的效果

（11）点击控件，选择"图片"，拖拉至如图9-36所示位置。

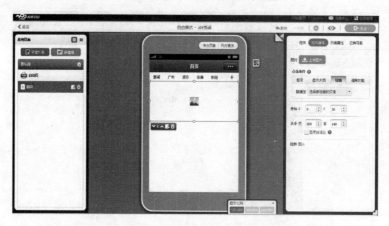

图 9-36　点击控件，选择"图片"，拖拉至如图所示位置

（12）上传图片（如图9-37）。

图 9-37　上传图片

(13) 新建页面,命名为"陕西富平医生买婴案公审直播"(如图 9-38)。

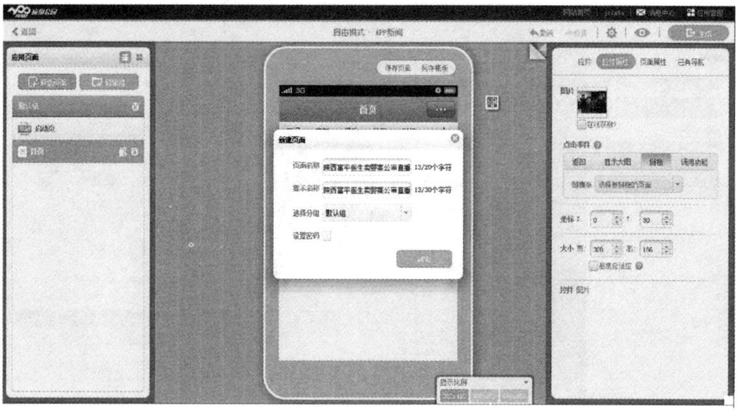

图 9-38 新建页面并命名

(14) 点击红色框内"链接",选择链接页面,即可完成超链接操作(如图 9-39)。

图 9-39 点击红色框内"链接",选择链接页面

(15) 点击控件,选择"文本",填写文本内容(如图 9-40)。

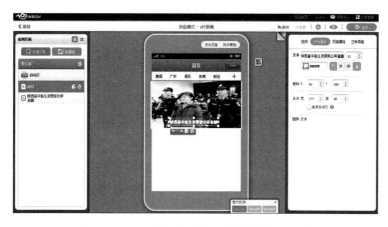

图 9-40 点击控件,选择"文本",填写文本内容

(16) 点击控件,选择"列表",拖拉至如图 9-41 所示的位置。

图 9-41　点击控件,选择"列表",拖拉至如图所示的位置

(17) 点击添加键,增加列表行数(如图 9-42)。

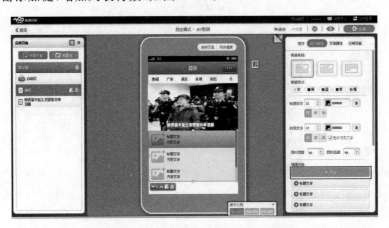

图 9-42　点击添加键,增加列表行数

(18) 修改红色框内属性,上传图片,选择链接,即可完成一列表(如图 9-43)。

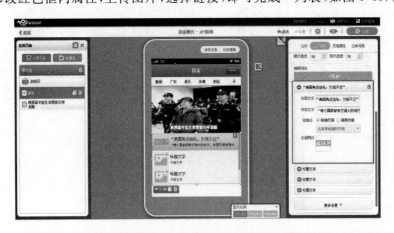

图 9-43　修改红色框内属性,上传图片,选择链接,即可完成一列表

(19) 重复上一步骤,即可完成多个列表(如图9-44)。

图 9-44　重复上一步骤,即可完成多个列表

(20) 点击控件,选择"标签导航",拖拉至如图9-45所示位置。点击添加键,增加导航数目。

图 9-45　点击添加键,增加导航数目

(21) 上传导航图标。最后完成App首页的制作,如图9-46、图9-47所示。

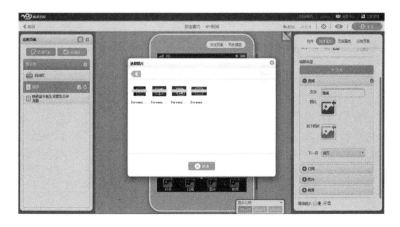

图 9-46　上传导航图标

图 9-47　完成 App 首页的制作

思考与讨论

1. 试比较国内外新闻资讯类 App 的异同，并具体介绍一个有特色的新闻资讯类 App。
2. 运用 App 制作软件，制作一个由自己策划、采写的新闻资讯类 App。

参 考 书 目

理查德·克雷格. 网络新闻学:新媒体的报道、写作与编辑[M]. 刘勇,主译. 北京:中国时代经济出版社,2010.

蒋晓丽. 网络新闻编辑学[M]. 第二版. 北京:高等教育出版社,2012.

廖为民,赵民. 互联网媒体与网络新闻业务[M]. 上海:复旦大学出版社,2001.

邓炘炘. 网络新闻编辑[M]. 北京:中国广播电视出版社,2005.

冯英健. 实用网络营销教程[M]. 北京:清华大学出版社,2012.

冯英健. 网络营销基础与实践[M]. 北京:清华大学出版社,2007.

赵丹. 网络编辑实务[M]. 杭州:浙江工商大学出版社,2010.

董天策. 网络新闻传播学[M]. 第三版. 福州:福建人民出版社,2009.

彭兰. 网络新闻学原理与应用[M]. 北京:新华出版社,2003.

柳泽花. 网络新闻传播实务[M]. 武汉:华中科技大学出版社,2002.

秦州,王月苏. 网络新闻编辑学[M]. 上海:复旦大学出版社,2007.

杜骏飞. 网络新闻学[M]. 北京:中国广播电视出版社,2001.

第二版后记

《网络新闻实务》教材 2014 年出版后,一晃五年过去了。新媒体变革可谓日新月异。仅仅五年间,网络传播又发生了天翻地覆的变革。以微信为代表的社交媒体、以抖音为代表的短视频、以今日头条为代表的智能媒体,这些层出不穷的新媒体技术正在不断刷新着网络新闻实务的知识版图。所谓"与时俱进",《网络新闻实务》教材自然也迫切需要增补不少重要的知识点。本教材责任编辑唐知涵女士自 2016 年起每年告知本教材的销量不错,同时应不少教师和读者的要求,希望能修订教材内容,以便能跟踪最新业务发展状况。我 2016 年调入暨南大学新闻学院后忙于学科平台建设,迟迟没有思考修订教材一事,直至今天才感到事不宜迟了。

与以往相关教材相比,本教材以提高学生的实践能力为核心,强调网络新闻的采写编评、运营管理等专业实践能力的训练,特别是软件使用上的操作技能,如图片新闻、网络音视频、数据新闻、动画新闻和新闻资讯类 App 的编辑制作,内容知识点尽量接近当前网络新闻业务的发展现状。本次改版,主要增加了网络直播报道、非虚构写作、爆款作品写作、机器人写作、H5 新闻制作、VR 新闻制作、自媒体运营管理等最新的知识点。

本教材既是本人十五年来从事网络新媒体教学科研的成果结晶,也是众多学者集体智慧的结晶。我在编写中参考了不少网络新闻研究者和工作者的著述观点和文章片段,如有关多媒体新闻和融合新闻方面,参考了学者方洁的相关论文;有关提高新闻网站流量的方法,参考了网络营销专家冯英健的相关著述。在此,对他们卓越的知识成果表示真诚的谢意!

新媒体的发展正如奔驰的高铁不断提速,网络新闻实务创新也应接不暇。尽管作者倾尽全力来写作,但试图涵盖网络新闻业务的所有知识点是不可能的,只能有所为有所不为。期待在今后能对本教材继续弥补和更新,使之更加完善和成熟。

修订工作本应在 2018 年 12 月底完稿,但一直被众多事务缠身而耽搁到 2019 年 1 月底才定稿。在此要对唐知涵女士的宽待和耐心表示衷心感谢。特别感谢张予涵、邝木子、陈秀慧、肖沛贤、范家瑜、周采妍、谢然、黄香君、陈绮君、苏葆莹、吴桐、梁艳萍等同学在资料搜集、软件操作上的帮助。他(她)们作为互联网的"原住民",为本教材增色不少。

修订工作是利用业余时间马不停蹄、零敲碎打而写成的,写作时间仓促,肯定存在不少错误和遗漏之处,恳请专家和读者批评指正。

暨南大学羊城苑
2020 年 1 月 25 日